RICHARD DION

LE GUIDE ULTIME DU ROCK DES ANNÉES 1980

MUSICOMANIA.CA

Le guide ultime du rock des années 1980

© 2025, Richard Dion
www.musicomania.ca

Tous droits de traduction et d'adaptation réservés. Toute reproduction d'un extrait quelconque de ce livre par quelque procédé que ce soit est strictement interdite sans l'autorisation écrite del'auteur.

Impression : Amazon Kindle

ISBN : 978-2-9811782-5-1

Dépôt légal – Bibliothèque et Archives nationales du Québec, 2025

Dépôt légal – Bibliothèque et Archives Canada, 2025

Table des matières

L'évolution de la musique rock des années 1980

INTRODUCTION

L'histoire de la musique rock remonte à environ 70 ans, mais ce qui impressionne dans son histoire, c'est que chaque fin de décennie a marqué un défi et un tournant important dans son évolution, propulsant le rock vers de nouveaux sommets pour les années à venir. ***Le guide ultime de la musique rock***, paru en 2023, permettait de découvrir l'évolution du genre au cours de chacune des sept décennies, 1950 à 2010. Dans cette édition, nous nous concentrerons sur les années 1980, intégrant du contenu déjà publié dans *Le guide ultime de la musique rock*, mais incluant aussi du matériel additionnel, pour en faire véritablement *Le guide ultime du rock des années 1980*.

Nous présenterons d'abord l'évolution du rock de façon plus détaillée au cours de la décennie, en faisant ressortir les événements importants. Il y aura ensuite la présentation en profondeur des artistes les plus marquants, incluant leur biographie, leur discographie et certaines chansons inoubliables, ainsi que d'autres artistes importants en bref. Puis, on retrouvera le top 20 des meilleurs albums de la décennie, avec en plus quelques mentions honorables. Finalement, il sera possible de découvrir une liste non exhaustive de chansons inoubliables de ces 10 ans.

À travers ces artistes, albums et chansons, une place importante sera accordée aux pionniers de la musique rock au Canada, au Québec et en France. Vous les reconnaîtrez facilement grâce à ces symboles :

- Canada : 

- Québec :

- France :

Espérons que ce livre vous permettra de répondre à la majorité de vos questions et de vous en apprendre un peu plus sur ce périple passionnant que représente l'évolution de la musique rock, plus particulièrement dans les années 1980.

Richard Dion

LES ORIGINES

D'abord, qu'est-ce que le « rock »? Né à la fin des années 1940, la musique rock tire ses origines des styles populaires de l'époque : la musique « country », le « bluegrass » et le « blues », avec certaines influences « jazz » et « folks ». Le nouveau son est basé surtout sur les guitares électriques et un rythme de batterie soutenu, une caractéristique du rock pour les années à venir. Le rythme ternaire (du « swing » et du blues) laisse la place à un rythme binaire, avec un tempo plus rapide, ce qui signifie la division d'un rythme de base par deux, le rythme typique de la musique rock.

Le « rockabilly » (rock hillbilly ou rock campagnard, une forme primitive du country rock) et le « rock 'n' roll » se développent au cours de la première moitié des années 1950.

Au début des années 1960, l'immense succès du rock 'n' roll américain inspire plusieurs groupes britanniques. Les Anglais reprennent les grands succès du rock 'n' roll, mais les adaptent en utilisant un rythme légèrement différent, mettant l'accent sur le premier temps en 4/4, pour une musique plus rythmique que le rock 'n' roll d'origine. La musique « beat » ainsi créée est donc un mélange entre le rock 'n' roll américain et le « skiffle » britannique (une musique folk qui intègre des instruments bricolés).

La musique rock se développe rapidement au cours des années 1960, devenant de plus en plus sophistiquée et ce, des deux côtés de l'Atlantique. L'explosion de la popularité du rock dans les années 1960 amène plusieurs ramifications au genre, ainsi que des fusions avec d'autres styles. Des genres plus vieux comme le blues, le country, le folk et même le jazz commencent à intégrer du rock à leur son. D'autres mélanges donnent le « rock latin », le « rock classique » et le « rock électronique ». Quant au rock en lui-même, il connaît de nombreuses évolutions à travers le temps, créant un grand nombre de genres dérivés du rock 'n' roll original. Voici donc une liste non exhaustive des principaux sous-genres du rock qui se répandront principalement au cours des années 1980.

ROCK ALTERNATIF

Le « rock alternatif », aussi appelé « college rock » (rock collégial) ou « indie rock » (rock indépendant), est en quelque sorte né d'un mouvement de résistance à la culture populaire très forte des années 1980. Le côté sombre, triste et introverti de cette musique marque en effet un contraste spectaculaire avec les paillettes et les cheveux gonflés de cette période superficielle de la musique. Des groupes comme **The Cure**, **The Smiths**, **R.E.M.** et les **Pixies** s'inspirent assurément du punk rock, mais dans un style moins rapide et agressif. Si ces groupes réussissent à se démarquer et à obtenir un grand succès, la majorité des groupes de rock alternatif dans les années 1980 demeurent dans l'*underground*, enregistrant sur des étiquettes indépendantes et jouant seulement dans les radios universitaires.

NEW WAVE

Un autre style inspiré du punk rock est la musique new wave, le punk rock ayant évolué vers un style plus accessible à la fin de la décennie 1970 (**Blondie**, **The Cars**, **The B-52's**). Le style allait se répandre au début des années 1980, avant d'être éclipsé par le hard rock.

HARD ROCK

Le « hard rock » (souvent appelé « glam rock », « hair metal » ou « pop metal ») apparaît au milieu des années 1960 en Angleterre dans certaines chansons de **The Kinks**, **The Rolling Stones**, **The Who**, **Cream**, **Jeff Beck** et **Jimi Hendrix**. Mais c'est à la fin de la décennie avec **Led Zeppelin** qu'il éclot véritablement grâce à un son plus lourd et des guitares électriques utilisant la distorsion. Si la musique est lourde, elle demeure toutefois très énergique et accessible, puis les thèmes abordés tournent souvent autour de la fête, du sexe, de l'alcool et des drogues.

Le hard rock se développe au cours des années 1970 des deux côtés de l'Atlantique (**Thin Lizzy**, **Aerosmith**, **KISS**), et même en Allemagne (**Scorpions**), en Australie (**AC/DC**) et au Canada (**April Wine**). Mais c'est dans les années 1980 que le hard rock allait atteindre le sommet des palmarès à travers le monde avec des groupes comme **Van Halen**, **Bon Jovi**, **Twisted Sister**, **Mötley Crüe**, **Poison** et **Guns N' Roses** aux États-Unis, puis **Def Leppard**, **Whitesnake**, **The Cult**, **Europe** et Scorpions de l'autre côté de l'Atlantique. De nombreux autres groupes allaient s'inspirer des plus célèbres pour une scène foisonnante (**Ratt, Dokken, Skid Row, Quiet Riot, Great White, Faster Pussycat, White**

Lion, **Warrant**, **Slaughter**, **Extreme**, **Mr. Big**, **Cinderella**, **Britny Fox**, **Winger**, etc.)

Au début des années 1990, l'avènement du « grunge », un style plus sale en provenance de Seattle, allait sonner le glas du hard rock pour le faire retomber aux oubliettes. De nombreux groupes disparaissent, d'autres se réinventent et les derniers survivants passent des arénas à des bars plus intimistes, tout un contraste! À part quelques soubresauts dans les années 2000 (**Jet**, **The Darkness**, **Wolfmother**, **Airbourne**), le hard rock n'obtiendra plus le succès de ses belles années, notamment celles de la Sunset Strip de Los Angeles.

HEAVY METAL

Plus lourd et plus sombre, le « heavy metal » apparaît parallèlement au hard rock à la fin des années 1960 (**Black Sabbath**, **Deep Purple**, **Blue Oÿster Cult**, **Blue Cheer**). Il y a deux théories pour l'origine du terme « heavy metal ». La première viendrait du texte de « Born to Be Wild » de **Steppenwolf** (« heavy metal thunder »), symbole du bruit de la moto de la scène rock. La deuxième théorie veut plutôt que le terme provienne de l'origine des premiers groupes de métal en Angleterre, issus de la classe ouvrière et qui travaillaient alors dans des usines de métaux lourds. La musique métal est souvent aussi associée à l'horreur, une sorte de version musicale du cinéma d'horreur (**Alice Cooper**, Black Sabbath, etc.). Alice Cooper et d'autres pionniers du genre comme Deep Purple et Blue Oÿster Cult se détachent rapidement du heavy metal pour se joindre plutôt au mouvement hard rock par leur style plus entraînant, plus près du rock 'n' roll d'origine. Quant au heavy metal lui-même, il se développe en

plusieurs sous-genres au cours des décennies. En voici un aperçu des principaux, populaires dans les années 1980.

La « **NEW WAVE OF BRITISH HEAVY METAL (NWOBHM)** » est une première variation du métal original (sans les influences blues) qui naît en Angleterre à la fin des années 1970 grâce à des groupes comme **Budgie**, **Judas Priest** et **Motörhead**. Officiellement nommé ainsi en mai 1979 dans le magazine Sounds, le sous-genre possède aussi son lieu de naissance, le Bandwagon, un club situé dans l'arrière-salle du pub Prince of Wales dans le quartier londonien de Kingsbury. Le style plus rapide de la NWOBHM, influencé par le « punk rock », s'étendra ensuite au reste du monde au début des années 1980, notamment avec **Iron Maiden**, **Saxon**, **Tygers of Pan Tang**, **Samson** (premier groupe de **Bruce Dickinson** d'Iron Maiden) et **Diamond Head**. Def Leppard en fera également partie avant de s'orienter plutôt vers le hard rock et devenir l'un des groupes les plus populaires du genre.

Un sous-genre s'inspire grandement du heavy metal original, soit du **Black Sabbath** des débuts, le « **DOOM METAL** ». Une musique lourde au tempo lent, le doom metal représente le désespoir avec son côté sombre. Le sous-genre se développe dans les années 1980 avec des groupes comme **Pagan Altar**, **Saint Vitus**, **The Sword** et **Candlemass**.

La NWOBHM aura une influence directe sur le « **THRASH METAL** » (« métal martelé ») qui naît en Californie au début des années 1980. Transporté par le *Big 4* (**Metallica**, **Megadeth**, **Slayer** et **Anthrax**), il deviendra rapidement le style de heavy metal le plus populaire aux États-Unis. D'autres groupes comme **Testament**, **Metal Church**, **Overkill**,

Exodus, Flotsam and Jetsam et **Death Angel** emboîteront rapidement le pas. Considéré comme la première forme de « métal extrême », le thrash metal comprend à la fois un tempo rapide, une certaine complexité et une agressivité musicale. Une scène thrash metal importante se développe également en Allemagne au cours des années 1980, dirigée par **Kreator**, **Tankard**, **Destruction** et **Sodom**.

En parallèle avec le thrash metal au milieu des années 1980 se développe un style aussi rapide, mais moins violent et plus mélodique, le « **SPEED METAL** ». Déjà bien établi en Angleterre, Motörhead peut en être considéré un pionnier, avec les Allemands **Helloween**, et les Canadiens **Anvil** et **Exciter**.

Construit selon la même structure que le thrash metal, le « **DEATH METAL** » apparaît au milieu des années 1980. Il pousse le son à l'extrême avec des guitares saturées et une voix gutturale. Les thèmes explorés focalisent autour des actes extrêmes (la mort, la mutilation, le viol, la torture, la dissection, le cannibalisme, et même la nécrophilie). Si Slayer, Kreator, **Celtic Frost** et **Venom** ont participé au développement du genre, ce sont plutôt **Death, Possessed, Obituary, Carcass, Deicide** et **Morbid Angel** qui en sont considérés comme les pionniers.

En parallèle avec le death metal se développe un style fusionnant le thrash metal et le punk hardcore, le « **GRINDCORE** ». Lancé d'abord par le groupe britannique **Napalm Death** dans les années 1980, le sous-genre inclut aussi **Brutal Truth, Anal Cunt** et **Pig Destroyer**.

Le « **BLACK METAL** » est directement inspiré du death metal. Venom, Celtic Frost, **Mercyful Fate** et **King Diamond** peuvent être considérés comme les pionniers du genre dès les années 1980. Considéré comme du « métal satanique », le genre est souvent dénoncé comme misanthrope et anti-chrétien.

Le « **MÉTAL INDUSTRIEL** » propose un mélange de métal et d'éléments électroniques (échantillonnage sonore, synthétiseurs, séquenceurs, voix trafiquées). Le sous-genre fait son apparition dans les années 1980 grâce à des pionniers comme **Throbbbing Gristle**, les Canadiens **Skinny Puppy** et **Front Line Assembly**, ainsi que les Français **Front 242**. L'industriel connaîtra ensuite son apogée dans les années 1990.

Le « **MÉTAL AVANT-GARDISTE** » (ou « métal expérimental ») remonte aussi aux années 1980 et s'inspire autant du « rock progressif », que du « jazz fusion » et du métal extrême. Les pionniers du genre incluent Celtic Frost, **Helmet** et **Neurosis**, sans oublier le groupe québécois **Voivod**.

Voici d'autres styles de heavy metal fusionnés dans les années 1980 :

- « métal celtique »,
- « métal médiéval »,
- « funk metal » (**Living Colour**),
- « punk metal » (ou « crossover thrash ») (**Suicidal Tendencies, D.R.I.**),
- « métal chrétien » (ou « white metal ») (**Stryper**),
- « métal néoclassique » (**Yngwie Malmsteen**).

1980

La décennie 1980 débute bien tristement avec l'assassinat de **John Lennon** à New York. C'est une page de l'histoire de la musique qui se tourne avec cet événement dramatique. Par ailleurs, le punk rock, très populaire à la fin de la décennie précédente, disparaît rapidement, remplacé soit par la new wave (une musique punk plus accessible incluant **Billy Idol**, **The Cars**, etc.) ou le rock alternatif. Mais, ce qui marque d'abord les années 1980, c'est la démocratisation des synthétiseurs et des effets sonores. Même des groupes de rock classique comme les **Rolling Stones** s'y laisseront prendre, tout comme **Toto** et des groupes de hard rock comme **Van Halen**, pourtant axés sur la guitare électrique.

Les années 1980 représentent aussi les années des couleurs fluos et des cheveux gonflés. La scène rock n'y échappera pas et le hard rock sera même catégorisé de « hair metal », puisque les cheveux feront désormais partie intégrante de l'apparence des groupes du genre (en plus du maquillage et des pantalons en lycra). Les ballades rock ou « power ballads » deviennent essentielles à tout album de hard rock qui se respecte (voir notamment les albums de **Bon Jovi**, **Def Leppard**, **Europe** et **Scorpions**). Même les mauvais garçons de **Mötley Crüe** s'y laisseront entraîner. **Guns N' Roses** arrivera en 1987 pour brasser la cage à tous ces rockeurs un peu trop propres et émotifs.

En parallèle à la scène rock plus orientée vers l'esthétique, une scène alternative allait voir le jour dans le sillon de la vague punk de la fin des années 1970. **The Cure** et **R.E.M.** voient donc un public s'intéresser de plus en plus à leur musique. Puis, on retrouve des artistes dans un son rock plus classique mais mis au goût du jour (**Bryan Adams**, **John Mellencamp**, **Pat Benatar**, **Joan Jett**). Et il ne faut pas oublier l'apparition d'un quatuor irlandais qui allait conquérir la planète pour les décennies suivantes : **U2**.

La scène métal allait connaître ses années de gloire dans les années 1980, avec **Iron Maiden** en tête du côté britannique et **Metallica** qui allait mener la scène thrash metal américaine à un succès inégalé dans l'histoire, en compagnie de **Megadeth**, **Slayer** et **Anthrax**. Si les groupes de hard rock remplissent les arénas à cette époque, c'est aussi le cas pour les grands noms du heavy metal qui profiteront pleinement de ces années fastes.

On ne peut traiter des années 1980 sans mentionner deux innovations capitales dans l'histoire de la musique. D'abord, il y a le vidéoclip qui apparaît dans la forme qu'on le connaît aujourd'hui, soit un mini-film plutôt qu'une simple performance en concert filmée. MTV aux États-Unis, MuchMusic au Canada et MusiquePlus au Québec contribueront à la diffusion à grande échelle de ces véritables œuvres d'art devenues l'outil de promotion par excellence. La deuxième innovation est le disque compact (CD). Apparu en 1982 et distribué à grande échelle vers la fin de la décennie, le CD constitue le premier support numérique pour la musique. Il causera la mort de la cassette audio et aura presque raison du disque vinyle (devenu de piètre qualité à l'époque), avant que sa popularité ne rebondisse dans les années 2010.

Voici la chronologie des événements les plus importants de la décennie, avec en prime certains événements d'avant 1980 qui allaient exercer une influence sur le rock de cette décennie.

Pré-1980

14 août 1971 : Sortie de l'album *Who's Next* de **The Who**, leur meilleur en carrière et une grande influence sur le rock des années 1980.

8 novembre 1971 : Parution de *Led Zeppelin IV*, le meilleur album rock de l'année et le meilleur de **Led Zeppelin** en carrière. Une grande influence sur le hard rock des années à venir, avec notamment le succès « Rock 'N' Roll ».

9 février 1972 : Lancement de *Lonesome Crow*, premier album de **Scorpions**, groupe de hard rock qui obtiendra ses plus grands succès dans les années 1980.

25 mars 1972 : Sortie de *Machine Head* de **Deep Purple**, leur meilleur album incluant le classique « Smoke on the Water ». Une grande inspiration pour les groupes de hard rock à venir plus tard.

5 janvier 1973 : Sortie de *Greetings from Asbury Park, N.J.*, le tout premier album de **Bruce Springsteen**, un artiste majeur de la décennie suivante.

27 février 1973 : **Slade** revient au #1 au Royaume-Uni avec « Cum on Feel the Noize », qui sera repris avec succès 10 ans plus tard par le groupe de hard rock **Quiet Riot**.

1ᵉʳ mars 1973 : Parution de *The Dark Side of the Moon* de **Pink Floyd**, le meilleur album rock de la décennie, un classique. Il a marqué l'histoire en demeurant 741 semaines consécutives au palmarès Billboard (plus de 14 ans), jusqu'en 1988.

1ᵉʳ novembre 1974 : Sortie d'*Autobahn*, le premier album officiel du groupe allemand **Kraftwerk**, qui aura une grande influence sur la new wave, très populaire au début des années 1980.

17 février 1975 : Sortie du premier album d'**AC/DC** en Australie, *High Voltage*. AC/DC obtiendra ses plus grands succès au tournant de la prochaine décennie.

8 avril 1975 : Sortie de l'album phare d'**Aerosmith**, *Toys in the Attic*, le meilleur album rock de l'année et une influence importante pour les groupes de hard rock des années 1980.

21 novembre 1975 : Lancement d'*A Night at the Opera*, le meilleur album de **Queen**, un groupe qui obtiendra beaucoup de succès au cours de la décennie suivante.

14 février 1976 : Parution de *Dreamboat Annie*, le meilleur album de **Heart**, qui obtiendra ses plus grands succès dans la deuxième moitié des années 1980.

9 novembre 1976 : Lancement du premier album éponyme de **Tom Petty and the Heartbreakers**, un groupe important de la décennie 1980.

9 décembre 1976 : Sortie du premier album éponyme de **Blondie**, qui marque le début de la musique new wave.

25 février 1977 : **Peter Gabriel** sort son premier album solo éponyme, avant d'obtenir plusieurs succès par la suite.

10 février 1978 : Sortie du premier album éponyme de **Van Halen**, et le meilleur album rock de l'année. Précurseur du hard rock des années 1980.

6 juin 1978 : Sortie du premier album éponyme de **The Cars**, leur meilleur, avant plusieurs autres succès à venir.

7 octobre 1978 : Sortie du premier album éponyme de **Dire Straits**, groupe qui deviendra un symbole des années 1980 grâce au vidéoclip de « Money for Nothing ».

2 novembre 1978 : Parution d'*Outlandos d'Amour*, premier album de **The Police**, très populaire dans la décennie suivante.

8 mai 1979 : **The Cure** sort son premier album, *Three Imaginary Boys*, avant de devenir un leader de la scène rock alternative des années 1980.

20 mai 1979 : Sortie de « I Was Made for Lovin' You », le plus grand succès du groupe **KISS**, paru sur l'album *Dynasty*. Le *hit* ouvre la porte à un rock plus accessible pour la nouvelle décennie.

27 juillet 1979 : Lancement de *Highway to Hell*, le dernier album d'**AC/DC** avec **Bon Scott** comme chanteur. **Brian Johnson** le remplacera après son décès en 1980, ce qui donnera un nouveau souffle au groupe australien.

7 septembre 1979 : Sortie du succès « Video Killed the Radio Star » des **Buggles**, dont le vidéoclip marque les débuts de MTV.

14 décembre 1979 : Sortie de *London Calling*, troisième album de **The Clash** et le meilleur album rock de l'année. Dû à sa sortie tardive en 1979, il est souvent considéré parmi les meilleurs albums des années 1980.

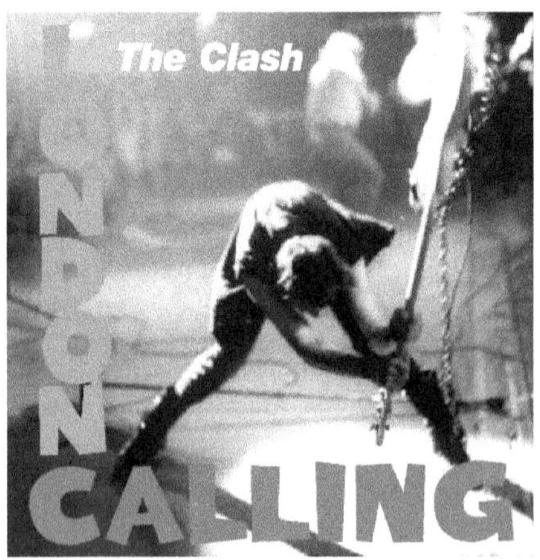

1980

2 janvier : Suicide de **Larry Williams**, chanteur et pianiste de rock 'n' roll à la **Little Richard**, 44 ans, à Los Angeles.

19 janvier : **The Pretenders** sortent leur premier album éponyme, incluant le succès « Brass in Pocket » et la reprise des Kinks, « Stop Your Sobbing ».

4 février : Sortie du cinquième album des **Ramones**, *End of the Century*, réalisé par le légendaire **Phil Spector**.

19 février : Décès de **Bon Scott**, chanteur d'AC/DC, 33 ans, à Londres, par étouffement.

3 avril : **Offenbach** devient le premier groupe québécois à performer au Forum de Montréal, devant 10 000 personnes.

14 avril : Sortie de *British Steel* de **Judas Priest**, leur meilleur album en carrière incluant les succès « Living After Midnight » et « Breaking the Law ».

25 avril : **Black Sabbath** lance son premier album avec **Ronnie James Dio**, *Heaven and Hell*, un nouveau souffle pour le légendaire groupe métal.

18 mai : Suicide de **Ian Curtis** (chanteur de **Joy Division**), 24 ans, à Macclesfield au Royaume-Uni, par pendaison.

30 juin : Parution de l'album *The Game* de **Queen**, qui présente une évolution vers le funk, le disco et le rock électronique. Le groupe utilise un synthétiseur pour la première fois (un Oberheim OB-X). On y découvre les succès « Another One Bites the Dust » et « Crazy Little Thing Called Love ».

18 juillet : **Joy Division** présente son deuxième et dernier album studio, *Closer*, deux mois après le suicide du chanteur **Ian Curtis**. Cette œuvre majeure du post-punk propose une atmosphère sombre et introspective.

25 juillet : Parution du premier album d'**AC/DC** avec **Brian Johnson** au micro, *Back in Black*, le meilleur album rock de la décennie.

5 août : **Pat Benatar** présente son deuxième album, *Crimes of Passion*, incluant le classique « Hit Me with Your Best Shot ».

11 août : Sortie du premier album éponyme de **Killing Joke**.

2 septembre : Parution du premier album des **Dead Kennedys**, *Fresh Fruit for Rotting Vegetables*.

25 septembre : Décès de **John Bonham**, batteur de **Led Zeppelin**, 32 ans, à Clewer, Angleterre, par étouffement.

17 octobre : **Dire Straits** offre son troisième album, *Making Movies*, incluant les succès « Tunnel of Love » et « Romeo and Juliet ».

17 octobre : Sortie de l'album double *The River* de **Bruce Springsteen**.

20 octobre : Lancement du premier album des Irlandais de **U2**, *Boy*.

8 novembre : Parution d'*Ace of Spades*, quatrième album de **Motörhead**, un disque marquant du métal britannique.

17 novembre : Mise en marché du dernier album de **John Lennon**, *Double Fantasy*, avec **Yoko Ono**, trois semaines avant son assassinat.

21 novembre : **REO Speedwagon** lance son neuvième album, *Hi Infidelity*, qui deviendra son plus grand succès.

4 décembre : **Led Zeppelin** se sépare.

8 décembre : Décès de **John Lennon**, 40 ans, assassiné à New York de cinq coups de feu par Mark David Chapman.

1981

9 février : Sortie du premier album éponyme des **Stray Cats**, au cœur de la renaissance du rockabilly, incluant les succès « Rock This Town », « Stray Cat Strut » et « Runaway Boys ».

9 février : Décès de **Bill Haley** à Harlingen, Texas, d'une tumeur au cerveau, à l'âge de 55 ans.

12 février : Parution de *Moving Pictures* de **Rush**, le meilleur album rock de l'année et le meilleur du groupe. Il a été enregistré à Morin-Heights au Québec.

5 avril : Décès de **Bob Hite**, chanteur de **Canned Heat**, 38 ans, à Los Angeles, d'une crise cardiaque.

11 mai : Décès du légendaire **Bob Marley**, 36 ans, à Miami, d'un cancer.

3 juillet : Lancement de l'album *4* de **Foreigner**, leur album le plus vendu contenant les succès « Urgent », « Waiting for a Girl Like You » et « Juke Box Hero ».

14 juillet : Sortie de *Beauty and the Beat* des **Go-Go's**, un classique de la new wave et le premier album d'un groupe féminin à atteindre le #1 aux États-Unis.

16 août : Graceland, la demeure d'**Elvis Presley** à Memphis, Tennessee, est ouverte au public.

24 août : **The Rolling Stones** lancent *Tattoo You*, incluant le succès « Start Me Up ». L'album est surtout composé de morceaux inédits de sessions antérieures.

2 octobre : Sortie de *Ghost in the Machine* de **The Police**, enregistré en partie à Morin Heights au Québec.

5 octobre : Parution de *Speak and Spell*, premier album de **Depeche Mode**.

26 octobre : Le **J. Geils Band** fait paraître son dixième album avec *Freeze-Frame*, le dernier disque avec le chanteur **Peter Wolf** et leur plus grand succès, incluant le classique « Centerfold ».

28 octobre : Formation du groupe **Metallica** né de la rencontre entre **Lars Ulrich** et **James Hetfield**.

9 novembre : Lancement du premier album du groupe australien **Men at Work**, *Business as Usual*.

18 novembre : Sortie de l'album *I Love Rock 'N' Roll*, le deuxième de **Joan Jett**, mais le premier avec les **Blackhearts**, incluant deux reprises à succès, la chanson-titre (un classique) et « Crimson and Clover » (de **Tommy James & the Shondells**).

1982

20 janvier : Sortie de la reprise de « I Love Rock 'N' Roll » par **Joan Jett & The Blackhearts**, #1 aux États-Unis durant sept semaines.

Mars : Parution du premier album du groupe punk américain **The Misfits**, *Walk Among Us*, le meilleur album rock de l'année et le meilleur du groupe. Un classique du genre punk d'horreur!

19 mars : Décès de **Randy Rhoads** (cofondateur de **Quiet Riot** et guitariste d'**Ozzy Osbourne**), 25 ans, dans un accident d'avion à Leesburg en Floride.

29 mars : Lancement de *The Number of the Beast*, classique d'**Iron Maiden**. Il est le troisième album du groupe, mais le premier avec **Bruce Dickinson** au chant et le dernier avec **Clive Burr** à la batterie. Il contient les succès « Run to the Hills », « Hallowed Be Thy Name » et la chanson-titre emblématique.

1ᵉʳ avril : Parution de l'album *Illégal* de **Corbeau**, qui remportera le Félix de l'album rock de l'année et sera certifié disque d'or. La chanson-titre est un classique du rock québécois.

10 mai : Sortie de *Rio* de **Duran Duran**.

14 mai : **The Clash** sort son dernier album, *Combat Rock*, incluant le succès « Should I Stay or Should I Go ».

8 juin : **Survivor** lance son troisième album, *Eye of the Tiger*, son plus populaire incluant le succès de la chanson-titre, thème principal du film *Rocky III* et un hymne des années 1980.

6 août : Première du film *The Wall* d'**Alan Parker** sur la musique de **Pink Floyd**.

9 août : Sortie de *Bad to the Bone* de **George Thorogood & the Destroyers**, incluant la chanson-titre à succès.

27 octobre : Parution de *1999* de **Prince**.

1ᵉʳ novembre : Sortie de *Dawn Patrol*, le premier album de **Night Ranger**.

30 novembre : **Michael Jackson** devient le roi de la pop en présentant *Thriller*, l'album le plus vendu de l'histoire incluant de nombreux succès comme « Billie Jean », « Beat It » (qui contient un solo de guitare d'**Eddie Van Halen**) et la chanson-titre au vidéoclip d'horreur.

1983

4 janvier : Sortie de *Sweet Dreams (Are Made of This)* des **Eurythmics**, comprenant la chanson-titre à succès.

28 février : **U2** lance *War*, un troisième album plus politisé, incluant les immenses succès « Sunday Bloody Sunday » et « New Year's Day ».

11 mars : **Quiet Riot** présente *Metal Health*, son troisième album, incluant la reprise à succès de **Slade** « Cum On Feel the Noize ». Il s'agit du premier album métal à atteindre le #1 du Billboard.

21 mars : Parution de *The Final Cut,* dernier album de **Pink Floyd** avec **Roger Waters** et leur moins réussi en carrière.

23 mars : **ZZ Top** présente *Eliminator,* avec un virage new wave intégrant des synthétiseurs. L'album contient les succès « Legs », « Gimme All Your Lovin' » et « Sharp Dressed Man ».

12 avril : Lancement du premier album de **R.E.M.**, *Murmur*, un groupe qui aura une influence importante sur le rock alternatif des années 1980.

13 avril : Parution du premier album éponyme de **Violent Femmes**, incluant le classique « Blister in the Sun ».

30 avril : Décès de **Muddy Waters**, légende du blues, 68 ans, à Westmont, Illinois, d'une attaque cardiaque.

2 mai : **New Order** présente *Power, Corruption & Lies*, son album le plus solide avec le succès « Blue Monday ».

25 mai : Lancement du premier album de **Dio**, *Holy Diver*, suite au départ de **Ronnie James Dio** de **Black Sabbath**.

13 juin : Sortie de *Texas Flood*, le premier album de **Stevie Ray Vaughan and Double Trouble**, un classique du blues rock qui allait revitaliser le genre.

17 juin : **The Police** sort son cinquième et dernier album studio, *Synchronicity*, le meilleur album rock de l'année.

25 juillet : Sortie de *Kill 'Em All*, premier album de **Metallica**.

15 septembre : Lancement de *Sports*, troisième album de **Huey Lewis and the News**, qui allait passer 160 semaines au Billboard en plus d'atteindre le #1.

14 octobre : Sortie de *She's So Unusual* de **Cyndi Lauper**, son plus grand succès en carrière et le premier album d'une artiste féminine à produire quatre simples dans le top 5 du Billboard Hot 100. Un incontournable des années 1980!

10 novembre : Parution de *Rebel Yell* de **Billy Idol**, incluant les succès « Eyes Without a Face », « Flesh for Fantasy » et l'énergique chanson-titre.

11 novembre : Sortie du premier album de **Corey Hart**, *First Offense*, qui propulsera le Montréalais sur la scène internationale, notamment grâce au succès « Sunglasses at Night ».

28 décembre : Décès de **Dennis Wilson**, batteur des **Beach Boys**, 39 ans, à Marina del Rey, Californie, par noyade.

1984

9 janvier : **Van Halen** lance *1984*, un classique du hard rock mais qui intègre pour la première fois des synthétiseurs, créant ainsi une polémique. On y trouve les succès « Jump », « Panama » et « Hot for Teacher ». Ce sera le dernier album de Van Halen avec **David Lee Roth** comme chanteur.

24 février : **Queen** présente *The Works* et revient à ses racines rock. L'album inclut les succès « I Want to Break Free », « Radio Ga Ga » et « Hammer to Fall ».

2 mars : Sortie de *This is Spinal Tap*, un film satirique à propos d'un trio fictif de hard rock britannique, **Spinal Tap**. La bande originale sort au même moment, enregistrée par les acteurs.

13 mars : Parution de *Heartbeat City*, le cinquième album de **The Cars** incluant plusieurs succès dont « Drive », « You Might Think » et « Magic ».

23 mars : Lancement de *Out of the Cellar,* le premier album de **Ratt**.

27 mars : Sortie de *Love at First Sting*, le meilleur album de **Scorpions** et l'un des premiers albums de hard rock enregistrés numériquement. Il inclut les succès « Rock You Like a Hurricane », « Big City Nights », « Bad Boys Running Wild » et la ballade « Still Loving You ».

10 mai : Lancement de l'album *Stay Hungry* par **Twisted Sister**, incluant les succès « We're Not Gonna Take It » et « I Wanna Rock ».

4 juin : Parution de l'album *Born in the U.S.A.*, classique de **Bruce Springsteen** qui inclut de nombreux succès dont « Dancing in the Dark », « Glory Days », « Cover Me » et la chanson-titre.

25 juin : **Prince** sort son album *Purple Rain*, son meilleur en carrière.

16 août : **Diane Dufresne** devient la première artiste québécoise à performer au Stade Olympique de Montréal (et la seule à ce jour) avec le spectacle grandiose *Magie rose*, devant 55 000 spectateurs vêtus de rose.

1er octobre : **U2** sort *The Unforgettable Fire*, son quatrième album.

5 novembre : Parution de *Reckless*, le meilleur album de **Bryan Adams** et le meilleur album rock de l'année.

12 novembre : **Madonna** présente son deuxième album, *Like a Virgin*, l'un des albums les plus influents de la décennie. On y trouve plusieurs de ses plus grands succès dont « Material Girl », « Dress You Up » et la chanson-titre.

16 novembre : Sortie de l'album *Perfect Strangers*, un retour en force pour **Deep Purple** dans les années 1980.

7 décembre : Lancement de l'album *Agent Provocateur* de **Foreigner**, incluant la ballade « I Want to Know What Love Is », #1 dans plus de 10 pays.

17 décembre : Décès de **Jimmy Preston**, pionnier du rock et créateur du succès « Rock the Joint », à l'âge de 71 ans, à Philadelphie, Pennsylvanie.

1985

28 janvier : Enregistrement de la chanson « We Are the World » par **USA for Africa**, un groupe de 44 artistes américains réunissant **Michael Jackson, Lionel Richie, Bob Dylan, Tina Turner, Bruce Springsteen**, etc., pour venir en aide à la famine en Éthiopie.

4 février : Parution de l'album *Strange Animal* du Canadien **Lawrence Gowan**, son deuxième, qui inclut les succès « A Criminal Mind » et la chanson-titre.

11 février : Lancement de l'album éponyme du supergroupe britannique **The Firm**, composé de **Paul Rodgers, Jimmy Page, Chris Slade** et **Tony Franklin**.

1er mars : Parution de l'album *Concerto pour détraqués,* deuxième album du groupe punk français **Bérurier Noir** et leur plus marquant en carrière. Il contient certaines des favorites du groupe, dont « Vivre libre ou mourir », « Le renard » et « Porcherie ».

1er mai : Sortie de *Brothers in Arms*, cinquième album de **Dire Straits** qui inclut les succès « Money for Nothing » et « Walk of Life ». Un incontournable des années 1980!

10 mai : Parution de l'album *3* du groupe **Indochine**, élu « album rock » à la 1re cérémonie des Victoires de la musique. On y trouve l'excellente « Canary Bay ».

1er juin : **Sting** lance son premier album solo, *The Dream of the Blue Turtles*.

14 juin : Le Montréalais **Corey Hart** présente son deuxième album, *Boy in the Box*, incluant le hit « Never Surrender ».

26 juin : Lancement de *Rock 'n' Roll Attitude* par **Johnny Hallyday**.

6 juillet : **Heart** présente son album éponyme, un retour en force pour le groupe avec plusieurs simples à succès : « Never », « These Dreams », etc.

13 juillet : Double concert à Londres et Philadelphie dans le but de venir en aide à la famine en Éthiopie. Les artistes présents incluent **Queen, U2, David Bowie, The Who, Elton John, Eric Clapton, Santana**, et plusieurs autres.

25 juillet : Décès de **Piano Red**, 74 ans, à Decatur, Géorgie, d'un cancer.

14 août : **Michael Jackson** rachète les droits des **Beatles** pour 47,5 M$.

18 octobre : Sortie de *Love* de **The Cult**, le meilleur album rock de l'année.

1er novembre : Spectacle d'adieu d'**Offenbach** au Forum de Montréal, immortalisé sur le disque *Le dernier show*. Il sortira plus tard sur DVD dans le coffret *L'Ultime Offenbach*.

18 novembre : Parution de *Psychocandy*, 1er album de **Jesus and Mary Chain**.

22 novembre : Sortie de *Under Lock and Key*, troisième album de **Dokken**, avec le guitariste virtuose **George Lynch**.

1986

Principales intronisations à la 1re édition du Temple de la renommée du rock 'n' roll : **Elvis Presley**, **Chuck Berry**, **Little Richard**, **Buddy Holly**, **Jerry Lee Lewis** et **The Everly Brothers**.

4 janvier : Décès de **Phil Lynott**, 36 ans, chanteur et bassiste de **Thin Lizzy**, d'une insuffisance cardiaque.

17 février : Parution de *Thin Red Line* du groupe canadien **Glass Tiger**, incluant les succès « Don't Forget Me (When I'm Gone) » et « Someday ».

3 mars : Sortie de *Master of Puppets* de **Metallica**, le meilleur album rock de l'année et le dernier avec **Cliff Burton**.

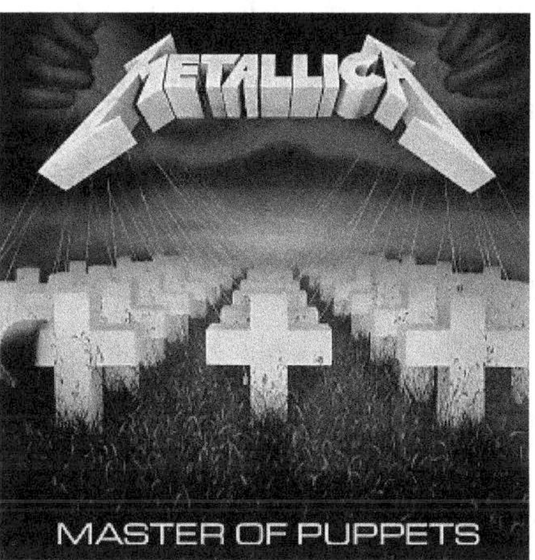

19 mai : Lancement de *So* de **Peter Gabriel**, incluant les succès « Sledgehammer », « In Your Eyes », « Big Time » et « Red Rain ».

26 mai : Sortie de *The Final Countdown*, troisième album du groupe de hard rock suédois **Europe**, incluant le succès-titre.

6 juin : Le groupe britannique **Genesis** lance *Invisible Touch*, son plus grand succès commercial avec cinq succès dans le top 5 du Billboard Hot 100, incluant « Invisible Touch » et « Land of Confusion ».

16 juin : Parution de *The Queen Is Dead* du groupe **The Smiths**.

7 juillet : Parution du premier album éponyme du groupe **Crowded House**, incluant « Don't Dream It's Over ».

7 juillet : Sortie de *Eat 'Em and Smile*, premier album solo de **David Lee Roth**, à la suite de son départ de **Van Halen**.

12 août : Lancement de *Graceland* de **Paul Simon**, un mélange de musiques du monde et son meilleur album en solo.

18 août : Parution de *Slippery When Wet*, le meilleur album de **Bon Jovi**, incluant les incontournables « You Give Love a Bad Name » et « Livin' on a Prayer ».

1er septembre : Sortie de *Menace to Society*, deuxième album du groupe californien **Lizzy Borden**, qui allait passer 10 semaines au Billboard.

19 septembre : Lancement de *Peace Sells... But Who's Buying*, un classique du thrash metal par **Megadeth**.

20 septembre : Sortie de *The No Comprendo* des **Rita Mitsouko**.

27 septembre : Décès de **Cliff Burton**, 24 ans, bassiste de **Metallica**, dans un accident d'autocar en Suède.

Octobre : Sortie d'un premier album éponyme par **The Georgia Satellites**.

7 octobre : **Alain Bashung** sort *Passé le Rio Grande*, « l'album rock » à la 2e cérémonie des Victoires de la musique.

7 octobre : Sortie de *Reign in Blood*, l'album mythique de **Slayer**.

23 octobre : Décès du chanteur et pianiste de rock 'n' roll **Esquerita**, 50 ans, à Harlem, New York, du sida.

24 octobre : Parution de *To Hell with the Devil,* du groupe de hard rock chrétien **Stryper**, leur plus solide en carrière.

4 novembre : Sortie de *Trilogy*, troisième album du guitariste virtuose suédois **Yngwie Malmsteen**, considéré comme un pionnier du métal néo-classique.

15 novembre : Parution de *Licensed to Ill*, premier album des **Beastie Boys**, qui combine avec succès le rock et le rap. On peut y découvrir les classiques « (You Gotta) Fight for Your Right (To Party!) » et « No Sleep Till Brooklyn ».

21 novembre : Lancement de l'album *I Against I*, du groupe punk hardcore **Bad Brains**. Il s'agit de l'album phare du groupe de Washington, D.C.

1987

Principales intronisations au Temple de la renommée du rock 'n' roll : **Bill Haley, Carl Perkins, The Coasters, Eddie Cochran** et **Roy Orbison.**

22 février : Décès du peintre et producteur musical **Andy Warhol**, 58 ans, à New York, d'une crise cardiaque.

9 mars : Lancement de *The Joshua Tree*, le meilleur album de **U2**, élu « album de l'année » aux Grammys. Il inclut certains des plus grands succès du groupe : « Where the Streets Have No Name », « With or Without You » et « I Still Haven't Found What I'm Looking For ».

20 mars : Sortie de l'album *Closer Together* du groupe montréalais **The Box**, leur plus grand succès en carrière.

22 mars : Parution d'*Among the Living*, meilleur album du groupe **Anthrax**.

6 avril : Sortie d'*Electric* par **The Cult**.

7 avril : Lancement de l'album éponyme de **Whitesnake**, leur meilleur à vie.

23 mai : Sortie de *Keeper of the Seven Keys, Part 1*, du groupe allemand de speed metal **Helloween**.

25 mai : Parution de *Kiss Me, Kiss Me, Kiss Me* de **The Cure**.

17 juin : Lancement de *Once Bitten,* le troisième album et plus grand succès du groupe de hard rock **Great White**.

22 juin : Parution de l'album *Pride*, le plus connu de **White Lion**, incluant le succès « Wait ».

21 juillet : Sortie d'*Appetite for Destruction* de **Guns N' Roses**, le meilleur album rock de l'année, incluant « Sweet Child O' Mine », « Welcome to the Jungle », « Paradise City », etc.

24 juillet : Sortie de *La Bamba*, film biographique sur **Ritchie Valens**, avec une musique interprétée par **Los Lobos**.

3 août : Lancement de *Hysteria*, le meilleur album de **Def Leppard** comprenant de nombreux succès : « Women », « Rocket », « Animal », « Love Bites », le classique « Pour Some Sugar on Me », la chanson-titre, etc.

21 août : Le groupe australien **Midnight Oil** sort l'album *Diesel and Dust*, incluant le succès « Beds Are Burning ».

1er septembre : **R.E.M.** sort *Document*.

7 septembre : Parution d'*A Momentary Lapse of Reason* de **Pink Floyd**, leur premier album sans **Roger Waters**.

11 septembre : Assassinat du chanteur et musicien jamaïcain **Peter Tosh**, 42 ans, à Kingston, par arme à feu.

16 septembre : Les **Pet Shop Boys** proposent l'album *Actually*, leur plus solide en carrière comprenant plusieurs de leurs plus grands succès : « West End Girls », « Domino Dancing », « What Have I Done to Deserve This », etc.

21 septembre : **Aerosmith** fait un retour en force avec *Permanent Vacation*, contenant plusieurs incontournables de leur répertoire : « Rag Doll », « Dude (Looks Like a Lady) », etc.

25 septembre : **Yes** présente son album le plus commercial en carrière avec *Big Generator*, incluant les succès « Rhythm of Love » et « Love Will Find a Way ».

28 septembre : Lancement de *Strangeways, Here We Come*, dernier album studio de **The Smiths**.

9 octobre : **Bruce Springsteen** présente le disque *Tunnel of Love*.

15 octobre : Parution de *Surfing with the Alien*, le meilleur album de **Joe Satriani**.

19 octobre : Sortie de *Kick*, l'album phare du groupe australien **INXS**.

1988

Principales intronisations au Temple de la renommée du rock 'n' roll :
The Beatles, **The Beach Boys** et **Bob Dylan**.

15 janvier : Décès d'**Andy Gibb**, 30 ans, à Oxford en Angleterre, d'une surdose de drogue.

18 janvier : **The Pogues** lancent *If I Should Fall from Grace with God*.

2 février : **Lita Ford** présente *Lita*, son troisième album et son plus réussi. Il inclut les succès « Kiss Me Deadly » et « Close My Eyes Forever », une ballade en duo avec **Ozzy Osbourne**.

21 mars : Sortie de *Surfer Rosa*, premier album du groupe rock alternatif **Pixies**.

12 avril : Parution de *Lap of Luxury*, retour en force de **Cheap Trick** incluant les succès « The Flame » et « Don't Be Cruel », reprise d'**Elvis Presley**.

3 mai : **Living Colour** présente son premier album, *Vivid*, un excellent mélange de hard rock et de funk.

3 mai : Sortie du deuxième album de **Poison**, *Open Up and Say... Ahh!*, leur meilleur en carrière incluant le succès « Nothin' but a Good Time ».

21 mai : Lancement de *Long Cold Winter*, deuxième album du groupe de hard rock **Cinderella**.

11 juin : Grand concert au stade Wembley à Londres pour réclamer la libération de **Nelson Mandela**, avec **Dire Straits, Eric Clapton, Sting, Joe Cocker, Peter Gabriel**, etc.

15 juin : Parution de l'album *Rendez-vous doux* de **Gerry Boulet**, qui allait remporter le Félix de l'album rock de l'année et sera certifié triple platine.

24 juin : Sortie de *Power Metal*, quatrième album de **Pantera** et le premier avec **Phil Anselmo** au chant. Il marque la transition du groupe entre le glam rock des débuts et le thrash metal.

5 juillet : Parution du deuxième album des Australiens de **Crowded House**, *Temple of Low Men*, comprenant le succès « Better Be Home Soon ».

18 juillet : Décès de la chanteuse, actrice et mannequin allemande **Nico (The Velvet Underground)**, 49 ans, à Ibiza en Espagne, d'une chute de vélo.

23 août : Lancement de *Nothing's Shocking*, le premier album du groupe de rock alternatif **Jane's Addiction**.

25 août : Sortie de *...And Justice for All* de **Metallica**, le meilleur album rock de l'année, incluant le succès « One ».

19 septembre : Parution de *New Jersey*, le quatrième album de **Bon Jovi**.

Octobre : **Sonic Youth** sort *Daydream Nation*, son meilleur album en carrière.

10 octobre : Sortie de *Rattle and Hum*, sixième album de **U2**.

24 octobre : Les **Traveling Wilburys**, supergroupe réunissant **Bob Dylan, George Harrison, Tom Petty, Jeff Lynne** et **Roy Orbison**, sortent leur premier album éponyme.

31 octobre : **Soundgarden** présente son premier album, *Ultramega OK*, souvent considéré comme l'œuvre fondatrice du mouvement grunge qui allait exploser trois ans plus tard.

8 novembre : **R.E.M.** sort *Green*.

29 novembre : **Guns N' Roses** lancent *G N' R Lies*, incluant le mini-album *Live?!*@ Like a Suicide* et quatre pièces acoustiques, dont le succès « Patience ».

6 décembre : Décès de **Roy Orbison**, 52 ans, à Hendersonville, Tennessee, d'une attaque cardiaque.

1989

<u>Principales intronisations au Temple de la renommée du rock 'n' roll</u> :
The Rolling Stones et **Dion**.

<u>10 janvier</u> : Parution de *Veuillez rendre l'âme (à qui elle appartient)*, premier album de **Noir Désir**.

<u>24 janvier</u> : Le groupe hard rock **Skid Row** lance son premier album éponyme, incluant le succès « 18 and Life ».

<u>31 janvier</u> : Le groupe hard rock américain **Warrant** fait paraître son premier album, *Dirty Rotten Filthy Stinking Rich*, incluant les succès « Heaven » et « Sometimes She Cries ».

<u>3 avril</u> : Sortie du quatrième album de **W.A.S.P.**, *The Headless Children*, qui présente un virage plus politique. Il inclut leur reprise de « The Real Me » de **The Who**, tiré de *Quadrophenia*.

<u>17 avril</u> : Lancement de *Doolittle* des **Pixies**, leur meilleur album en carrière, incluant les incontournables « Here Comes Your Man » et « Gouge Away ».

<u>2 mai</u> : Le groupe britannique **The Cure** présente *Disintegration*, son album le plus vendu en carrière incluant les classiques « Lovesong », « Lullaby » et « Pictures of You ».

<u>15 mai</u> : **Jean Leloup** lance son premier album, *Menteur*, comprenant les succès « Alger » et « Printemps été ». Il s'agit d'un premier aperçu de son talent créatif.

<u>15 mai</u> : Parution du premier album éponyme des **Stone Roses**, leur meilleur.

<u>22 mai</u> : **David Bowie** présente son projet parallèle **Tin Machine** avec un premier album éponyme de rock puissant. Un autre disque viendra deux ans plus tard, avant sa dissolution.

<u>15 juin</u> : Parution du premier album de **Nirvana**, *Bleach*, avec **Chad Channing** à la batterie. Il allait connaître le succès après la percée de *Nevermind* en 1991.

<u>15 juin</u> : Sortie discrète à seulement 5 000 exemplaires du premier album éponyme du groupe punk rock **The Offspring**. Il allait être réédité en 1995.

<u>26 juin</u> : Parution du premier album éponyme du supergroupe américain **Bad English** comprenant **John Waite**, ainsi que les ex-membres de **Journey**, **Neal Schon** et **Jonathan Cain**.

<u>20 juin</u> : Lancement de *The Real Thing* de **Faith No More**, le meilleur album rock de l'année et un classique du rock alternatif, incluant le succès « Epic ».

20 juin : Parution du premier album éponyme de **Mr. Big**, incluant leur reprise de « 30 Days in the Hole » de **Humble Pie**.

30 juin : Sortie du film *Great Balls of Fire!*, sur la vie de **Jerry Lee Lewis**.

25 juillet : Lancement de *Trash*, le 18e album d'**Alice Cooper** (11e en solo), incluant le succès « Poison ». Réalisé par **Desmond Child**, le disque prend un tournant plus glam rock / hard rock.

8 août : Sortie du premier album éponyme du groupe de hard rock **Gorky Park**, premier groupe rock russe à signer un contrat de disques aux États-Unis.

16 août : Les **Red Hot Chili Peppers** lancent *Mother's Milk*, l'album qui allait marquer le début de leur succès.

29 août : Parution de *Steel Wheels*, 19e album des **Rolling Stones**, qui marque un retour en force après une période de tensions entre **Mick Jagger** et **Keith Richards**.

1er septembre : Sortie du cinquième album de **Mötley Crüe**, *Dr. Feelgood*, leur plus solide en carrière, incluant « Kickstart My Heart » et « Don't Go Away Mad (Just Go Away) ».

5 septembre : Lancement du premier album complet de **The Tragically Hip**, *Up to Here*, incluant les succès incontournables « Blow at High Dough » et « New Orleans is Sinking ».

12 septembre : Parution de *The Disregard of Timekeeping*, premier album de **Bonham**, groupe hard rock fondé par le batteur **Jason Bonham**, fils de **John Bonham** (**Led Zeppelin**).

19 septembre : **Lenny Kravitz** sort son premier album, *Let Love Rule*.

13 octobre : Lancement de *Nothingface*, le cinquième album du groupe de métal québécois **Voivod**, incluant leur reprise d'*Astronomy Domine* de **Pink Floyd**.

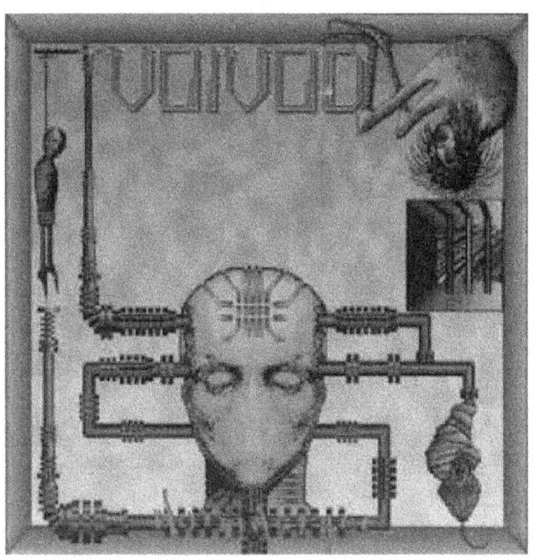

20 octobre : Le groupe industriel **Nine Inch Nails** présente son premier album, *Pretty Hate Machine*, presque entièrement conçu par **Trent Reznor**.

30 octobre : Le guitariste virtuose **Joe Satriani** présente son troisième album, *Flying in a Blue Dream*, sur lequel il chante pour la première fois sur plusieurs titres dont « Big Bad Moon ».

2 novembre : Sortie de *No Control*, l'album phare du groupe punk rock **Bad Religion**, incluant de solides mélodies.

Post-1980

13 mars 1990 : Sortie de l'album éponyme du supergroupe **Damn Yankees**, composé de **Tommy Shaw (Styx)**, **Jack Blades (Night Ranger)**, **Ted Nugent** et **Michael Cartellone**.

27 août 1990 : Décès du guitariste **Stevie Ray Vaughan**, 35 ans, à East Troy (Wisconsin), dans un accident d'hélicoptère.

24 septembre 1990 : Sortie de l'album *The Razors Edge* d'**AC/DC**, incluant les succès « Moneytalks » et « Thunderstruck ». Un grand retour!

8 janvier 1991 : Décès de **Steve Clark (Def Leppard)**, 30 ans, à Londres, d'un cocktail d'alcool et de médicaments.

13 août 1991 : Sortie de l'album noir de **Metallica**, leur plus populaire à ce jour, grâce à un changement de son par rapport à leurs disques des années 1980.

16 septembre 1991 : **Guns N' Roses** sort simultanément les albums *Use Your Illusion I* et *Use Your Illusion II*, faisant suite au succès d'*Appetite for Destruction* en 1987.

24 septembre 1991 : Sortie de *Nevermind* de **Nirvana**, le meilleur album de la décennie, incluant le succès « Smells Like Teen Spirit ». L'album représente en quelque sorte la transition entre les années 1980 et 1990, faisant disparaître le hard rock au soin du grunge.

24 novembre 1991 : Décès de **Freddie Mercury**, 45 ans, chanteur du groupe **Queen**, à Londres, du sida.

24 novembre 1991 : Décès d'**Eric Carr** (batteur de **KISS** des dernières années), 41 ans, à New York, d'une hémorragie cérébrale.

14 février 1992 : Sortie de la comédie *Wayne's World* avec **Mike Myers** et **Dana Carvey** qui jouent un duo de fans de rock et de métal. Parmi les scènes cultes, notons celle de la voiture sur « Bohemian Rhapsody » de **Queen**.

11 mai 1993 : **Dire Straits** annonce sa séparation.

22 novembre 1997 : Suicide de **Michael Hutchence**, chanteur et leader du groupe australien **INXS**, par pendaison, à l'âge de 37 ans.

6 février 1998 : Décès de l'Autrichien **Falco**, 40 ans, en République Dominicaine, d'un accident de la route. Il était surtout connu pour le succès de 1985 « Rock Me Amadeus ».

15 mars 1999 : Intronisation de **Bruce Springsteen**, **Billy Joel** et **Paul McCartney** au Temple de la renommée du rock 'n' roll.

15 juillet 2000 : Décès de **Paul Young (Sad Café, Mike + The Mechanics)**, 53 ans, à Manchester, d'une attaque cardiaque.

14 septembre 2003 : Sortie de *Get Born* du groupe australien **Jet**, qui contribuera à la renaissance du hard rock.

3 octobre 2003 : Sortie de la comédie musicale *School of Rock*.

14 mars 2005 : Intronisation de **U2** et **The Pretenders** au Temple de la renommée du rock 'n' roll.

12 mars 2007 : Intronisation de **Van Halen** et **R.E.M.** au Temple de la renommée du rock 'n' roll.

10 mars 2008 : Intronisation de **John Mellencamp** et **Leonard Cohen** au Temple de la renommée du rock 'n' roll.

4 avril 2009 : Intronisation de **Metallica** au Temple de la renommée du rock 'n' roll.

25 juin 2009 : Décès de **Michael Jackson**, à l'âge de 50 ans, d'une combinaison de médicaments.

16 mai 2010 : Décès de **Ronnie James Dio (Rainbow, Black Sabbath, Dio)**, à l'âge de 67 ans, d'un cancer de l'estomac.

21 septembre 2011 : **R.E.M.** annonce sa séparation après 31 ans de carrière.

14 avril 2012 : Intronisation de **Guns N' Roses**, des **Beastie Boys** et des **Red Hot Chili Peppers** au Temple de la renommée du rock 'n' roll.

15 juin 2012 : Sortie du film *Rock of Ages* avec **Tom Cruise**, basé sur la revue musicale de Broadway, et qui met en vedette la musique hard rock de la Sunset Strip à L.A. dans les années 1980.

18 avril 2013 : Intronisation de **Rush** et **Heart** au Temple de la renommée du rock 'n' roll.

10 avril 2014 : Intronisation de **Peter Gabriel**, **KISS** et **The E-Street Band** au Temple de la renommée du rock 'n' roll.

18 avril 2015 : Intronisation de **Stevie Ray Vaughan and Double Trouble** et **Joan Jett & the Blackhearts** au Temple de la renommée du rock 'n' roll.

28 décembre 2015 : Décès d'un cancer foudroyant de **Lemmy Kilmister**, 70 ans, chanteur et bassiste de **Motörhead** et figure emblématique du heavy metal britannique.

21 avril 2016 : Décès de **Prince**, à 57 ans, d'une surdose accidentelle de fentanyl.

23 octobre 2016 : Décès de **Pete Burns**, chanteur de **Dead or Alive**, 57 ans, d'une crise cardiaque.

7 novembre 2016 : Décès de **Leonard Cohen**, 82 ans, légendaire chanteur folk montréalais. Il est mort dans son sommeil après avoir fait une chute.

2 octobre 2017 : Décès de **Tom Petty** à l'âge de 66 ans, d'une surdose accidentelle de médicaments.

18 novembre 2017 : Décès de **Malcolm Young**, 64 ans, guitariste rythmique d'**AC/DC**, des suites d'un AVC.

26 novembre 2017 : Décès de **Patrick Bourgeois (Les BB)** des suites d'un cancer, à l'âge de 55 ans. Son collègue, le batteur **François Jean**, allait décéder trois ans plus tard, à l'âge de 60 ans.

10 janvier 2018 : Décès de « **Fast** » **Eddie Clarke**, 67 ans, guitariste de **Motörhead** et **Fastway**, des suites d'une pneumonie.

14 avril 2018 : Intronisation de **The Cars**, **Dire Straits** et **Bon Jovi** au Temple de la renommée du rock 'n' roll.

24 octobre 2018 : Sortie du film *Bohemian Rhapsody* basé sur la vie de **Freddie Mercury** et **Queen**.

22 mars 2019 : Sortie de *The Dirt*, film biographique à propos de **Mötley Crüe**, et qui dépeint parfaitement le mode de vie « sexe, drogue et rock 'n' roll ».

29 mars 2019 : Intronisation de **Def Leppard**, **The Cure** et **Stevie Nicks** au Temple de la renommée du rock 'n' roll.

13 septembre 2019 : Décès d'**Eddie Money**, 70 ans, chanteur américain, d'un cancer.

15 septembre 2019 : Décès de **Ric Ocasek**, 75 ans, chanteur et guitariste de **The Cars** et réalisateur de renom.

1980

1980

Artistes marquants

BRYAN ADAMS 

> **Bryan Adams en bref :**
>
> Nom complet : Bryan Guy Adams
>
> Naissance : 5 novembre 1959
>
> Provenance : Kingston, Ontario, Canada
>
> Styles : Rock, Pop Rock

Sa jeunesse (1959-1978)

Bryan Guy Adams naît le 5 novembre 1959 à Kingston en Ontario de parents originaires d'Angleterre ayant émigré dans les années 1950. Bryan et son jeune frère **Bruce** voyagent beaucoup, de l'Europe (Autriche, Portugal) au Moyen-Orient (Israël), suivant leur père militaire, puis diplomate.

À seulement 17 ans, Bryan tente sa chance auprès de l'étiquette A&M en envoyant une démo. Il signe son premier contrat de disques et débute sa carrière en 1976 avec le groupe de glam rock canadien **Sweeney Todd**. Il quitte après le succès de leur deuxième album paru en 1977, *If Wishes Were Horses*, afin de se lancer dans une carrière solo.

Ses débuts (1979-1983)

Ses deux premiers albums, sortis en 1980 (*Bryan Adams*) et en 1981 (*You Want It You Got It*), ne connaissent qu'un succès d'estime. En 1982, Adams compose deux chansons (« Rock n' Roll Hell » et « War Machine ») avec **Gene Simmons** et **Jim Vallance** pour **KISS** qui paraîtront sur *Creatures of the Night* du célèbre quatuor new-yorkais.

C'est en 1983, avec l'album *Cuts Like a Knife*, que Bryan Adams réussit finalement à lancer sa carrière à un niveau international. Avec des succès comme « Take Me Back », « This Time », « The Best Was Yet to Come » et la chanson-titre, il obtient enfin la reconnaissance.

La consécration (1984-1995)

Bryan Adams poursuit sur sa lancée en 1984 avec son album référence, *Reckless*. Grâce à cinq succès monstres, dont le classique « Summer of '69 », l'album atteint le sommet des palmarès au Canada, aux États-Unis et ailleurs dans le monde. Il est le premier album à dépasser le million de ventes au Canada et il atteindra les 12 millions mondialement. « Heaven » demeure quatre semaines #1 aux États-Unis. Les autres succès sont « Run to You », « Somebody », et le duo avec **Tina Turner**, « It's Only Love ». Bryan Adams s'impose désormais comme une machine à *hits*, grâce au réalisateur **Bob Clearmountain** et à son fidèle collaborateur, le compositeur **Jim Vallance**.

« J'avais 10 ans lorsque j'ai acheté mon premier album avec mon propre argent et il s'agissait de Reckless, sur une cassette audio. Certainement l'un des albums que j'ai le plus écoutés dans ma vie! » – Richard Dion

En 1987, Adams revient avec *Into the Fire*, qui n'obtiendra pas le succès du précédent, mais atteindra tout de même le #2 au Canada et le #7 aux États-Unis grâce à des hits comme « Heat of the Night », « Hearts on Fire » et « Only the Strong Survive ». Adams part pour une tournée mondiale où il joue dans des stades mythiques comme Wembley à Londres. À la fin de cette aventure sort l'album *Live! Live! Live!* enregistré au festival rock de Werchter en Belgique.

Après la tournée, Adams prend une pause de deux ans, mais en 1990, il apparaît avec **Roger Waters** à Berlin pour le concert *The Wall*, durant le morceau « Young Lust ». Il revient ensuite en 1991 avec l'album qui confirme son succès planétaire, *Waking Up the Neighbours*. Avec une musique plus mature, l'album contient six extraits dont les succès « Can't Stop This Thing We Started », « Thought I'd Died and Gone to Heaven », « Do I Have to Say the Words? » et sa plus connue de toutes, la ballade « (Everything I Do) I Do It for You ». Des pays comme la France le découvrent principalement à cette époque, notamment avec « (Everything I Do) I Do It For You », inclus sur la bande originale du film *Robin des Bois : Prince des voleurs*.

Une compilation des plus grands succès d'Adams paraît en 1993, *So Far So Good*, qui permet à son nouvel auditoire de découvrir ses plus vieux succès. On y retrouve aussi une pièce inédite, la ballade « Please Forgive Me ». Adams part en tournée mondiale pendant deux ans, parcourant l'Amérique, l'Asie, l'Australie et surtout l'Europe.

La remise en question (1996-1999)

Avec la sortie de *18 Til I Die* en 1996, Adams ne parvient plus à intéresser la critique, mais le public apprécie les succès « The Only Thing That Looks Good on Me Is You », « Have You Ever Really Loved a Woman? » et la chanson-titre. Il lance *MTV Unplugged* l'année suivante, question de donner une deuxième vie à ses premiers succès.

Il revient avec un nouvel album en 1998, *On a Day Like Today*, cette fois-ci avec le réalisateur **Bob Rock** (**Mötley Crüe**, **Metallica**). On peut y entendre un duo à succès avec **Melanie C** des **Spice Girls**, « When You're Gone ».

Les années 2000

Bryan Adams compose la bande originale de *Spirit, l'étalon des plaines* en 2002, avant de revenir avec du nouveau matériel en 2004 sur *Room Service*. En 2006, la superbe compilation double *Anthology* est mise sur le marché et contient tous ses plus grands succès en carrière, présentés chronologiquement. Une édition limitée enrichie contient en plus un DVD d'un concert capté à Lisbonne au Portugal en 2005.

L'album précédent ayant été plus ou moins bien accueilli, il faudra attendre quatre ans avant qu'Adams revienne avec un nouveau disque. *11* paraît donc en 2008, réalisé par **Robert John « Mutt » Lange** (**AC/DC**, **Def Leppard**, **Foreigner**).

Les années récentes

Après une longue pause, Bryan Adams décide de se faire plaisir avec un album de reprises. *Tracks of My Years* paraîtra en 2014, avec une chanson inédite, « She Knows Me ». Il lance le dynamique *Get Up* l'année suivante, réalisé par **Jeff Lynne**. Grâce à des pièces comme l'énergique « You Belong to Me », Adams semble bénéficier d'un regain de vie des plus appréciés.

Adams complètera la décennie avec *Shine a Light* en 2019, avant de revenir trois ans plus tard avec *So Happy It Hurts*, son 15e album en carrière.

Bryan Adams figure parmi les meilleurs vendeurs d'albums de tous les temps, avec près de 100 millions d'albums et de simples vendus à travers le monde. L'un des artistes les plus joués au Canada, il a obtenu 25 tops 15 au pays au cours de sa carrière.

Discographie de Bryan Adams :

1980 – Bryan Adams ★★½

1981 – You Want It, You Got It ★★★

1983 – Cuts Like a Knife ★★★½

1984 – Reckless ★★★★ ½

1987 – Into the Fire ★★★

1988 – Live! Live! Live! ★★

1991 – Waking Up the Neighbours ★★★½

1993 – So Far So Good (compilation) ★★★★

1996 – 18 Til I Die ★★½

1997 – MTV Unplugged ★★★

1998 – On a Day Like Today ★★

1999 – The Best of Me (compilation) ★★★½

2002 – Spirit: Stallion of the Cimarron
   (bande originale) ★★½

2004 – Room Service ★★

2005 – Anthology ★★★★ ½

2008 – 11 ★½

2010 – Bare Bones (en concert acoustique)
   ★★★½

2010 – Icon (compilation)

2014 – Tracks of My Years (reprises) ★★★½

2015 – Get Up ★★★

2017 – Ultimate (compilation)

2019 – Shine a Light ★★

2022 – So Happy It Hurts ★★★½

Chansons inoubliables :

1980 – Remember

1981 – Lonely Nights

1983 – Cuts Like a Knife

1983 – This Time

1983 – Straight from the Heart

1983 – Take Me Back

1983 – The Best Was Yet to Come

1984 – Run to You

1984 – Somebody

1984 – Summer of '69

1984 – Heaven

1984 – One Night Love Affair

1984 – It's Only Love (avec **Tina Turner**)

1987 – Heat of the Night

1987 – Hearts on Fire

1987 – Only the Strong Survive

1991 – (Everything I Do) I Do It For You

1991 – Can't Stop This Thing We Started

1991 – There Will Never Be Another Tonight

1991 – Do I Have to Say the Words?

1993 – Please Forgive Me

1996 – Have You Ever Really Loved a Woman?

1996 – The Only Thing That Looks Good on Me
   Is You

1996 – 18 Til I Die

1997 – Back to You

1998 – On a Day Like Today

1998 – When You're Gone (avec **Melanie C**)

1999 – The Best of Me

2002 – Here I Am

2004 – Open Road

2004 – Why Do You Have to Be So Hard to
   Love?

2008 – I Thought I'd Seen Everything

2015 – You Belong to Me

2015 – Brand New Day

2019 – Shine a Light

2021 – So Happy It Hurts

Vidéographie intéressante :

2003 – Live at the Budokan ★★★

2013 – Live at Sydney Opera House

2016 – Wembley 1996 Live

PAT BENATAR

> *Pat Benatar en bref :*
>
> Nom véritable : Patricia Mae Andrzejewski
>
> Naissance : 10 janvier 1953
>
> Provenance : Brooklyn, New York, États-Unis
>
> Styles : Rock, Pop Rock

Les débuts (1971-1978)

Patricia Andrzejewski naît à Greenpoint (Brooklyn) le 10 janvier 1953 et grandit dans la ville voisine de Lindenhurst (Long Island). Elle débute sa carrière comme chanteuse de salon à Richmond, en Virginie, où elle et son premier mari, **Dennis Benatar**, membre de l'armée américaine, sont stationnés. Tout en chantant au sein du groupe **Coxon's Army**, Pat Benatar sort un simple indépendant en 1974 distribué au niveau régional, « Day Gig », avant de s'installer à New York.

Au cours de la deuxième moitié des années 1970, Pat se fait connaître en se produisant régulièrement dans les boîtes de nuit et au célèbre club de comédie Catch a Rising Star, tout en enregistrant des *jingles* en parallèle. En 1978, elle attire l'attention du management de Chrysalis Records et signe un premier contrat de disques. À la même époque, Dennis et elle divorcent, mais elle continuera à utiliser son nom jusqu'à la fin de sa carrière.

Le succès (1979-1989)

Un groupe exceptionnel se forme autour de la chanteuse, assemblé par le guitariste **Neil Giraldo**, qui deviendra son principal collaborateur et, plus tard, son mari. Pat Benatar connaît le succès dès son premier album en 1979, *In the Heat of the Night*, grâce aux succès radio

« Heartbreaker » et « I Need a Lover » (écrite par un **John Mellencamp** encore inconnu à l'époque). Le mélange de chansons rock enflammées et de ballades pop est gagnant, et son deuxième essai, *Crimes of Passion* (1980), tient plus que prévu les promesses du premier album. Succès critique et commercial, le disque deviendra multiplatine grâce à des succès comme « Treat Me Right », « You Better Run » et sa chanson fétiche « Hit Me with Your Best Shot ». Un Grammy Award (le premier d'une série de quatre) pour la meilleure performance vocale féminine rock renforce son statut d'étoile montante.

Precious Time, en 1981, s'avèrera son premier succès dans les palmarès américains, grâce au titre phare « Fire and Ice ». Au cours des années suivantes, Pat devient une figure incontournable de MTV et une tête d'affiche de premier plan dans les arénas, comme en témoigne l'album *Live from Earth* en 1983, enregistré pendant la tournée de son quatrième album, *Get Nervous* (1982). En plus de mettre en valeur le groupe dynamique sur scène derrière la chanteuse, *Live from Earth* est remarquable pour l'inclusion de l'enregistrement studio « Love Is a Battlefield », qui s'impose dans les palmarès et deviendra l'un de ses plus grands succès.

Avec *Tropico* (1984), Pat se tourne vers un son pop plus doux et est récompensée lorsque la ballade « We Belong » se retrouve dans le top 5. Incluse sur l'album *Seven the Hard Way* de 1985, l'entraînante « Invincible » devient un autre grand succès et sert de chanson thème au film *The Legend of Billie Jean*. Après *Wide Awake in Dreamland* en 1988, Chrysalis résume l'impressionnante première décennie de Pat Benatar avec la compilation *Best Shots* en 1989.

Le changement de cap (1990-1999)

À l'aube des années 1990, Pat Benatar choisit de changer de direction musicale et présente un album de blues et de R&B, *True Love*, en 1991, avec un résultat mitigé.

Deux ans plus tard, *Gravity's Rainbow* (1993) est un retour au rock, mais la flamme qu'elle avait tout au long des années 1980 est plus ou moins éteinte et il s'agira de son dernier album pour Chrysalis, vendu par la suite à EMI.

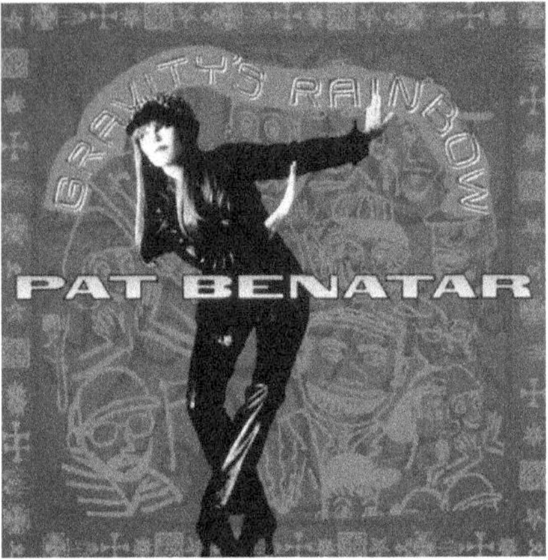

La production de Pat ralentit considérablement et après *Innamorata*, un album acoustique paru en 1997, elle demeurera relativement silencieuse pendant plusieurs années. Deux albums d'archives, *8-15-80* en 1998 et *The King Biscuit Flower Hour Live* en 1999, lui permettent de bien conclure le 20e siècle.

Le 21e siècle

En 2003, *Go* marque le retour de Pat Benatar en studio et elle revient à sa marque de commerce, soit le rock d'aréna. L'album est suivi d'une tournée importante. Par la suite, elle cesse d'enregistrer complètement pour se concentrer sur des tournées occasionnelles et sur la publication de ses mémoires, *Between a Heart and a Rock Place* en 2010.

Pat et Giraldo continuent d'effectuer des tournées régulières, dont une tournée pour les 35 ans de carrière de Pat Benatar débutée en 2014 et commémorée en 2015 par la sortie d'un CD/DVD, *35th Anniversary Tour*.

L'année 2015 voit aussi la sortie d'un simple de Noël, « One December Night », le premier nouvel enregistrement studio de Pat depuis 2003. Bien qu'aucun nouvel album ne soit prévu, elle continue de sortir des chansons, dont « Shine » en 2017, écrite pour la Marche des femmes, et « Dancing Through the Wreckage », qui figure sur la bande originale du documentaire *Served Like a Girl*.

Discographie de Pat Benatar :

1979 – In the Heat of the Night ★★★½

1980 – Crimes of Passion ★★★½

1981 – Precious Time ★★★

1982 – Get Nervous ★★★½

1983 – Live from Earth ★★½

1984 – Tropico ★★½

1985 – Seven the Hard Way ★★★

1988 – Wide Awake in Dreamland ★★½

1989 – Best Shots ★★★★

1991 – True Love ★½

1993 – Gravity's Rainbow ★½

1994 – All Fired Up: The Very Best of Pat Benatar ★★★★

1996 – 16 Classic Performances ★★★★

1997 – Innamorata ★★½

1998 – 8-15-80 (en concert) ★★½

2002 – Summer Vacation Live ★★★

2003 – From the Front Row: Live ★★½

2003 – Greatest Hits Live ★★★

2003 – Go ★½

2005 – Greatest Hits ★★★★ ½

2008 – Ultimate Collection ★★★½

2013 – Icon ★★★

2014 – 20th Century Masters – The Millennium Collection: The Best of Pat Benatar

2015 – 35th Anniversary Tour

Chansons inoubliables :

1979 – Heartbreaker

1979 – I Need a Lover

1980 – Hit Me With Your Best Shot

1980 – Treat Me Right

1980 – You Better Run

1981 – Promises in the Dark

1981 – Fire and Ice

1981 – Helter Skelter

1982 – Shadows of the Night

1983 – Love Is a Battlefield

1984 – We Belong

1985 – Sex as a Weapon

1985 – Invincible

1988 – All Fired Up

BÉRURIER NOIR

Bérurier Noir en bref :

Formation : 1983-2006

Provenance : Paris, France

Styles : Punk Rock, Rock français

En 1978, un groupe punk du nom des **Béruriers** voit le jour à Paris. Il est composé de **François**, **Pierrot** et **Olaf**. Lorsque Pierrot doit quitter pour faire son service militaire, c'est **Loran** du groupe **Guernica** qui le remplace à la guitare. Après que le groupe a changé de nom à plusieurs reprises, en plus d'avoir exploré divers styles musicaux toujours très sombres et complètement underground, Olaf doit à son tour quitter pour son service militaire en Allemagne. François et Loran décident donc de présenter un concert d'adieu le 19 février 1983 à l'Usine Pali-Kao de Paris, concert qu'ils intitulent *Bérurier Noir*. Au lieu d'être un concert d'adieu, ce spectacle deviendra plutôt un nouveau départ pour le duo qui s'appellera désormais Bérurier Noir. Pour ce spectacle, et à la demande des gens de Pali-Kao qui désiraient une idée artistique derrière la performance scénique, François apporte de nombreux accessoires afin de se déguiser. Ce type de performance théâtrale, très près du cirque, deviendra la marque de commerce du groupe sur scène.

Abordant des thèmes politiques, prônant la liberté, l'anti-capitalisme et l'anti-fascisme, le groupe conquiert rapidement un jeune public de punks et de squatters, public qui grandira avec le groupe sans jamais s'en dissocier. Avec simplement une guitare et une boîte à rythmes (qu'ils appellent **Dédé**) pour accompagner la voix de François (alias **Fanfan**), Bérurier Noir deviendra rapidement un groupe culte de la scène rock alternative

française et donnera de nombreux spectacles dans plusieurs pays de la francophonie (incluant le Québec).

Après deux mini-albums (*Nada* et *Macadam Massacre*), le groupe enregistre enfin son premier album complet à la fin de 1983. Il est lancé au début de 1984 et s'intitule aussi *Macadam Massacre*. Lorsque le groupe **Lucrate Milk** se dissocie, plusieurs de ses membres joignent les rangs de Bérurier Noir. On retrouve **Masto** au saxophone, **Helno** et **Laul** (**Bol**) aux choeurs et comme clowns (on les appellera **les Totos**) et **Marsu** aux chœurs qui deviendra leur gérant et le fondateur de l'étiquette Bondage. Bol deviendra aussi l'illustrateur officiel du groupe, alors que **Jean-Mi** sera l'homme derrière la boîte à rythmes.

Avant un spectacle intitulé simplement *1984*, le groupe découvre avec stupéfaction que Dédé, leur boîte à rythmes, est disparue. Même si elle est remplacée efficacement par le batteur de Lucrate Milk pour le seul spectacle avec batteur de la carrière du groupe, une recherche intense est lancée pour retrouver Dédé et son voleur, mais en vain. Dédé est donc remplacée par **Electro-Harmonix D.R.M.16**. Au mois d'octobre, le groupe rencontre pour la première fois **les deux Titis** (la grande et la petite) qui deviendront choristes à temps plein pour le groupe. Bérurier Noir donne pour la première fois des spectacles à l'extérieur de la France (Hollande, Suisse, Irlande) où il est chaleureusement accueilli.

Au début de 1985, le groupe présente un nouvel album : *Concerto pour détraqués*. Bérurier Noir parcourt ensuite la France pour présenter ses nouvelles chansons et de nombreux spectateurs sont au rendez-vous... tout comme les forces policières d'ailleurs qui surveillent attentivement ce qui se passe à leurs concerts. Un nouveau membre s'ajoute au groupe au saxophone : **Pascal Kung Fu**. Ils poursuivent cette immense tournée tout au long de 1986 et se font connaître d'un plus large auditoire grâce à quelques apparitions à la télévision.

Le feu roulant de concerts qui se poursuit au début de 1987, dans des conditions souvent difficiles, amène le groupe à faire une pause et à annuler des spectacles en mai et juin. Ils en profitent pour enregistrer l'album *Abracadaboum!*. Laul et Helno qui désireraient monter un vrai spectacle à chaque concert, ce qui coûterait beaucoup plus cher, se font rabrouer par François et Loran qui sont totalement contre l'idée. Les deux décident donc de quitter le groupe et Helno deviendra le chanteur des **Négresses Vertes** jusqu'en 1993, lors de son décès d'une surdose. La grande Titi quittera aussi le groupe peu de temps après pour former le duo pseudo hip hop **Titi et Nobru** avec son compagnon de l'époque **Nobru**, guitariste de **Ludwig Von 88** et futur chanteur de **Sergent Garcia**.

Au début de 1988, la bande de Bérurier Noir s'attaque à un nouveau défi de taille : un spectacle au Zénith de Paris. Malgré les craintes, 6 800 personnes assistent au concert du 3 mars qui est grandiose. En plus de l'équipe habituelle de Bérurier Noir, on retrouve à nouveau Helno, le cracheur de feu **Jojo Napalm** et **Kim et Lim** qui sont acrobates et jongleurs. Même un magicien est invité pour l'occasion. Le 20 avril 1988, le groupe se mérite le Bus d'Acier, le grand prix du rock français. Fidèles à leurs habitudes, les Béruriers refusent le prix à la stupéfaction du jury et on ne parlera plus jamais ensuite du gagnant du Bus d'Acier de cette année-là.

À la suite de certains actes terroristes, les policiers remontent jusqu'à Bérurier Noir et commencent à les pourchasser presque sans arrêt, même si le groupe n'a rien à voir avec tout ça. Le groupe diminue donc passablement le nombre de spectacles étant donné que les autorités font tout pour nuire à la réussite de ceux-ci. Bérurier Noir part alors pour le Québec pour une tournée très attendue, une tournée qui se déroulera sans pépins et avec beaucoup de succès. De retour en France, le groupe retrouve à nouveau les problèmes, notamment avec sa compagnie de disques, l'étiquette Bondage, qui modifie le contrat de Bérurier Noir et qui semble avoir des pratiques plutôt douteuses.

Au début de 1989, Bérurier Noir enregistre son quatrième album *Souvent fauché, toujours marteau*, mais une mésentente grandissante avec l'étiquette Bondage en retarde la sortie. Le groupe veut quitter Bondage, mais ceux-ci ne peuvent se permettre la perte de Bérurier Noir qui amènerait nécessairement la faillite de la petite compagnie de disques. Bondage retient les bandes maîtresses du nouvel album du groupe et la cause se retrouve devant les tribunaux. Après tous ces problèmes, le groupe décide finalement de tout arrêter. Il réussit enfin à sortir son album en octobre et part pour une tournée d'adieu au Québec et en Suisse avant de revenir en France. Les trois derniers concerts de Bérurier Noir ont lieu à l'Olympia de Paris les 9, 10 et 11 novembre 1989. Ces concerts à l'Olympia allaient être lancés sur disque en 1990 sur l'album *Viva Bertaga* et beaucoup plus tard sur DVD avec *Même pas mort* (fin 2003 en France et juin 2004 au Québec).

L'après Béru

François crée l'étiquette Division Nada en 1990 et il fait connaître des groupes comme **Neurones en Folie, Sourire Kabyle** et le groupe québécois **Banlieue Rouge**. Il réédite aussi les albums de Lucrate Milk. Il forme ensuite le groupe **Molodoï** (avec aussi Pascal Kung Fu) qui connaîtra passablement de succès jusqu'en 1997 avec quatre albums. Il se lance dans une carrière solo en 2001 sous le nom de **François Béru et les Anges Déchus** et sort *Carnet de déroute*.

Loran joue la basse dans le groupe **Parabellum** pendant un certain temps avant de créer **Ze6**. Entre 1993 et 1999, il fait partie de **Tromatism**. Après la dissolution du groupe, il travaille avec la troupe **Le Poulailler** en réalisant la bande originale de la pièce *La mère de ta mère*. Il joue ensuite la guitare dans **A.D.**, un groupe qui ne durera pas, avant de travailler avec **Spartacus** en 2002.

Masto suit François dans Molodoï alors qu'il devient le photographe du groupe. En 2001, il lance un ouvrage de photos intitulé *Racines célestes, tribulations noctambules sur l'île des arbres de beauté*. Jean-Mi joint les rangs de Ludwig Von 88, puis des **Oidgts** (qui contient aussi la petite Titi). Il travaille maintenant sous le nom de **Junior Cony** et fait de l'échantillonnage de musique reggae/dub.

Bérurier Noir fait un retour en 2003 dans le cadre de la parution du DVD *Même pas mort*, le temps de quelques spectacles en 2003 et 2004.

« J'ai pu assister à leur prestation au Festival d'été de Québec le 11 juillet 2004. Les membres de Béru sont apparus dans une forme splendide devant une foule évaluée à 50 000 spectateurs. » – Richard Dion

Discographie de Bérurier Noir :

1984 – Macadam massacre ★★★½

1985 – Concerto pour détraqués ★★★★

1987 – Abracadaboum! ★★★½

1989 – Souvent fauché, toujours marteau ★★★½

1990 – Viva Bertaga (en concert) ★★★★

1995 – Carnaval des agités (en concert)

1998 – La bataille de Pali-Kao (en concert)

1999 – Enfoncez l'clown (compilation) ★★★½

2006 – Invisible

Chansons inoubliables :

1984 – Macadam massacre

1984 – Manifeste

1985 – Porcherie

1985 – Salut à toi

1985 – Vivre libre ou mourir

1985 – Le renard

1985 – Hélène et le sang

1987 – L'empereur Tomato-Ketchup

1987 – Nuit apache

1987 – Viêt Nam, Laos, Cambodge

1989 – Camouflage

1989 – Soleil noir

Vidéographie intéressante :

2003 – Même pas mort ★★★★

2005 – L'opéra des loups ★★★★½

BON JOVI

> **Bon Jovi en bref :**
>
> Formation : 1983
>
> Provenance : Sayreville, New Jersey, États-Unis
>
> Styles : Hard Rock, Pop Rock

Bon Jovi tient son nom du chanteur **Jon Bon Jovi** (né **Jon Bongiovi**), qui a passé son adolescence à jouer dans des groupes locaux du New Jersey avec **David Bryan** (né **David Rashbaum**). Le cousin de Jon, **Tony Bongiovi**, possédait le célèbre studio d'enregistrement new-yorkais Power Station. Jon y passait de nombreuses heures, travaillant comme concierge et enregistrant des démos après les heures de travail, parfois avec l'aide de membres du **E Street Band** (groupe de **Bruce Springsteen**) ou d'**Aldo Nova**. L'une de ces démos, « Runaway », deviendra un succès sur les radios locales et conduira à la formation du groupe Bon Jovi. Jon et Bryan sont alors épaulés par le guitariste **Dave Sabo**, le bassiste **Alec John Such** et le batteur **Tico Torres**. « Runaway » déclenche une guerre d'enchères sur les grands labels, qui aboutit à un contrat avec Polygram/Mercury en 1983. Avant que le groupe n'entre en studio, Bon Jovi remplace Sabo par **Richie Sambora**, un guitariste plus expérimenté.

Bon Jovi sort son premier album éponyme en 1984, générant un succès dans le top 40 avec la version originale de « Runaway ». L'année suivante, *7800° Fahrenheit* est lancé et devient disque d'or, prélude à la percée du groupe en 1986 avec *Slippery When Wet*. **Paul Stanley (KISS)** donne à Jon et Richie le numéro de téléphone d'un auteur-compositeur professionnel, **Desmond Child**, et ils allaient écrire ensemble deux des plus grands succès de l'album

dans la cave des parents de Sambora. Le trio compose 30 chansons au total et les fait écouter à des adolescents du New Jersey et de New York pour choisir celles à retenir pour l'album et leur ordre sur le disque.

Soutenu par plusieurs vidéos attrayantes largement diffusées sur MTV, *Slippery When Wet* prend son envol grâce à « You Give Love a Bad Name », puis « Livin' on a Prayer » (leur plus grand succès) et la ballade « Wanted Dead or Alive ». Ces trois succès du top 10 contribuent à propulser l'album à des ventes de neuf millions d'exemplaires aux États-Unis, faisant de Bon Jovi une superstar dans son pays d'origine. Leur renommée ne se limite toutefois pas aux États-Unis, puisque l'album connaît également un grand succès en Europe, au Canada, au Japon et en Australie.

Bon Jovi s'inspire de la formule de *Slippery When Wet* pour revenir deux ans plus tard avec *New Jersey*, qui se hisse à la première place du Billboard dès sa sortie. L'album se vend à cinq millions d'exemplaires et génère deux simples #1, « Bad Medicine » et « I'll Be There for You », ainsi que les succès « Born to Be My Baby », « Lay Your Hands on Me »

et « Living in Sin », qui se classent tous dans le top 10.

Après une tournée mondiale de 18 mois, le groupe prend une pause. Pendant cette période, Jon Bon Jovi écrit la bande originale de *Young Guns II*, qui sort en 1990 sous le titre de *Blaze of Glory*. L'album produit deux simples à succès, la chanson-titre et « Miracle », en plus d'obtenir plusieurs nominations aux Grammy Awards et aux Oscars.

L'année suivante, Bon Jovi se réunit pour enregistrer son cinquième album, *Keep the Faith*, qui allait paraître à l'automne 1992. Bien que l'album n'atteigne pas le même statut que ses deux prédécesseurs, il produit des succès avec la chanson-titre et « Bed of Roses », une ballade adulte contemporaine qui contribue à maintenir la popularité du groupe, même si les fans de la première heure commencent à s'en distancier.

Une compilation intitulée *Cross Road* est lancée en 1994 et produit une autre ballade classée dans le top 10, « Always ». Alec John Such quitte le groupe, remplacé officieusement par **Hugh McDonald**. Sorti à l'automne 1995, *These Days* se hisse à son tour dans le top 10 américain, tout en devenant un succès populaire en Europe. Après avoir

joué dans le film *Moonlight et Valentino* en 1996, Jon Bon Jovi présente son premier album solo officiel, *Destination Anywhere*, au cours de l'été 1997, qui contient plusieurs succès radio, dont « Queen of New Orleans ».

À la fin des années 1990, les membres de Bon Jovi s'engagent dans différents projets. Sambora sort un deuxième album solo en 1998, intitulé *Undiscovered Soul*, avant de se remettre au travail avec Bon Jovi en 1999 avec une chanson pour EDtv, ainsi qu'un album complet. *Crush* paraît en 2000 et constitue en quelque sorte un retour en force pour Bon Jovi grâce au succès incontournable et indémodable « It's My Life ». « Thank You for Loving Me » devient également un succès, permettant à l'album d'être certifié double disque de platine aux États-Unis et de se vendre à huit millions d'exemplaires à travers le monde.

Bon Jovi revient rapidement avec un nouvel album après *Crush* avec son huitième disque studio, *Bounce*, sorti à l'automne 2002, et soutenu par une autre tournée mondiale. En 2003, le groupe réenregistre plusieurs de ses plus grands succès pour l'album acoustique *This Left Feels Right* à paraître en 2004, accompagné d'un DVD.

L'ambitieux coffret *100,000,000,000 Bon Jovi Fans Can't Be Wrong* arrive en novembre de la même année, suivi du tout nouveau *Have a Nice Day*, le premier d'une série d'albums réalisés par **John Shanks**. Le succès de cet album est en partie dû à la chanson-titre, ainsi qu'au simple « Who Says You Can't Go Home », avec la participation de **Jennifer Nettles** de **Sugarland**, qui remporte le Grammy Award de la meilleure collaboration vocale en musique country, et se classe en tête des palmarès au Japon, en Australie, en Europe et au Canada.

Le groupe passe l'année suivante en studio, préparant une collection d'hymnes pop et country. *Lost Highway*, qui comprend des duos avec **LeAnn Rimes** et **Big & Rich**, est lancé à l'été 2007 et permet au groupe de se faire de nouveaux fans de musique country. La formule de *Lost Highway* s'avère très efficace, permettant à Bon Jovi de se classer #1 aux États-Unis pour la troisième fois. Le groupe revient toutefois au rock peu après, avec la sortie en 2009 d'un album sombre et fouillé intitulé *The Circle*. Un an plus tard, *Greatest Hits: The Ultimate Collection* propose de nombreux succès ainsi que deux nouveaux titres, « No Apologies » et « What Do You Got ? ».

Au début des années 2010, les membres de Bon Jovi poursuivent des projets solos, le plus notable étant l'album solo de Sambora, *Aftermath of the Lowdown* en 2012. Deux mois plus tard, le groupe publie *Inside Out*, un album en concert enregistré à l'O2 Arena de Londres, au MetLife Stadium du New Jersey et au Madison Square Garden de New York.

En mars 2013, Bon Jovi revient avec *What About Now,* son premier album studio en quatre ans. Avec des thèmes et une musique similaires à ceux de *The Circle*, il atteint la première place du Billboard 200, tout en se classant en tête des palmarès en Australie et au Canada et en atteignant la deuxième place au Royaume-Uni. Peu après la sortie de *What About Now*, Bon Jovi connaît des problèmes évidents. Sambora quitte en pleine tournée en 2013, citant des raisons personnelles, et il est remplacé temporairement par le guitariste **Phil X (Phil Xenidis)**. Puis, Tico Torres doit subir une opération de la vésicule biliaire. Torres reviendra plus tard, mais pas Sambora. En novembre 2014, le guitariste et le groupe annoncent qu'ils se sont séparés. Phil X devient le remplaçant permanent de Sambora.

En 2015, Bon Jovi sort *Burning Bridges*, un disque qualifié d'album pour les fans, c'est-à-dire une collection de matériel inédit destinée à pallier l'attente de l'achèvement du premier véritable album de Bon Jovi post-Sambora. Intitulé *This House Is Not for Sale*, et paru sur Island Records en novembre 2016, l'album débute à la première place du Billboard 200.

Quatre ans plus tard, Bon Jovi revient avec *Bon Jovi 2020*, sorti en octobre. L'album est direct et politiquement chargé, des qualités cristallisées sur les simples « American Reckoning » et « Do What You Can », sortis avant l'album.

Alec John Such, le premier bassiste du groupe, décède le 5 juin 2022 à l'âge de 70 ans.

Discographie de Bon Jovi :

1984 – Bon Jovi ★★★

1985 – 7800^0 Fahrenheit ★★½

1986 – Slippery When Wet ★★★★

1988 – New Jersey ★★★½

1991 – Hard & Hot (Best of Bon Jovi) ★★★½

1992 – Keep the Faith ★★½

1994 – Cross Road: The Best of Bon Jovi
★★★★

1995 – These Days ★★½

2000 – Crush ★★★½

2001 – One Wild Night: Live 1985-2001
★★★½

2002 – Bounce ★½

2003 – This Left Feels Right ★½

2003 – Tokyo Road: Best of Bon Jovi

2004 – 100,000,000 Bon Jovi Fans Can't Be
Wrong (coffret) ★★★½

2005 – Have a Nice Day ★★

2007 – Lost Highway ★★½

2009 – The Circle ★½

2010 – Greatest Hits: The Ultimate Collection
★★★½

2013 – What About Now ★½

2015 – Burning Bridges ★

2016 – This House Is Not for Sale ★★★

2020 – Bon Jovi 2020 ★★

2021 – Greatest Hits

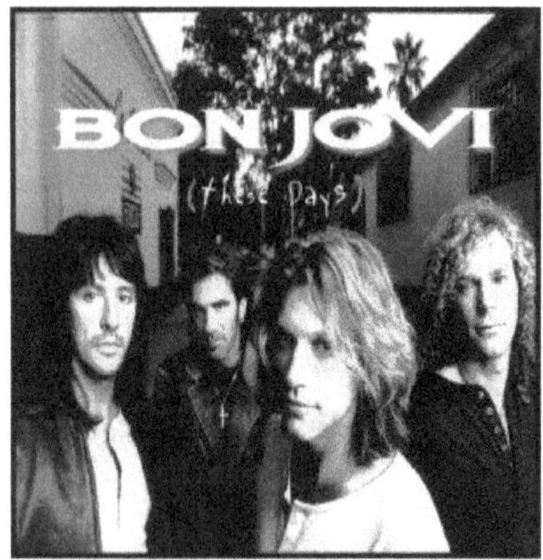

Chansons inoubliables :

1984 – Runaway

1985 – In and Out of Love

1985 – The Price of Love

1986 – You Give Love a Bad Name

1986 – Livin' on a Prayer

1986 – Wanted Dead Or Alive

1988 – Lay Your Hands on Me

1988 – Bad Medicine

1988 – Born to Be My Baby

1988 – I'll Be There for You

1992 – Keep the Faith

1992 – In These Arms

1992 – Bed of Roses

1994 – Always

1995 – This Ain't a Love Song

1995 – Something for the Pain

1995 – These Days

2000 – It's My Life

2002 – Everyday

2005 – Have a Nice Day

2007 – Lost Highway

2009 – We Weren't Born to Follow

2013 – Because We Can

2016 – This House Is Not for Sale

Vidéographie intéressante :

1995 – Live from London ★★★½

2000 – The Crush Tour: Live ★★★½

2009 – Live at Madison Square Garden

THE CARS

> **The Cars en bref :**
>
> Formation : 1976-2012
>
> Provenance : Boston, Massachussetts, États-Unis
>
> Styles : Rock, New Wave, Pop Rock

Ric Ocasek (chant, guitare) et **Benjamin Orr** (basse, chant) collaborent pendant plusieurs années avant de former The Cars en 1976. Ocasek commence à jouer de la guitare et à écrire des chansons dès l'âge de dix ans. Après avoir brièvement fréquenté l'Antioch College et la Bowling Green State University, il abandonne ses études et déménage à Cleveland où il rencontre Orr, qui avait dirigé l'orchestre de l'émission télévisée *Upbeat* lorsqu'il était adolescent. Tous deux commencent à écrire des chansons ensemble et à diriger des groupes à Cleveland, New York, Woodstock et Ann Arbor avant de s'installer à Cambridge, dans le Massachusetts, au début des années 1970.

En 1972, ils forment le noyau d'un trio folk nommé **Milkwood**. Le groupe sort un album sur Paramount Records à la fin de 1972, qui est ignoré. L'album contient des claviers d'un musicien de studio nommé **Greg Hawkes**. En 1974, Ocasek et Orr forment **Cap'n Swing**, avec **Elliot Easton** à la guitare. Cap'n Swing devient une attraction populaire à Boston, mais le groupe se sépare en 1975. Ocasek, Orr et Easton forment alors un nouveau groupe appelé The Cars en 1976 avec l'ancien batteur des **Modern Lovers, Dave Robinson**, et le claviériste Greg Hawkes.

Au début de 1977, The Cars envoient une démo de « Just What I Needed » à l'influente station de radio de Boston WBCN, qui en fait rapidement la chanson la plus demandée. Pendant le reste de l'année 1977, les Cars se produisent dans des clubs de Boston et, à la fin de l'année, ils signent un contrat avec Elektra Records. Le premier album éponyme du groupe paraît à l'été 1978 et acquiert lentement un public grâce aux succès « Just What I Needed » (#27), « My Best Friend's Girl » (#35) et « Good Times Roll » (#41). *The Cars* demeurera dans les palmarès pendant plus de deux ans et demi, et se vendra finalement à plus de six millions d'exemplaires.

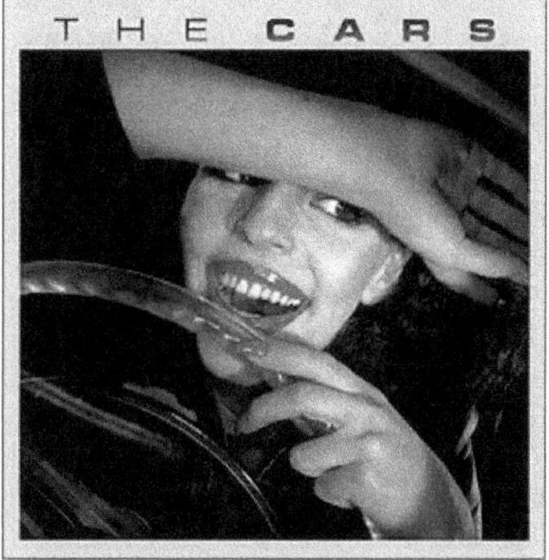

Enregistré au début de 1979, *Candy-O* ne sortira que plus tard au cours de l'été. L'album connaît un succès immédiat, grimpant rapidement à la troisième place du palmarès et devenant disque de platine deux mois après sa sortie. L'album est à l'origine du succès « Let's Go », qui se rend dans le top 10 et propulse le groupe. Après son succès rapide, le groupe explore un territoire plus ambitieux sur *Panorama*, en 1980. Bien que l'album ne remporte pas le même succès que ses prédécesseurs, il se classe néanmoins cinquième et est certifié disque de platine.

Avant d'enregistrer leur quatrième album, plusieurs membres du groupe poursuivent des activités extraprofessionnelles, Ocasek se taillant une réputation de réalisateur new wave à succès pour son travail avec **Suicide** et **Romeo Void** (il réalise même quelques démos pour **Iggy Pop**). Les Cars lancent finalement *Shake It Up* à l'automne 1981, qui devient rapidement disque de platine et dont la chanson-titre atteint le top 10. Après le succès de *Shake It Up*, le groupe enregistre la bande originale du court-métrage *Chapter-X* et prend ensuite un congé prolongé, Ocasek sortant son album solo *Beatitude* en 1982 et Hawkes publiant *Niagara Falls* l'année suivante. Ocasek réalise également le premier album du groupe de punk hardcore **Bad Brains**.

Les Cars se réunissent en 1983 pour enregistrer leur cinquième album, *Heartbeat City*, qui sortira au début de 1984. Soutenu par un vidéoclip révolutionnaire animé par ordinateur, le premier simple de l'album, « You Might Think », devient un autre succès du top 10, propulsant *Heartbeat City* à la troisième place des classements d'albums. Trois autres simples à succès, « Magic » (#12), la ballade « Drive » (#3) et « Hello Again » (#20), suivront plus tard dans l'année, et l'album deviendra triple disque de platine durant l'été 1985.

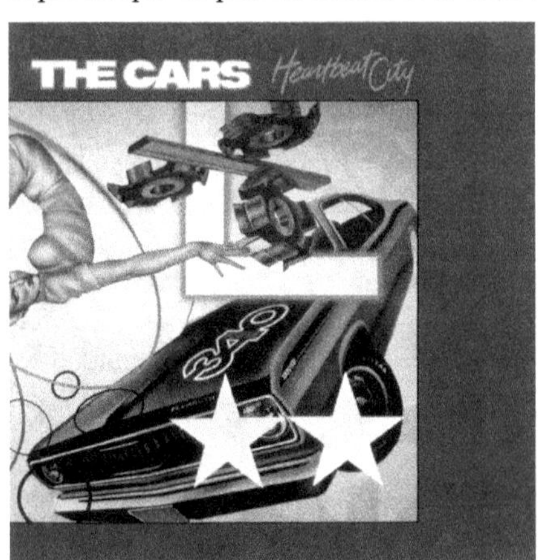

À la fin de 1985, le groupe sort *Greatest Hits*, une compilation de ses plus grands succès qui contient deux nouvelles chansons, « Tonight She Comes » et « You Are the Girl ». Les Cars sont en pause pendant une grande partie de 1985 et 1986, période pendant laquelle Easton sort *Change No Change* et Orr, *The Lace*.

En 1987, le groupe achève son septième album, *Door to Door*. Le disque connaît un succès modéré lors de sa sortie à l'été 1987. Le simple « You Are the Girl » se classe au 17e rang. La parution de *Door to Door* suscite des spéculations sur le fait que le groupe serait sur le point de se séparer. En effet, les Cars annoncent officiellement leur séparation en février 1988.

Tous les membres poursuivent une carrière solo, mais seul Ocasek sort régulièrement des albums. Dans les années 1990, il devient également un réalisateur de rock alternatif très recherché, travaillant avec des groupes tels que **Weezer**, **Bad Religion**, **Hole**, **Guided by Voices**, **No Doubt**, **Nada Surf**, etc. Easton réapparaît plus tard avec **Creedence Clearwater Revisited**, tandis qu'Orr perd malheureusement son combat contre le cancer du pancréas et décède le 3 octobre 2000.

Après la mort de Ben Orr, des compilations et albums en concert des Cars sont mis en marché, notamment le DVD *Live* (enregistré en Allemagne en 1979 et comprenant une entrevue du groupe peu avant la mort d'Orr), une édition de luxe sur deux disques de leur premier album éponyme, ainsi qu'une compilation plus complète intitulée *Complete Greatest Hits*.

Au début de 2002, Ocasek travaille à l'élaboration d'un documentaire sur The Cars, composé d'images des coulisses et de clips promotionnels inédits filmés par le groupe lui-même. Il continue également à travailler sur des morceaux en solo, et sort *Nexterday* en 2005, qui reçoit de bonnes critiques. Pendant ce temps, Greg Hawkes et Elliot Easton s'associent à **Todd Rundgren** pour former **The New Cars**, un supergroupe pop dont le répertoire comprend les chansons solos de Rundgren, les anciens succès des Cars et quelques nouveaux morceaux. Les New Cars tournent avec **Blondie** en 2006 et sortent un disque, l'album en concert *It's Alive*, avant que Rundgren ne reprenne sa carrière solo l'année suivante.

En 2010, les Cars se réunissent officiellement pour la première fois en deux décennies. En collaboration avec le réalisateur **Jacknife Lee**, ils s'installent temporairement dans un studio d'enregistrement à Millbrook, dans l'État de New York, et produisent *Move Like This* en 2011. Sorti sur Hear Music et accueilli par des critiques positives, *Move Like This* se classe au septième rang lors de sa sortie et le groupe le soutient par une brève tournée. Par la suite, les Cars entrent en hibernation, ressortant seulement en 2015 pour leur nomination au Temple de la renommée du rock 'n' roll (ils ne seront toutefois pas intronisés). En 2016 paraissent la compilation *Moving in Stereo: The Best of the Cars* et le coffret complet *The Elektra Years 1978-1987*.

Discographie de The Cars :

1978 – The Cars ★★★★½

1979 – Candy-O ★★★½

1980 – Panorama ★★★

1981 – Shake It Up ★★★

1984 – Heartbeat City ★★★½

1985 – Greatest Hits ★★★★

1987 – Door to Door ★★

1995 – Just What I Needed: The Cars Anthology ★★★★

2002 – Complete Greatest Hits ★★★★½

2005 – The Essentials ★★★★

2011 – Move Like This ★★★½

2016 – Moving in Stereo: The Best of the Cars ★★★

Chansons inoubliables :

1978 – Just What I Needed

1978 – My Best Friend's Girl

1978 – Good Times Roll

1978 – Moving in Stereo

1979 – Let's Go

1979 – Candy-O

1980 – Touch and Go

1981 – Shake It Up

1981 – Since You're Gone

1984 – You Might Think

1984 – Magic

1984 – Drive

1984 – Hello Again

1985 – Tonight She Comes

1985 – You Are the Girl

Vidéographie intéressante :

2000 – Live ★★★

CORBEAU ⚜

> **Corbeau en bref :**
>
> Formation : 1976-1984
>
> Provenance : Montréal, Québec, Canada
>
> Styles : Rock québécois, Hard Rock

À la fin de 1976, l'ex-**Offenbach Pierre Harel**, qui s'est remis à l'écriture, recrute **Michel Lamothe** et **Roger Belval** (qui viennent aussi de quitter Offenbach) et le guitariste **Donald Hince** pour former Corbeau. Plus tard s'ajoutent le guitariste **Jean Millaire**, qui vient de passer quelques mois au sein d'Offenbach, et la chanteuse **Marjolaine Morin (Marjo)**. Corbeau est alors le premier groupe rock québécois à avoir une chanteuse.

Pierre Harel quitte le groupe après l'enregistrement de leur premier album, alors qu'une tension s'est installée entre lui et Marjo. Sur cet album, Harel et Marjo se partagent le chant.

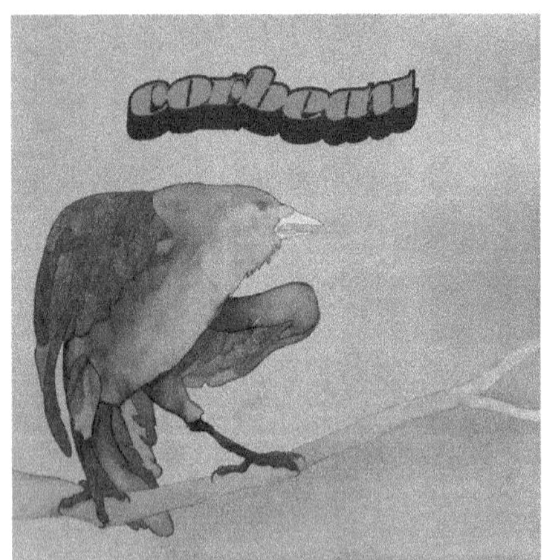

À la suite du départ d'Harel, Marjo écrit la quasi-totalité des textes de Corbeau et grâce à son style énergique sur scène, donne au groupe une personnalité très hard rock et ce, dès l'album *Fou* en 1981.

Corbeau remporte le Félix du groupe de l'année en 1981 et 1982 en plus du Félix de l'album rock de l'année en 1982 pour *Illégal*. Le groupe remporte aussi les trophées Music Express du meilleur groupe, du meilleur album et de la meilleure chanson pour « Illégal », et la Société des droits d'exécution (SDE) décerne en 1983 un prix à Marjo pour l'écriture de « Illégal ». L'album fournit d'autres succès dont « Maladie d'amour » et « Ailleurs », ce dernier que Marjo reprendra en solo quelques années plus tard.

En plus d'impressionner par son énergie sur les scènes du Québec, Corbeau va se produire à La Rochelle en France en 1984, ainsi qu'au Rock and Roll Circus à l'Olympia de Paris. Marjo et Jean Millaire décident ensuite de quitter le groupe, et on met sur le marché l'album *Dernier cri* qui avait été enregistré au Spectrum de Montréal.

Les membres restants travaillent une fois de plus avec Pierre Harel à de nouvelles chansons dès la fin de 1984. Ces pièces allaient voir le jour sur l'album *Tendre ravageur* de Pierre Harel en 1988. Plus tard, c'est sous le nom de **Corbach** que les anciens de Corbeau (et d'Offenbach) allaient poursuivre leur aventure avec Harel. L'album *Corbeau '85 – Hôtel Univers*, paru en 2002, est en fait l'album *Tendre ravageur* augmenté de deux pièces enregistrées avec **Johnny Gravel**, leur ancien partenaire au sein d'Offenbach.

Discographie de Corbeau :

1979 – Corbeau
1981 – Fou ★★★½
1982 – Illégal ★★★★
1983 – Visionnaire
1984 – Dernier cri (en concert au Spectrum)
1992 – L'intégrale (2 CD) ★★★½
2002 – Corbeau '85 – Hôtel Univers

Chansons inoubliables :

1979 – Cash-moé
1979 – Agriculture
1979 – Gisèle
1981 – J'lâche pas
1981 – Marche
1981 – Suite 16
1982 – Illégal
1982 – Maladie d'amour
1982 – Slow Motion
1982 – Ailleurs

THE CULT

> **The Cult en bref :**
>
> Formation : 1984
>
> Provenance : Bradford, West Yorkshire, Angleterre, Royaume-Uni
>
> Styles : Hard Rock, Rock alternatif

Ian Astbury (né le 14 mai 1962) était le fils d'un marin marchand, ce qui l'a amené à déménager fréquemment pendant son enfance. À un certain moment, sa famille a vécu au Canada, où il s'est pris de fascination pour les Amérindiens, qui deviendront un thème récurrent dans ses compositions. Astbury s'est finalement installé à Bradford, dans le Yorkshire, où il a rencontré un groupe de rock gothique composé de **David Burrows** (guitare), **Barry Jepson** (basse) et **Haq Quereshi** (batterie). Ian a rejoint le groupe en 1981 en tant que chanteur principal (sous le nom de **Ian Lindsay**, le nom de jeune fille de sa mère) et a rebaptisé le groupe **Southern Death Cult**.

Dès son cinquième concert, le groupe attirait 2 000 spectateurs. En décembre 1982, Southern Death Cult sort son premier simple, « Moya »/« Fatman », et le mois suivant, il fait la première partie de **Bauhaus** en tournée. Bien que l'avenir du groupe s'annonce prometteur, Astbury décide de mettre fin à l'aventure, frustré par les articles élogieux que lui consacrent la presse. Les trois membres restants rejoignent **Getting the Fear**, qui deviendra plus tard **Into a Circle**. À la fin des années 1980, Quereshi devient membre de **Fun^Da^Mental**. Tous les enregistrements de Southern Death Cult sont finalement publiés en 1986.

Après la séparation, Astbury raccourcit le nom du groupe en **Death Cult** et recrute le guitariste **Billy Duffy**, qui avait précédemment joué avec **Morrissey** dans le groupe **The Nosebleeds**, avant la formation des **Smiths**, ainsi que le batteur **Ray Mondo** et le bassiste **Jamie Stewart**, qui avaient joué avec **Ritual**. Death Cult sort un mini-album éponyme à l'été 1983, sur lequel Astbury reprend son nom. Plus tard dans l'année, Mondo est remplacé par **Nigel Preston**, qui a précédemment joué avec Duffy dans **Theatre of Hate**. Par coïncidence, Mondo devient le batteur du groupe précédent de Preston, **Sex Gang Children**.

Au début de 1984, les membres du groupe décident de supprimer « Death » de leur nom, craignant que ce mot ne leur donne l'apparence trompeuse d'un groupe gothique. Alors que Southern Death Cult et Death Cult étaient ouvertement influencés par le post-punk, The Cult est un groupe de hard rock lourd avec de légères touches psychédéliques, assurément influencées par **The Doors**. *Dreamtime*, le premier album du groupe, sort à l'automne 1984, accompagné du simple « Spiritwalker ». *Dreamtime* atteint le #21 au palmarès britannique.

Au printemps 1985, Preston quitte le groupe. Pour le simple estival « She Sells Sanctuary », le groupe est rejoint par le batteur de **Big Country**, **Mark Brzezicki**. « She Sells Sanctuary » devient un grand succès au Royaume-Uni, atteignant le #15. Pendant l'enregistrement du deuxième album du groupe, le batteur **Les Warner** rejoint le groupe. *Love*, sorti à l'automne 1985, poursuit dans la veine hard rock du simple qui l'a précédé et se classe #4 au Royaume-Uni. Le simple « Rain » connaîtra aussi beaucoup de succès.

Pour son troisième album, The Cult remanie sa formation : Stewart passe à la guitare rythmique, tandis que l'ancien bassiste de **Zodiac Mindwarp**, **Kid Chaos**, rejoint le groupe. Ils engagent également **Rick Rubin** comme réalisateur, et le résultat, *Electric*, est leur album le plus dur à ce jour. Le premier extrait, « Love Removal Machine », se classe au #18 au printemps 1987, tandis que l'album atteint le #4 au Royaume-Uni dès sa sortie en avril. Plus tard dans l'année, *Electric* permet au groupe de se constituer une base de fans aux États-Unis et il entre dans le top 40 américain.

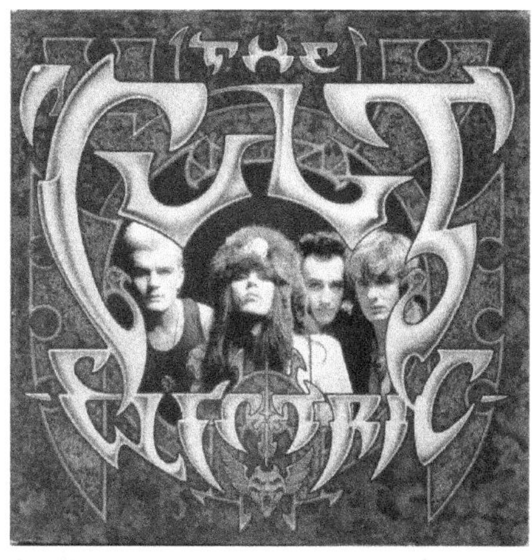

En 1988, le groupe licencie Chaos et Warner, remplaçant ce dernier par **Matt Sorum**. Le groupe ne réussit pas à trouver un nouveau bassiste. La nouvelle formation sort *Sonic Temple*, qui s'avère être le plus grand succès du groupe. Le simple à succès « Fire Woman » propulse l'album dans le top 10 américain et, en peu de temps, The Cult se retrouve à fréquenter des groupes tels que **Mötley Crüe** et **Aerosmith**, en plus de faire la première partie de **Metallica** lors de la tournée *Damaged Justice*.

Bien que le groupe connaisse ses meilleures ventes, il se déchire en coulisses en raison de querelles internes et de toxicomanie. Au moment où ils enregistrent la suite de *Sonic Temple*, Sorum quitte pour rejoindre **Guns N' Roses** et Stewart démissionne. Ils sont remplacés par le batteur **Mickey Curry** et le bassiste **Charlie Drayton**. L'album qui en résulte, *Ceremony*, est lancé à l'automne 1991 et reçoit des critiques mitigées et des ventes décevantes, malgré le succès de « Wild Hearted Son ».

Après la sortie de *Ceremony*, le groupe fait une pause de trois ans. En 1993, la compilation *Pure Cult* ne sort qu'au Royaume-Uni et se classe #1 dès sa sortie. À l'été 1993, The Cult se dote d'une nouvelle section rythmique, composée de l'ancien bassiste de **Mission**, **Craig Adams**, du deuxième guitariste **Mike Dimkich (Channel 3)** et du batteur **Scott Garrett**. Cette formation enregistre *The Cult*, un album plus alternatif qui sort fin 1994 et reçoit un accueil mitigé de la critique et du public.

Au printemps 1995, The Cult se sépare et Ian Astbury forme un peu plus tard **The Holy Barbarians**. Billy Duffy joue brièvement avec **Miles Hunt** dans **Vent 414** avant de quitter pour se lancer dans un projet solo. En 2000, le catalogue de The Cult est repiqué numériquement et réédité, et *Pure Cult* sort finalement aux États-Unis (malgré la sortie quatre ans plus tôt d'une compilation similaire, *High Octane Cult*). Il est suivi par *Rare Cult*, un coffret de six disques contenant des titres rares.

Une nouvelle version du groupe, avec Matt Sorum, **Martyn LeNoble** et **Chris Wyse** rejoignant Astbury et Duffy, fait ses débuts en juin 1999 au Tibetan Freedom Festival. Ce groupe produit l'album *Beyond Good and Evil* en 2001 avant que The Cult ne se sépare à nouveau, Astbury rejoignant les anciens membres des Doors **Robbie Krieger** et **Ray Manzarek** dans **The Doors of the 21st Century** (rebaptisé plus tard **Riders on the Storm**). En 2007, il est annoncé qu'Astbury a quitté le groupe pour rejoindre Duffy dans une nouvelle version de The Cult, avec Chris Wyse à la basse et **John Tempesta** à la batterie. Ils signent chez Roadrunner et présentent *Born Into This*, avant de partir dans une tournée très médiatisée, *Love Live*.

The Cult retournent en studio en 2011 après avoir signé un contrat avec Cooking Vinyl Records, puis ils sortent leur neuvième album, *Choice of Weapon*, l'année suivante. En 2013, Duffy annonce dans une entrevue que The Cult travaille sur de nouveaux morceaux pour 2015. Cependant, des changements de personnel freinent quelque peu les projets du groupe : après 20 ans, Dimkich quitte pour rejoindre **Bad Religion** et Wyse part rejoindre le groupe d'**Ace Frehley**. **James Stevenson**, ami de longue date, prend la place de deuxième guitariste, tandis que Grant Fitzpatrick passe à la basse pour la tournée mondiale du groupe en 2014.

Chris Channey, bassiste de **Jane's Addiction**, rejoint le groupe en studio pour l'enregistrement de son dixième album. Avec **Bob Rock** à la réalisation, The Cult termine *Hidden City* en 2015. Les deux premiers simples, « Dark Energy » et « Deeply Ordered Chaos », sortent respectivement en novembre et décembre, suivis d'un troisième, « Hinterland », en janvier 2016. L'album suivra en février.

Après deux tournées mondiales et des étés passés à jouer dans des hangars et des festivals des deux côtés de l'Atlantique, The Cult prend une pause bien méritée, prolongée par le début de la pandémie de COVID-19. En juillet 2022, le groupe sort discrètement une vidéo, « Give Me Mercy ». En octobre, ils lancent l'album *Under the Midnight Sun*. Réalisé par **Tom Dalgety (Pixies, Ghost)**, il sort sur le label hard rock indépendant Black Hill Records et comprend huit titres, dont un deuxième simple, « A Cut Inside ».

Discographie de The Cult :

1983 – Southern Death Cult
(par **Southern Death Cult**) ★ ½

1983 – Death Cult (par **Death Cult**) ★★ ½

1984 – Dreamtime ★★★ ½

1985 – Love ★★★★

1987 – Electric ★★★★

1989 – Sonic Temple ★★★

1991 – Ceremony ★★★

1993 – Pure Cult: The Best of the Cult ★★★★

1994 – The Cult ★★ ½

2000 – Pure Cult: The Singles 1984-95 ★★★★

2001 – Beyond Good and Evil ★★ ½

2007 – Born Into This ★★★

2012 – Choice of Weapon ★★★ ½

2016 – Hidden City ★★ ½

2022 – Under the Midnight Sun

Chansons inoubliables :

1984 – Spiritwalker

1984 – Go West (Crazy Spinning Circles)

1984 – 83rd Dream

1985 – She Sells Sanctuary

1985 – Rain

1985 – Revolution

1987 – Love Removal Machine

1987 – Wild Flower

1987 – Lil' Devil

1987 – Born to Be Wild

1989 – Fire Woman

1989 – Edie (Ciao Baby)

1989 – Sweet Soul Sister

1989 – Sun King

1991 – Wild Hearted Son

1991 – Ceremony

1991 – Sweet Salvation

2001 – Rise

2016 – Dark Energy

2022 – Give Me Mercy

THE CURE

The Cure en bref :

Formation : 1976

Provenance : Crawley, Angleterre, Royaume-Uni

Styles : Rock alternatif, Post-Punk, New Wave

Le groupe **Easy Cure** a été formé en 1976 par des camarades de classe : **Robert Smith** (chant, guitare), **Michael Dempsey** (basse) et **Laurence « Lol » Tolhurst** (batterie). Au départ, le groupe se spécialise dans la pop à guitare sombre, avec des paroles pseudo-littéraires, comme en témoigne la chanson « Killing an Arab », inspirée par **Albert Camus**. Une démo contenant « Killing an Arab » est arrivée dans les mains de **Chris Parry**, un représentant A&R chez Polydor Records. Le nom du groupe avait été tronqué pour devenir The Cure. Parry est impressionné par la chanson et organise sa sortie sur le label indépendant Small Wonder en décembre 1978. Au début de l'année 1979, Parry quitte Polydor pour créer son propre label, Fiction, et les Cure sont l'un des premiers groupes à signer avec lui. « Killing an Arab » est réédité en février 1979 et The Cure entame sa première tournée en Angleterre.

Le premier album de The Cure, *Three Imaginary Boys*, sort en mai 1979 et reçoit des critiques positives dans la presse musicale britannique. Plus tard dans l'année, le groupe présente les simples « Boys Don't Cry » et « Jumping Someone Else's Train ». The Cure entame une grande tournée avec **Siouxsie and the Banshees**. Pendant la tournée, le guitariste des Banshees, **John McKay**, quitte le groupe et Smith le remplace. Pendant une dizaine d'années, Robert Smith collaborera fréquemment avec les membres des Banshees.

Fin 1979, The Cure sort un simple, « I'm a Cult Hero », sous le nom de **Cult Heroes**. Dempsey quitte ensuite le groupe pour rejoindre les **Associates**. Il est remplacé par **Simon Gallup** au début de 1980. Au même moment, The Cure s'adjoint les services d'un claviériste, **Mathieu Hartley**, et termine la production de son deuxième album, *Seventeen Seconds*, qui sort au printemps 1980. L'ajout d'un claviériste élargit le son du groupe, qui devient plus expérimental et embrasse souvent des mélodies lentes et lugubres. Néanmoins, le groupe continue d'écrire des chansons pop, comme le prouve le premier succès du groupe au Royaume-Uni, « A Forest », qui se classe au #31. Après la sortie de *Seventeen Seconds*, The Cure entame sa première tournée mondiale. Après l'étape australienne de la tournée, Hartley quitte le groupe et ses anciens coéquipiers choisissent de continuer sans lui.

The Cure sort son troisième album en 1981, *Faith*, et le voit atteindre le #14 au palmarès. *Faith* donne également naissance au simple « Primary », qui connaît un succès mineur. Le quatrième album de The Cure, l'introspectif *Pornography*, paraît peu après, en 1982. *Pornography* élargit encore leur auditoire et entre dans le top 10 britannique. Après la fin de la tournée de *Pornography*, Gallup quitte le groupe et Tolhurst passe de la batterie aux claviers. À la fin de 1982, The Cure sort un nouveau simple, « Let's Go to Bed », aux accents dansants.

Smith consacre la majeure partie du début de l'année 1983 à Siouxsie and the Banshees, enregistrant l'album *Hyaena* avec le groupe et apparaissant en tant que guitariste du groupe lors de la tournée qui accompagne l'album. Cette même année, Smith forme également un groupe avec le bassiste des Banshees, **Steve Severin**. Après avoir adopté le nom de **The Glove**, le groupe lance son seul album, *Blue Sunshine*.

À la fin de l'été 1983, une nouvelle version de The Cure comprenant Smith, Tolhurst, le batteur **Andy Anderson** et le bassiste **Phil Thornalley** se rassemble pour enregistrer un nouveau simple, une chanson enjouée nommée « The Lovecats ». La chanson sort à l'automne 1983 et devient le plus grand succès du groupe à ce jour, se classant au #7 du palmarès britannique. La nouvelle formation des Cure sort *The Top* en 1984. Malgré le succès pop de « The Caterpillar », au #14, *The Top* est un retour aux paysages sonores sombres de *Pornography*. Au cours de la tournée mondiale qui soutient *The Top*, Anderson est renvoyé.

Début 1985, à la fin de la tournée, Thornalley quitte le groupe. The Cure réorganise sa formation après son départ, en ajoutant le batteur **Boris Williams** et le guitariste **Porl Thompson**, pendant que Gallup revient à la basse. Plus tard cette année-là, The Cure propose son sixième album, *The Head on the Door*. Leur plus concis et leur plus pop à ce jour, l'album leur permet d'entrer dans le top 10 au Royaume-Uni et de se classer #59 aux États-Unis, la première fois que le groupe franchit la barre du Hot 100 américain. « In Between Days » et « Close to Me », deviennent des succès importants au Royaume-Uni, ainsi que dans les radios underground et universitaires aux États-Unis.

The Cure suit le succès de *The Head on the Door* en 1986 avec la compilation *Standing on a Beach: The Singles*. Elle atteint le #4 au Royaume-Uni, mais plus important encore, permet au groupe de devenir un groupe culte aux États-Unis. L'album atteint le #48 et devient disque d'or en l'espace d'un an. En bref, *Standing on a Beach* prépare le terrain pour le double album qui suivra en 1987.

Kiss Me, Kiss Me, Kiss Me est éclectique mais c'est un succès, avec quatre *hits* au Royaume-Uni (« Why Can't I Be You », « Catch », « Just Like Heaven », « Hot Hot Hot !!! ») et le premier succès du groupe dans le top 40 américain avec « Just Like Heaven ». Après la tournée de soutien à *Kiss Me, Kiss Me, Kiss Me*, l'activité des Cure ralentit. Avant de commencer à travailler sur son nouvel album au début de 1988, le groupe renvoie Tolhurst, affirmant que les relations entre lui et le reste du groupe ont été irrévocablement endommagées. Tolhurst intentera plus tard un procès, affirmant que son rôle dans le groupe était plus important que ce que prévoyait son contrat et qu'il méritait donc plus d'argent.

The Cure remplace Tolhurst par l'ancien claviériste des **Psychedelic Furs**, **Roger O'Donnell**, et enregistre son huitième album, *Disintegration*. Lancé au printemps 1989, l'album est plus mélancolique que son prédécesseur, mais il connaît un succès immédiat, atteignant le #3 au Royaume-Uni et le #14 aux États-Unis, et donnant naissance à une série de simples à succès. « Lullaby » devient le plus grand succès britannique du groupe au printemps 1989, atteignant le #5. À la fin de l'été, le groupe connaît son plus grand succès américain avec « Lovesong », qui se hisse au #2.

Lors de la tournée de *Disintegration*, The Cure commence à jouer dans des stades aux États-Unis et au Royaume-Uni. À l'automne 1990, The Cure sort *Mixed Up*, une collection de remixes comprenant un nouveau simple, « Never Enough ». Après la tournée, O'Donnell quitte le groupe et est remplacé par leur *roadie*, **Perry Bamonte**.

Au printemps 1992, The Cure présente *Wish*. Comme *Disintegration*, *Wish* est un succès immédiat, entrant au #1 dans les palmarès britanniques et au #2 dans les palmarès américains, grâce aux *hits* « High » et « Friday I'm in Love ». The Cure entame une nouvelle tournée mondiale. Un concert à Détroit fait l'objet d'un film intitulé *Show* et de deux albums, *Show* et *Paris*, qui sortiront en 1993.

Thompson quitte le groupe en 1993 pour rejoindre le groupe de **Jimmy Page** et **Robert Plant**. Après son départ, O'Donnell réintègre le groupe en tant que claviériste, et Bamonte passe du synthétiseur à la guitare. Pendant la majeure partie de l'année 1993 et au début de 1994, les Cure sont mis à l'écart par un procès intenté par Tolhurst, qui revendique la propriété conjointe du nom du groupe et cherche à restructurer ses paiements de redevances. Un règlement en faveur du groupe intervient finalement au cours de l'automne 1994, et les Cure peuvent enfin se concentrer sur l'enregistrement d'un nouvel album. Cependant, le batteur Boris Williams quitte le groupe au moment où ils s'apprêtent à entamer le processus d'enregistrement.

Le groupe recrute un nouveau percussionniste par le biais d'annonces dans les journaux musicaux britanniques. Au printemps 1995, **Jason Cooper** remplace Williams. Tout au long de l'année 1995, les Cure enregistrent leur dixième album studio, s'arrêtant pour donner quelques concerts dans des festivals européens pendant l'été. Intitulé *Wild Mood Swings*, l'album sort finalement au printemps 1996, précédé du simple « The 13th ».

Combinant chansons pop et moments plus sombres, *Wild Mood Swings* reçoit un accueil critique et commercial mitigé. *Galore*, la deuxième collection des Cure centrée sur les succès du groupe depuis *Standing on a Beach*, paraît en 1997 et comprend la nouvelle chanson « Wrong Number ». The Cure passe les années suivantes dans l'ombre, donnant une chanson à la bande originale de *X-Files*, et Robert Smith apparaissant dans un épisode mémorable de *South Park*.

Le groupe réapparaît en 2000 avec *Bloodflowers*, leur dernier album de matériel original pour Fiction. Conçu comme le dernier volet d'une trilogie *heavy goth* qui remontait à *Pornography* et incluait *Disintegration*, *Bloodflowers* est bien accueilli et connaît un succès respectable, décrochant une nomination au Grammy Award du Meilleur album de musique alternative.

L'année suivante, les Cure concluent leur contrat avec Fiction en publiant *Greatest Hits*, qui couvre l'ensemble de leur carrière et s'accompagne d'un DVD regroupant leurs vidéos les plus populaires. En 2002, ils passent un peu de temps sur la route, terminant leur tournée par trois soirs à Berlin, où ils jouent chaque album de leur « trilogie gothique », un par soir. L'événement sera documenté sur la vidéo *Trilogy*.

The Cure signe un contrat international avec Geffen Records en 2003 et lance une vaste campagne de réédition en 2004 avec le coffret de raretés *Join the Dots: B-Sides & Rarities, 1978-2001 (The Fiction Years)*. Des éditions élargies en double disque de leurs premiers albums suivent peu après. Toujours en 2004, le groupe présente son premier album pour Geffen, un disque éponyme enregistré en direct en studio. Plus lourd que *Bloodflowers*, *The Cure* est en partie conçu pour plaire à un public plus jeune qui connaît le groupe grâce à son influence sur une nouvelle génération de groupes, dont beaucoup ont été présentés en première partie de The Cure lors de leurs tournées.

The Cure connaît un nouveau changement de formation en 2005, avec le départ de Bamonte et O'Donnell et le retour de Porl Thompson pour son troisième mandat. Cette nouvelle formation sans claviers fait ses débuts en 2005 en tant que tête d'affiche du concert de bienfaisance *Live 8 Paris*, puis se lance dans le circuit des festivals d'été, dont les meilleurs moments sont captés sur le DVD *Festival 2005*. The Cure participe à divers festivals au cours des deux années suivantes, avant d'entamer une tournée européenne plus importante au début de l'année 2008, à l'occasion de l'achèvement de leur 13e album. Conçu à l'origine comme un disque double, l'album est divisé en deux avant sa sortie, les morceaux les plus légers et les plus pop étant d'abord publiés sous le titre *4:13 Dream* en octobre 2008.

Après une pause de trois ans, le groupe revient sur scène avec sa tournée *Reflections* qui débute en Australie et voit le retour du batteur et claviériste d'origine Lol Tolhurst après 22 ans. Le groupe y joue l'intégralité de ses trois premiers albums, *Three Imaginary Boys*, *Seventeen Seconds* et *Faith*. Un concert de 150 minutes en tête d'affiche au *Bestival 2011* sur l'île de Wight est enregistré et publié la même année. Le groupe continue à tourner en 2012 et 2013, avec des festivals en Europe et en Amérique du Nord et des concerts en tête d'affiche en Amérique latine.

Au début de 2014, Smith annonce que le groupe sortira la suite de *4:13 Dream* plus tard cette année-là. Ils suivront également leur tournée *Reflections* avec une autre série de spectacles d'albums complets, cette fois-ci en jouant *The Top*, *The Head on the Door*, et *Kiss Me, Kiss Me, Kiss Me* dans leur intégralité.

Dans les années 2010, le groupe se concentre davantage sur les tournées et les festivals que sur la création de nouveaux morceaux, même s'il entre par intermittence en studio pour travailler sur de nouvelles chansons. Plus d'une décennie s'écoule sans nouvel album studio après *4:13 Dream* en 2008, mais les Cure publient de nombreux enregistrements en concert et du matériel divers, notamment *Torn Down: Mixed Up Extras 2018*, une suite de leur album de remixes de 1990 *Mixed Up*, l'énorme ensemble de concerts multimédia *40 Live* (*Curætion-25 + Anniversary*) en 2019, et une édition de luxe pour le 30e anniversaire de *Wish* en 2022, comprenant une foule de démos inédites et de matériel en concert de l'époque de la création de l'album.

En novembre 2024, le groupe sort enfin son 14e album studio, *Songs of a Lost World*. L'album est principalement enregistré en 2019, avec du travail supplémentaire jusqu'en 2022, mais sa sortie est retardée pendant la tournée du groupe. *Songs of a Lost World* est le premier album des Cure à inclure **Reeves Gabrels**, qui a rejoint le groupe en 2012. Les huit titres de l'album ont été écrits et arrangés uniquement par Smith, ce qui n'était arrivé qu'une seule fois auparavant, sur *The Head on the Door* en 1985.

Discographie de The Cure :

1979 – Three Imaginary Boys ★★★½

1980 – Seventeen Seconds ★★★½

1981 – Faith ★★★

1982 – Pornography ★★★

1984 – The Top ★½

1984 – Concert: The Cure Live ★★½

1985 – The Head on the Door ★★★½

1986 – Staring at the Sea: The Singles
　　　★★★★½

1987 – Kiss Me, Kiss Me, Kiss Me ★★★½

1989 – Disintegration ★★★★

1991 – Entreat ★★★½

1992 – Wish ★★★½

1993 – Paris (en concert) ★★★

1993 – Show (en concert) ★★½

1996 – Wild Mood Swings ★★½

1997 – Galore: The Singles 1987-1997
　　　★★★★½

2000 – Bloodflowers ★★½

2001 – Greatest Hits ★★★

2004 – The Cure ★★½

2004 – Join the Dots: B-Sides & Rarities,
　　　1978-2001 ★★★★

2008 – 4:13 Dream ★½

2011 – Bestival Live 2011 ★★★

2017 – Acoustic Hits

2019 – Anniversary: 1978-2018
　　　(Live in Hyde Park, London)

2019 – Curaetion 25: From There to Here:
　　　From Here to There

2021 – Disintegration in Leipzig:
　　　Germany, August 4th 1990

2022 – From a Land Down Under:
　　　Live in Sydney, August 07, 1981

2024 – Songs of a Lost World ★★★½

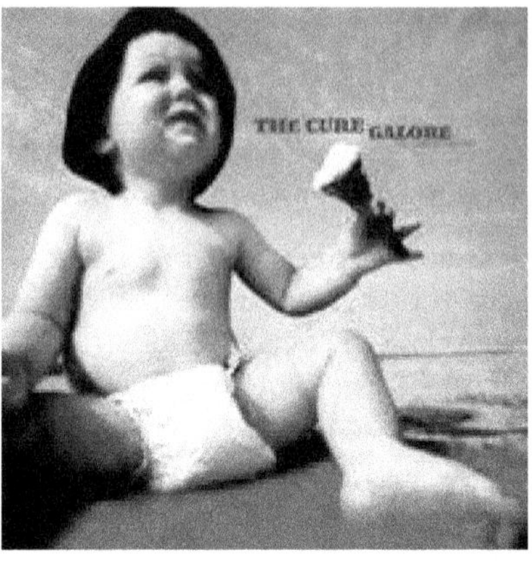

Chansons inoubliables :

1979 – Killing an Arab

1979 – Boys Don't Cry

1979 – Jumping Someone Else's Train

1980 – A Forest

1981 – Primary

1982 – Let's Go to Bed

1982 – One Hundred Years

1982 – Cold

1983 – The Lovecats

1984 – The Caterpillar

1985 – Close to Me

1985 – In Between Days

1987 – Just Like Heaven

1987 – Why Can't I Be You?

1987 – Catch

1987 – Hot Hot Hot !!!

1989 – Lovesong

1989 – Lullaby

1989 – Pictures of You

1990 – Never Enough

1992 – Friday I'm in Love

1992 – A Letter to Elise

1992 – High

1996 – The 13th

2000 – The Last Day of Summer

2000 – Maybe Someday

2004 – The End of the World

2008 – Underneath the Stars

2024 – Alone

2024 – A Fragile Thing

DEF LEPPARD

Def Leppard en bref :

Formation : 1977

Provenance : Sheffield, Angleterre, Royaume-Uni

Styles : Hard Rock, NWOBHM

Def Leppard est né d'un groupe de Sheffield formé en 1977 par les adolescents **Rick Savage** (basse) et **Pete Willis** (guitare). Le chanteur **Joe Elliott**, fanatique de **Mott the Hoople** et de **T. Rex**, rejoint le groupe quelques mois plus tard, qui prend le nom de **Deaf Leopard**. Après un changement d'orthographe, le trio, renforcé par un batteur aujourd'hui oublié, commence à jouer dans les pubs locaux. En l'espace d'un an, le groupe s'adjoint le guitariste **Steve Clark** et un nouveau batteur. Plus tard en 1978, ils enregistrent leur premier mini-album, *Getcha Rocks Off*, et le lancent sur leur propre label, Bludgeon Riffola. *Getcha Rocks Off* devient un succès de bouche-à-oreille et est diffusé à la BBC.

Après la sortie de *Getcha Rocks Off*, **Rick Allen**, 15 ans, devient le batteur permanent du groupe, et Def Leppard devient rapidement la coqueluche des hebdomadaires musicaux britanniques. Ils signent bientôt avec **Peter Mensch**, le gérant d'**AC/DC**, qui les aide à obtenir un contrat avec Mercury Records. *On Through the Night*, le premier album du groupe, sort en 1980 et devient instantanément un succès au Royaume-Uni, en plus d'être diffusé aux États-Unis, où il atteint la 51ᵉ place. Au cours de l'année, Def Leppard tourne sans relâche en Grande-Bretagne et en Amérique, jouant ses propres concerts tout en assurant les premières parties d'**Ozzy Osbourne**, **Sammy Hagar** et **Judas Priest**.

High 'n' Dry suit en 1981 et devient le premier disque de platine du groupe aux États-Unis, grâce à la forte rotation de « Bringin' on the Heartbreak » sur MTV. Alors que Def Leppard enregistre la suite de *High 'n' Dry* avec le réalisateur **Robert John « Mutt » Lange**, Pete Willis est renvoyé du groupe en raison de son alcoolisme, et **Phil Collen** est engagé pour le remplacer. L'album qui en résulte, *Pyromania* (1983), devient un succès inattendu, non seulement grâce au métal mélodique de Def Leppard, mais aussi grâce à la diffusion répétée de « Photograph » et de « Rock of Ages » sur MTV et dans les radios rock. *Pyromania* dépassera les dix millions d'exemplaires vendus, faisant de Def Leppard l'un des groupes les plus populaires au monde. Malgré ce succès, le groupe est sur le point d'entrer dans une période difficile de sa carrière.

Après une longue tournée mondiale, le groupe retourne en studio pour enregistrer la suite, mais Mutt Lange n'étant pas disponible, ils débutent des séances avec **Jim Steinman**, l'homme responsable de *Bat Out of Hell* de **Meat Loaf**. Cette association s'avère peu judicieuse et les membres du groupe se tournent alors vers leur ancien ingénieur, **Nigel Green**. Un mois après le début de l'enregistrement, Allen perd son bras gauche dans un grave accident de voiture le soir du Nouvel An. Le bras est recollé mais doit être amputé à la suite d'une infection. L'avenir de Def Leppard semble incertain sans batteur, mais au printemps 1985, quelques mois seulement après son accident, Allen commence à apprendre à jouer sur un kit électronique fait sur mesure et assemblé pour lui par Simmons. Le groupe reprend donc rapidement l'enregistrement, et quelques mois plus tard, Mutt Lange est de retour à bord. Ayant jugé toutes les bandes existantes de qualité inférieure, il ordonne au groupe de recommencer le travail à zéro. Les séances d'enregistrement se poursuivent tout au long de l'année 1986, et cet été-là, le groupe remonte sur scène pour la tournée européenne des Monsters of Rock.

Def Leppard termine enfin son quatrième album, *Hysteria*, au début de l'année 1987. L'album sort au printemps et reçoit des critiques partagées, plusieurs affirmant qu'il compromet les racines métalliques de Def Leppard pour des fioritures pop. En conséquence, *Hysteria* met du temps à démarrer et « Women », le premier extrait, ne réussit pas à s'imposer. Mais la sortie d'« Animal » aide l'album à gagner du terrain. La chanson devient le premier succès de Def Leppard dans le top 40 au Royaume-Uni, mais plus important encore, elle lance une série de six succès consécutifs dans le top 20 aux États-Unis, avec la chanson-titre, le classique « Pour Some Sugar on Me », la ballade « Love Bites », « Armageddon It » et « Rocket », ce dernier étant paru en 1989, soit deux ans après la sortie d'*Hysteria*. Pendant ces deux années, Def Leppard deviennent des têtes d'affiche dominantes du hard rock, tant sur les palmarès pop que sur MTV.

Hysteria s'avère être le sommet de la popularité de Def Leppard, mais sa suite demeure très attendue au début des années 1990, alors que le groupe fait une pause pour travailler sur un nouvel album. Pendant le processus d'enregistrement, Steve Clark décède d'une surdose d'alcool et de drogues. Clark a toujours lutté contre l'alcool, et après l'apogée d'*Hysteria*, ses coéquipiers l'ont forcé à prendre un congé sabbatique. Mais, bien qu'il soit entré en cure de désintoxication, les mauvaises habitudes de Clark continuent, et Collen commence même à enregistrer la majorité des pistes de guitare en studio à sa place.

Après la mort de Clark, Def Leppard décide de terminer son prochain album en tant que quatuor et sort *Adrenalize* au printemps 1992. En pleine vague grunge, l'album est accueilli par des critiques mitigées, et bien que l'album débute à la première place et contienne des simples à succès (« Let's Get Rocked », « Have You Ever Needed Someone So Bad »), il est une déception commerciale dans le sillage de *Pyromania* et d'*Hysteria*. Après sa sortie, le groupe ajoute l'ancien guitariste de **Whitesnake**, **Vivian Campbell**, reprenant ainsi le jeu à deux guitares, caractéristique de Def Leppard.

En 1993, Def Leppard publie la collection de raretés *Retro Active*, qui produit un autre succès dans le top 20 avec la ballade acoustique « Two Steps Behind ». Deux ans plus tard, le groupe sort la collection de succès *Vault* tout en préparant son sixième album. *Slang* arrive au printemps 1996, et bien qu'il soit plus aventureux que son prédécesseur, il est accueilli avec indifférence, indiquant que l'âge d'or de Def Leppard est bel et bien passé. Sans se décourager, le groupe persévère et revient à son son hard rock typique pour *Euphoria*, en juin 1999. Malgré le succès de « Promises », le disque ne produit aucun autre succès, ce qui entraîne un retour à la ballade pop pour adultes sur *X* en 2002. *The Definitive Collection* sort en 2005, suivi en 2006 par *Yeah!*, une solide collection de reprises.

En 2008, le groupe lance *Songs from the Sparkle Lounge*, qui se hisse à la cinquième place et est soutenu par une tournée d'été lucrative. Les morceaux issus de cette tournée constituent la majeure partie de l'album *Mirror Ball: Live & More*, un album en concert de trois disques contenant un concert complet, trois nouveaux enregistrements studio et des séquences vidéo. Un autre album en concert suivra deux ans plus tard, *Viva! Hysteria*, sur lequel Def Leppard présente l'intégralité de son album de 1987 sur le premier disque, et une collection d'anciens morceaux rarement joués sur le deuxième. En 2015, le groupe présente un album éponyme et sa première collection de musique originale depuis 2008.

En février 2017, le groupe publie *And There Will Be a Next Time*, un album en concert tiré de la tournée de soutien de leur album éponyme. Plus tard dans l'année, une édition de luxe d'*Hysteria* sort pour célébrer le 30e anniversaire de leur disque phare. En 2018, des coffrets couvrant les années 1980 et les années 1990 sont mis sur le marché, puis Def Leppard continue à tourner régulièrement et joue même en résidence à Las Vegas.

En 2020, le groupe publie une collection de ses deux premiers albums ainsi qu'un enregistrement en concert et des séances de la BBC, *The Early Years 79-81*. Après cette série de concerts et de rééditions, le groupe sort enfin un nouvel album studio en 2022, *Diamond Star Halos*, qui est annoncé par le titre promotionnel « Kick » et comprend deux collaborations avec **Alison Krauss**. En 2023, le groupe publie *Drastic Symphonies*, un ensemble de classiques de Def Leppard réimaginés et de joyaux cachés enregistrés avec le **Royal Philharmonic Orchestra** de Londres.

Discographie de Def Leppard :

1980 – On Through the Night ★★★

1981 – High 'N' Dry ★★★½

1983 – Pyromania ★★★★

1987 – Hysteria ★★★★½

1992 – Adrenalize ★★

1993 – Retro Active ★★½

1995 – Vault: Def Leppard Greatest Hits
    1980-1995 ★★★★

1996 – Slang ★★½

1999 – Euphoria ★★★

2002 – X ★★

2004 – Best of ★★★½

2005 – Rock of Ages: The Definitive Collection
    ★★★★

2006 – Yeah! ★★★½

2008 – Songs from the Sparkle Lounge ★★½

2013 – Viva! Hysteria: Live at the Joint,
    Las Vegas ★★★

2015 – Def Leppard ★★★

2018 – The Story So Far:
    The Best of Def Leppard ★★★½

2019 – The Story So Far, Vol. 2: Hits and B Sides

2020 – Hysteria Live

2020 – The Early Years 1979-1981 ★★★½

2020 – Hits Vegas (Live)

2021 – X, Yeah! & Songs From the Sparkle
    Lounge: Rarities From the Vault

2022 – Diamond Star Halos ★★★

2023 – Drastic Symphonies

Chansons inoubliables :

1979 – Wasted

1980 – Rock Brigade

1981 – Bringin' on the Heartbreak

1981 – High 'N' Dry (Saturday Night)

1981 – Let It Go

1983 – Photograph

1983 – Rock of Ages

1983 – Rock Rock (Till You Drop)

1983 – Foolin'

1983 – Too Late for Love

1987 – Women

1987 – Animal

1987 – Hysteria

1987 – Pour Some Sugar on Me

1987 – Love Bites

1987 – Armageddon It

1987 – Rocket

1992 – Let's Get Rocked

1992 – Have You Ever Needed Someone So Bad

1992 – Make Love Like a Man

1992 – Stand Up (Kick Love Into Motion)

1993 – Two Steps Behind

1993 – Miss You in a Heartbeat

1995 – When Love & Hate Collide

1996 – Slang

1999 – Promises

2002 – Now

2006 – No Matter What

2015 – Let's Go

2022 – Kick

Vidéographie intéressante :

1988 – Historia ★★★½

2002 – Hysteria (Video) ★★★½

2004 – Best of: The Videos

2005 – Rock of Ages: The Definitive Collection
    (Video)

2020 – London to Vegas

DIRE STRAITS

> **Dire Straits en bref :**
>
> Formation : 1977-1995
>
> Provenance : Londres, Angleterre, Royaume-Uni
>
> Styles : Rock, Pop Rock

Fils d'architecte, **Mark Knopfler** (né le 12 août 1949) étudie la littérature anglaise à l'université de Leeds et travaille brièvement comme critique rock pour le Yorkshire Evening Post pendant ses études. Après l'obtention de son diplôme, il commence à enseigner l'anglais tout en jouant dans un groupe de pub rock appelé **Brewer's Droop**.

En 1977, Mark joue avec son frère **David** (guitare) et son colocataire **John Illsley** (basse). Au cours de l'été 1977, le trio enregistre une démo avec le batteur **Pick Withers**. Un DJ londonien nommé **Charlie Gillett** entend la démo et commence à diffuser « Sultans of Swing » dans son émission, *Honky Tonkin'*, sur la BBC.

Après une tournée en première partie de **Talking Heads**, Dire Straits commence à enregistrer son premier album pour Vertigo Records avec le réalisateur **Muff Winwood** au début de l'année 1978. À l'été, le groupe signe avec Warner aux États-Unis et sort son premier album éponyme à l'automne. Grâce au succès du simple « Sultans of Swing », *Dire Straits* connaît un succès retentissant au Royaume-Uni et aux États-Unis, le simple et l'album se hissant dans le top 10 des deux côtés de l'Atlantique.

Dire Straits devient rapidement un groupe incontournable des radios américaines, et son deuxième album, *Communiqué* (1979), consolide son auditoire, se vendant à trois millions d'exemplaires dans le monde. Alors que le groupe enregistre son troisième album, David Knopfler quitte pour se lancer dans une carrière solo. Il est remplacé par l'ancien membre de **Darling**, **Hal Lindes**.

Comme son prédécesseur, *Making Movies* connaît un succès considérable aux États-Unis et au Royaume-Uni, même si le groupe est critiqué pour son manque d'innovation musicale. Néanmoins, l'album est certifié disque d'or grâce au succès radiophonique et télévisé (sur MTV) des titres « Romeo and Juliet » et « Skateaway ».

Dire Straits revient deux ans plus tard avec *Love Over Gold*, un album rempli de longs passages expérimentaux, contenant aussi le simple « Private Investigations », qui se classera #2 au Royaume-Uni. L'album est certifié disque d'or aux États-Unis et demeure quatre semaines en tête des palmarès britanniques. Peu après la sortie de *Love Over Gold*, l'ancien batteur de **Rockpile**, **Terry Williams**, remplace Withers.

La même année, Knopfler commence à explorer d'autres horizons musicaux en dehors de Dire Straits, composant la bande originale du film *Local Hero* de **Bill Forsyth** et jouant sur l'album *Beautiful Vision* de **Van Morrison**.

Mis à part la sortie du mini-album *Twisting by the Pool* au début de l'année 1983, Dire Straits reste discret pendant la majeure partie de 1983 et 1984. Knopfler réalise l'album *Infidels* de **Bob Dylan**, ainsi que ceux d'**Aztec Camera** et de **Willy DeVille**. Il écrit également « Private Dancer » pour l'album de retour de **Tina Turner**. Au printemps 1984, le groupe sort le double album *Alchemy: Dire Straits Live* et, à la fin de l'année, il commence l'enregistrement de son cinquième album studio avec son nouveau claviériste, **Guy Fletcher**.

Lancé à l'été 1985, *Brothers in Arms* est l'album qui révèle Dire Straits au grand public et fait du groupe une star internationale. Soutenu par le clip révolutionnaire animé par ordinateur de « Money for Nothing », une chanson qui se moque des clips musicaux, l'album devient un énorme succès, passant neuf semaines en tête des palmarès américains et se vendant à plus de neuf millions d'exemplaires. En Angleterre, *Brothers*

in Arms devient l'album le plus vendu des années 1980. « Walk of Life » et « So Far Away » maintiennent *Brothers in Arms* dans les palmarès tout au long de l'année 1986, et Dire Straits donne plus de 200 concerts pour promouvoir l'album.

Une fois la tournée terminée, Dire Straits fait une pause de plusieurs années, pendant laquelle Knopfler réalise des albums pour **Randy Newman** et **Joan Armatrading**, compose des musiques de films, part en tournée avec **Eric Clapton** et enregistre un album en duo avec **Chet Atkins** (*Neck and Neck*, 1990). En 1989, il forme le groupe de country rock **Notting Hillbillies**, dont le seul album, *Missing... Presumed Having a Good Time*, devient un succès britannique dès sa sortie au printemps 1990. Pendant cette longue pause, John Illsley enregistre son deuxième album, le premier étant sorti en 1984.

En 1990, Knopfler reforme Dire Straits, comprenant désormais Illsley, Clark, Fletcher et divers musiciens de studio. Le groupe présente *On Every Street* à l'automne 1991, très attendu par le public. Cependant, l'album ne répond pas aux attentes : il n'est certifié disque de platine qu'aux États-Unis et n'entre pas dans le top 40 britannique, en plus de ne contenir aucun simple à succès. La tournée qui suit est tout aussi décevante, avec de nombreux billets invendus aux États-Unis et en Europe. Une fois la tournée terminée, l'album en concert *On the Night* sort au printemps 1993 et le groupe part à nouveau en pause.

En 1995, la pause de Dire Straits devient permanente. En 1996, Knopfler se lance officiellement dans une carrière solo, présentant l'album *Golden Heart*.

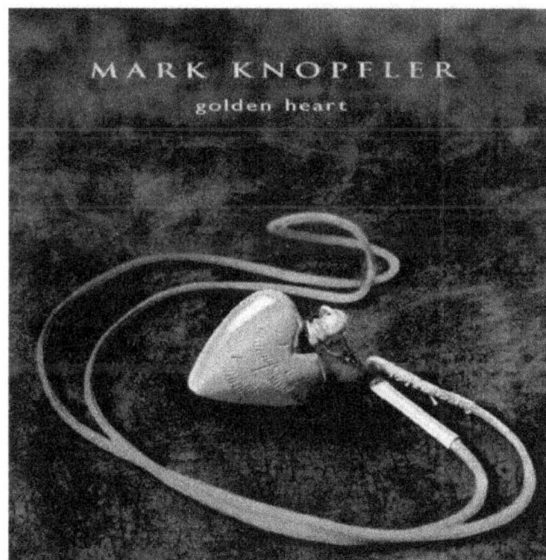

Golden Heart sera le premier d'une série d'albums de Knopfler qui sortiront à un rythme régulier, jusqu'à son plus récent, *One Deep River*, en 2024.

Discographie de Dire Straits :

1978 – Dire Straits ★★★½

1979 – Communiqué ★★

1980 – Making Movies ★★★½

1982 – Love Over Gold ★★★½

1984 – Alchemy: Dire Straits Live ★★½

1985 – Brothers in Arms ★★★½

1991 – On Every Street ★½

1993 – On the Night (en concert) ★½

1998 – Sultans of Swing:
    The Very Best of Dire Straits ★★★½

2005 – Private Investigations: The Best of Dire
    Straits & Mark Knopfler ★★★½

Chansons inoubliables :

1978 – Sultans of Swing

1978 – Down to the Waterline

1979 – Lady Writer

1979 – Once Upon a Time in the West

1980 – Romeo and Juliet

1980 – Tunnel of Love

1982 – Telegraph Road

1982 – Private Investigations

1985 – Money for Nothing

1985 – Walk of Life

1985 – Brothers in Arms

1985 – So Far Away

1985 – Your Latest Trick

1991 – On Every Street

EUROPE

Europe en bref :
Formation : 1982
Provenance : Stockholm, Suède
Style : Hard Rock

Formé à Stockholm en Suède, le groupe **Force** présentait un rock un peu plus progressif à ses débuts, avant de changer de nom pour Europe et de s'orienter définitivement vers le hard rock, le pop metal mélodique.

Composé des membres fondateurs **Joey Tempest** (chant), **John Norum** (guitare), **John Leven** (basse) et **Tony Reno** (batterie), Force remporte un concours national de talents au début des années 1980, ce qui lui vaut un contrat d'enregistrement. Après avoir changé son nom pour Europe, le groupe sort deux albums en Suède, *Europe* et *Wings of Tomorrow*. Ils seront réédités plus tard à l'international, incluant une version remasterisée de l'album éponyme en 2004 avec un livret de 20 pages.

Europe signe ensuite un contrat de disques international avec Epic Records. À cette époque, Reno avait quitté le groupe et avait été remplacé par **Ian Haugland**. Le claviériste **Mic Michaeli** avait également rejoint le groupe, ce qui allait procurer un changement majeur dans le son d'Europe.

En 1986, Europe présente l'album *The Final Countdown*. Sur cet album, les claviers de Michaeli jouent un rôle prépondérant, fournissant notamment le riff principal de la chanson-titre phare et complétant à merveille les mélodies pop plus douces du groupe. Ce changement de style s'avère payant, puisque l'album se classe dans le top 10 aux États-Unis et au Royaume-Uni. Les simples « The Final Countdown » et « Carrie » se classent également dans le top 10, le premier devenant plus tard un classique incontournable du répertoire hard rock. « Rock the Night » et « Cherokee » obtiendront aussi leur part de succès.

Norum quitte le groupe à la fin de l'année et est remplacé par **Kee Marcello**. Sorti en 1988, *Out of This World* reprend la formule du précédent album. Il connaît également beaucoup de succès, même si ses ventes ne sont pas à la hauteur de celles de *The Final Countdown*. « Superstitious » et « Open Your Heart » envahiront malgré tout les ondes radios.

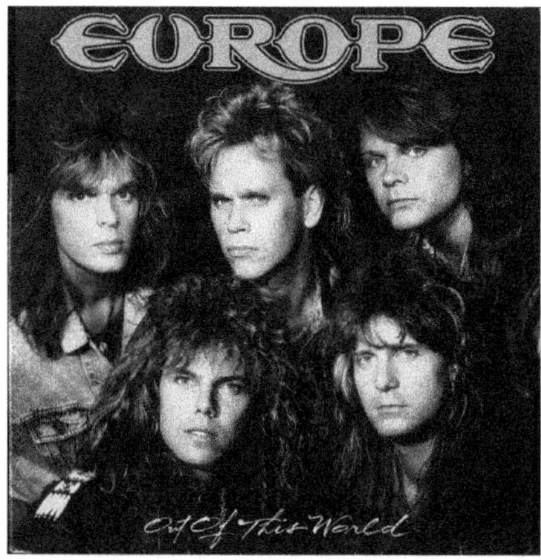

Trois ans plus tard, Europe sort son cinquième album studio, *Prisoners in Paradise*, qui comprend le titre éponyme ainsi que la ballade mid-tempo « I'll Cry for You ». Le groupe se séparera l'année suivante.

Europe, y compris Norum, se réunissent pour un concert du Nouvel An à Stockholm en 1999, ce qui aboutit à l'annonce d'une réunion officielle trois ans plus tard. Le groupe enregistre son sixième album, *Start from the Dark* (2004), suivi de *Secret Society* (2006) et *Last Look at Eden* (2009), ce dernier faisant ses débuts au #1 du palmarès suédois. *Bag of Bones* (2012) possède une touche blues rock, tandis que *War of Kings* (2015) est un album lourd, sombre et légèrement psychédélique, fortement inspiré par leurs héros d'enfance **Black Sabbath**, **Deep Purple** et **Led Zeppelin**.

Après avoir entamé une tournée pour célébrer leur 30ᵉ anniversaire, baptisée *The Final Countdown*, les Suédois reviennent en 2017 avec un tout nouvel album. *Walk the Earth* est réalisé par **Dave Cobb (Sturgill Simpson, Jason Isbell, Dolly Parton)** et enregistré aux légendaires studios Abbey Road de Londres.

Discographie de Europe :

1983 – Europe ★★½

1984 – Wings of Tomorrow ★★½

1986 – The Final Countdown ★★★★

1988 – Out of This World ★★★½

1991 – Prisoners in Paradise ★★½

1993 – 1982-1992 ★★★★

2004 – Start from the Dark ★★★

2006 – Secret Society ★★★

2008 – Almost Unplugged ★★½

2009 – Last Look at Eden ★★½

2011 – Live at Shepherd's Bush, London ★★★

2012 – Bag of Bones ★★½

2015 – War of Kings

2017 – The Final Countdown 30th Anniversary Show: Live at the Roundhouse

2017 – Walk the Earth

Chansons inoubliables :

1983 – In the Future to Come

1983 – Seven Doors Hotel

1984 – Dreamer

1986 – The Final Countdown

1986 – Carrie

1986 – Rock the Night

1986 – Cherokee

1988 – Superstitious

1988 – Open Your Heart

1988 – Tomorrow

1988 – Sign of the Times

1991 – I'll Cry for You

1991 – Prisoners in Paradise

GUNS N' ROSES

> **Guns N' Roses en bref :**
>
> Formation : 1985
>
> Provenance : Los Angeles, Californie, États-Unis
>
> Style : Hard Rock

Les débuts (1985–1986)

Guns N' Roses voit le jour en mars 1985 suite à la fusion de deux groupes : **Hollywood Rose** et **L.A. Guns**. Les fondateurs sont le chanteur **Axl Rose** (né **William Bruce Rose, Jr.**) et le guitariste **Tracii Guns** (né **Tracy Ulrich**). Rose recrute son ami et collègue de Hollywood Rose, le guitariste **Izzy Stradlin** (né **Jeffrey Dean Isbell**), alors que Guns demande les services de ses comparses de L.A. Guns, le bassiste danois **Ole Beich** (1955-1991) et le batteur **Rob Gardner**. Peu de temps après la formation, Beich est remplacé par **Duff McKagan** (né **Michael Andrew McKagan**). Plusieurs concerts ratés par Guns et Gardner font en sorte qu'ils sont renvoyés et remplacés par le guitariste soliste anglais **Slash** (né **Saul Hudson**) et le batteur **Steven Adler**.

Avant que leur premier album ne soit prêt, Geffen Records décide de lancer un mini-album de quatre pièces, *Live ?!*@ Like a Suicide*. Il contient la reprise de **Rose Tattoo**, « Nice Boys », ainsi que celle d'**Aerosmith**, « Mama Kin », en plus de deux compositions originales : « Reckless Life » et « Move to the City », co-écrites avec le membre fondateur d'Hollywood Rose, **Chris Weber**. Même s'il a l'allure et le son d'un album en concert, les membres du groupe admettront qu'il a en fait été enregistré en studio et qu'une foule a été ajoutée ensuite. Seulement 10 000 copies sur vinyle sont produites avant qu'il ne soit réédité sur le CD *G N' R Lies* en 1988.

La gloire et la fortune (1987–1993)

Guns N' Roses connaît un succès fulgurant avec son premier album, *Appetite for Destruction* (1987), qui s'écoule à plus de 27 millions d'exemplaires à travers le monde (dont 17 aux États-Unis seulement). Un succès inédit dans l'histoire de la musique pour un premier album, que l'on peut attribuer à la qualité musicale exceptionnelle et à la réputation déjà sulfureuse du groupe. « Sweet Child O' Mine » est certainement la pièce maîtresse de cet album, celle qui a tout déclenché, mais l'album contient aussi les succès « Welcome to the Jungle » et « Paradise City » qui atteignent également le top 10 aux États-Unis.

Dans la foulée du succès obtenu avec *Appetite for Destruction* paraît en 1988 *G N' R Lies* comprenant huit chansons dont les quatre pièces du mini-album de 1986, *Live ?!*@ Like a Suicide*, auxquelles on a ajouté quatre nouvelles chansons en version acoustique, notamment le succès « Patience ». Cet album connaît également un succès important avec des ventes totales de 12 millions d'exemplaires (plus de cinq millions aux États-Unis) et atteignant le #2 du palmarès Billboard.

Steven Adler, qui a de plus en plus de difficulté à jouer compte tenu de sa forte dépendance à la cocaïne et à l'héroïne, est congédié en juillet 1990 et remplacé par le batteur de **The Cult**, **Matt Sorum**. Le groupe annonce en plus qu'il va intégrer un claviériste en la personne de **Dizzy Reed** (né **Darren Arthur Reed**).

Il faut attendre septembre 1991 pour que les véritables successeurs d'*Appetite for Destruction* soient confirmés par les deux albums *Use Your Illusion I* et *Use Your Illusion II*. Ils sortent simultanément et deviennent de véritables phénomènes de société, soutenus par des succès planétaires tels que « You Could Be Mine » (B.O. de *Terminator 2*), la ballade « Don't Cry », la reprise de **Bob Dylan** « Knockin' on Heaven's Door », ainsi que « November Rain ». En s'appropriant les deux premières positions du Billboard 200 à leur sortie, les albums permettent au groupe de devenir le seul de l'histoire à réussir cet exploit. *Use Your Illusion I & II* passent 108 semaines dans le palmarès et s'écoulent à près de 35 millions d'exemplaires (combinés) à travers le monde (dont 15 millions aux États-Unis). Le groupe remplit alors les stades du monde entier. Le succès est colossal, alors que le groupe explore des univers musicaux très vastes.

Le duo Axl Rose et Slash devient le symbole de toute une génération comme le furent **Mick Jagger** et **Keith Richards**, ou encore **Robert Plant** et **Jimmy Page** en leur temps. Guns N' Roses est alors le plus grand groupe de rock de son époque. Cependant, G N'R perd l'un de ses membres de la première heure, le discret mais efficace guitariste rythmique Izzy Stradlin, qui se lance dans une carrière solo avec le groupe **Izzy Stradlin and the Ju Ju Hounds** en 1992. Il sera remplacé par **Gilby Clarke**.

Guns N' Roses participe au prestigieux hommage à **Freddie Mercury** le 20 avril 1992. On se souviendra notamment du duo Axl Rose / **Elton John** sur le titre « Bohemian Rhapsody ». On notera également le passage à Paris, le 6 juin 1992, où Guns N' Roses donne un concert à l'hippodrome de Vincennes devant 60 000 personnes. Ce concert est retransmis par les télévisions du monde entier. Pour l'occasion, Guns N' Roses s'entoure d'invités de marque : **Lenny Kravitz** qui viendra chanter « Always on the Run » avec le groupe sans Axl, ainsi que **Steven Tyler** et **Joe Perry**, chanteur et guitariste d'Aerosmith, qui présenteront leurs succès, « Train Kept A-Rollin » et « Mama Kin », en compagnie de Guns N' Roses au grand complet.

Plus tard cette année-là, Guns N' Roses part pour la mini-tournée *GNR-Metallica Stadium Tour* avec **Metallica**. Durant un concert en août 1992 au Stade olympique de Montréal, le chanteur et guitariste de Metallica, **James Hetfield**, subit un accident sur scène et est sévèrement brûlé par un élément pyrotechnique. Metallica est forcé d'annuler la deuxième heure du spectacle, mais ils promettent de revenir à Montréal pour un autre concert. Après un long délai créant beaucoup d'impatience dans la foule, G N'R arrive sur scène. Des problèmes de moniteurs font en sorte que les musiciens ne s'entendent pas jouer. En plus, Rose se plaint de maux de gorge et le groupe quitte prématurément la scène pour ne plus revenir. L'annulation cause une émeute, rappelant l'émeute qui avait eu lieu à St. Louis un an plus tôt. Les émeutiers renversent des voitures, brisent des vitres, pillent des commerces et allument des feux, donnant beaucoup de difficulté aux autorités locales qui sont débordées. Cet événement peut être visionné dans le film *A Year and a Half in the Life of Metallica*.

À l'issue de sa tournée mondiale, en 1993, Guns N' Roses sort un album de reprises (essentiellement punks) intitulé *The Spaghetti Incident?* pour montrer aux fans du groupe la musique qui les a inspirés. Cet album n'est pas très bien accueilli ni par les critiques, ni par le public, mais il s'écoule tout de même à cinq millions d'exemplaires dont 1,5 aux États-Unis. Il contient notamment les succès « Ain't It Fun » des **Dead Boys** et « Since I Don't Have You » des **Skyliners**.

Le déclin (1994–1998)

Guns N' Roses participe en 1994 à la bande originale du film *Interview with the Vampire* avec sa reprise du classique des **Rolling Stones** « Sympathy for the Devil ». Vient ensuite une longue période de déclin, marquée par les frasques de certains membres du groupe et en particulier du chanteur Axl Rose. D'autres vont s'essayer à des projets parallèles comme Slash avec son groupe **Slash's Snakepit** en 1995 (dans lequel vont également œuvrer Matt Sorum et Gilby Clarke) et Duff McKagan avec son album solo *Believe In Me*, fin 1993. Ces deux membres finiront par quitter définitivement Guns N' Roses. Ils seront rejoints par Matt Sorum pour fonder le supergroupe **Velvet Revolver** en 2002 avec l'ancien chanteur des **Stone Temple Pilots**, **Scott Weiland** et le guitariste **Dave Kushner**.

Guns N' Roses 2.0 (1998–…)

En 1998, Axl met sur pied une nouvelle version de son groupe et retourne en studio. Cette formation allait tourner et enregistrer sporadiquement par la suite. Les musiciens de ce nouveau groupe allaient changer fréquemment, mais ses principaux membres incluent le guitariste **Robin Finck, Chris Pitman** aux effets spéciaux, et le bassiste **Tommy Stinson** (ex-**Replacements**), en plus de **Paul Tobias**, le batteur **Josh Freese** et le claviériste Dizzy Reed.

Geffen sortira un double album en concert en 1999 intitulé *Live Era '87-'93* qui contient des chansons du groupe enregistrées lors de différents concerts. L'album s'écoule à deux millions de copies dont 300 000 aux États-Unis.

Toujours en 1999, Robin Finck quitte G N'R pour rejoindre son ancien groupe, **Nine Inch Nails**, en tournée. En 2000, le guitariste d'avant-garde **Buckethead** joint les rangs de Guns N' Roses pour remplacer Finck. Josh Freese est remplacé par **Bryan Mantia** (ex-**Primus**). Robin Finck revient au sein de Guns N' Roses vers la fin de 2000, pour compléter Buckethead en tant que guitariste soliste. Le groupe allait donner des concerts sporadiques par la suite et changer de personnel en différentes occasions.

En 2004 est mis sur le marché une compilation des plus grands succès du groupe, intitulée simplement *Greatest Hits*. Elle se place directement au #1 des classements dans de nombreux pays, devenant l'un des records de longévité dans les palmarès depuis le début du 21e siècle. L'album s'écoulera à plus de quatre millions d'exemplaires aux États-Unis et sept millions au total.

Dès 1994, Axl Rose avait commencé à travailler sur un nouvel album, dont on apprendra le titre quelques années plus tard : *Chinese Democracy*. Depuis cette période, sa sortie est annoncée puis repoussée de nombreuses fois. Selon un article du New York Times, il s'agirait de l'album le plus dispendieux de tous les temps. En effet, des centaines d'heures de studio ont été payées. On ne compte plus le nombre de collaborations de stars internationales dont le travail sera mis en suspens pour des raisons encore inconnues. Cet album fait couler énormément d'encre en dix ans de « fausses alertes » concernant sa sortie.

En 2006, Axl Rose promet la sortie prochaine de *Chinese Democracy*. Selon un article du magazine Rolling Stone, l'album aurait dû sortir le 21 novembre 2006. À la fin de 2006, une version démo d'une chanson issue de l'album fait son apparition sur Internet. On y retrouve notamment la collaboration de **Brian May (Queen)** à la guitare, lui qui a participé à trois morceaux écrits par Axl. Le nouveau style du groupe serait un peu plus industriel, ce qui était d'ailleurs la principale source de conflit avec les anciens membres avant qu'ils ne décident de quitter définitivement.

Axl Rose annonce le 15 décembre 2006 dans une lettre ouverte aux fans de son groupe que *Chinese Democracy*, l'album attendu depuis plus de 10 ans, sortira le 6 mars 2007. C'est une date de sortie provisoire, car il n'est pas encore sûr de pouvoir tenir ses promesses, mais il essaiera par tous les moyens de respecter cette date, pour l'honneur de ses fans... Le 23 février 2007, **Del James** annonce que l'enregistrement de *Chinese Democracy* est complété, et qu'il part en mixage. La date du 6 mars ne pouvant être respectée, on attend une nouvelle date prévue de sortie, qui demeure toujours inconnue un an plus tard. Le groupe promet ensuite la sortie du fameux album pour l'année 2008... qui serait plutôt un album triple (ce qui aurait pu justifier l'attente...).

En 2006-2007, Axl et sa bande sont en véritable tournée mondiale pour le *Chinese Democracy Tour*. Un seul autre membre de la formation de l'époque de *Use Your Illusion* est présent, Dizzy Reed. On notera également qu'Izzy Stradlin participe à quelques dates.

Le 28 juillet 2007, la formation **Adler's Appetite**, mettant en vedette Steven Adler, offre un concert en l'honneur du 20e anniversaire du disque *Appetite for Destruction* au Key Club, à Los Angeles. Dans une entrevue, le batteur promet que tous les membres originaux seront présents à l'exception d'Axl Rose. Dans son cas, Steven explique qu'il l'a rencontré à Las Vegas récemment et qu'il y a une possibilité qu'Axl y soit. Finalement, le concert a lieu sans Axl ni Slash. Izzy et Duff montent jouer « Mr. Brownstone », puis Izzy demeure pour trois autres titres, « Tijuana Jail », « Mama Kin » et « Paradise City ».

Rose apparaît en tant qu'invité sur trois des pièces de l'album de **Sebastian Bach** (ex-**Skid Row**), *Angel Down*, qui est lancé le 20 novembre 2007. L'album *Chinese Democracy* voit finalement le jour en novembre 2008 et s'avère plutôt décevant, surtout compte tenu des nombreuses années d'attente. Axl Rose disparaît de la circulation et n'accorde aucune entrevue à la suite de la sortie de l'album, un véritable suicide professionnel!

Le guitariste **DJ Ashba** de **Sixx:A.M.** rejoint Guns N' Roses en 2009, et le groupe continue à travailler sur de nouveaux morceaux et à donner des concerts, avec certains des anciens membres du groupe qui font parfois des apparitions en tant qu'invités. En 2012, la formation classique de G N'R est intronisée au Temple de la renommée du rock 'n' roll. Slash, McKagan, Clarke, Adler et Sorum se réunissent et interprètent quelques chansons de l'époque *Appetite for Destruction*, le chanteur **Myles Kennedy** remplaçant Rose, qui a refusé de participer. En juillet 2015, Ashba annonce qu'il quitte le groupe à son tour.

En 2016, G N'R s'embarque pour la tournée *Not in This Lifetime...*, qui met en vedette Axl aux côtés d'une formation réunie avec le guitariste Slash, le bassiste Duff McKagan, et plusieurs membres de longue date. La tournée, dont le titre fait référence à une citation de Rose en 2012, voit également le batteur d'origine Steven Adler rejoindre le groupe pour plusieurs étapes.

Une version repiquée numériquement d'*Appetite for Destruction* est lancée en 2018 et comprend un extrait inédit, « Shadow of Your Love », enregistré par la formation originale. Le groupe continue à tourner en 2020 et 2021, lançant plusieurs chansons, dont « Absurd » et « Hard Skool », cette dernière servant de titre à un mini-album sorti en 2022. Un autre simple de G N'R, « Perhaps », apparaît un an plus tard, en août 2023.

Discographie de Guns N' Roses :

1986 – Live ?!*@ Like a Suicide EP ★★★

1987 – Appetite for Destruction ★★★★★

1988 – G N' R Lies ★★★½

1991 – Use Your Illusion I ★★★★

1991 – Use Your Illusion II ★★★★

1993 – The Spaghetti Incident? ★★★

1999 – Live: Era '87-'93 ★★★

2004 – Greatest Hits ★★★★½

2008 – Chinese Democracy ★★★½

2014 – Appetite for Democracy 3D: Live at the Hard Rock Casino Las Vegas

2022 – Hard Skool EP

Chansons inoubliables :

1987 – Sweet Child O' Mine

1987 – Welcome to the Jungle

1987 – Paradise City

1987 – You're Crazy

1988 – Nice Boys

1988 – Mama Kin

1988 – Patience

1988 – Used to Love Her

1991 – November Rain

1991 – Don't Cry

1991 – Live and Let Die

1991 – Garden of Eden

1991 – Civil War

1991 – Knockin' on Heaven's Door

1991 – You Could Be Mine

Vidéographie intéressante :

1998 – Welcome to the Videos ★★★★

2003 – Sex N' Drugs N' Rock N' Roll ★★★½

2007 – DVD Collector's Box ★★★½

2007 – 2 Classic Albums Under Review: Use Your Illusion I and II ★★★★

HONEYMOON SUITE 🍁

> **Honeymoon Suite en bref :**
>
> Formation : 1981
>
> Provenance : Niagara Falls, Ontario, Canada
>
> Styles : Pop Rock, Hard Rock

Le groupe se forme en 1981 à Niagara Falls en Ontario. Comme Niagara Falls est une destination par excellence pour les nouveaux mariés, ils décident de se nommer Honeymoon Suite. Le noyau du groupe est composé du guitariste **Johnnie Dee**, du claviériste **Brad Bent** et du batteur **Mike Lengyell**. En 1983, tous les membres du groupe, à l'exception de Dee, quittent le groupe, qui s'adjoint alors le batteur **Dave Betts** et le guitariste **Derry Grehan**. Le groupe signe avec WEA Canada grâce à la chanson originale de Grehan « New Girl Now ». **Ray Coburn** rejoint le groupe en tant que claviériste avant l'enregistrement du premier album éponyme et le bassiste **Gary Lalonde** arrive après l'enregistrement.

Lancé à l'été 1984, *Honeymoon Suite* génère un succès avec « New Girl Now », qui atteint le #23 au Canada et le #57 aux États-Unis, et « Stay in the Light » qui se hisse presque dans le top 40 canadien en 1985. « Burning in Love » et « Wave Babies » attireront aussi l'attention du public et le groupe se retrouvera rapidement avec de nombreux fans, impatients d'en entendre plus.

En février 1986, *The Big Prize* est lancé, réalisé par **Bruce Fairbairn**. L'album devient le plus grand succès du groupe, atteignant le #6 au palmarès canadien, en grande partie grâce au #16 « Feel It Again », qui deviendra aussi leur plus grand succès aux États-Unis, atteignant le #34 du Billboard Hot 100. « What Does It Take » et « Bad Attitude » renforceront aussi le succès de l'album.

Coburn est remplacé par **Rob Preuss**, et en 1988, le groupe revient avec un nouvel album très attendu, *Racing After Midnight*. Il se hisse au #8 du palmarès canadien, en partie grâce au simple à succès « Love Changes Everything », qui se retrouve dans le top 10.

Lalonde et Betts quittent ensuite le groupe et sont remplacés par **Steve Webster** et **Jorn Anderson**. Le groupe lancera *Monsters Under the Bed* en 1991 dans l'indifférence totale avant de s'éteindre. Johnnie Dee et Derry Grehan mèneront diverses tournées d'Honeymoon Suite dans les années 1990 et ils retourneront finalement en studio en 2001 pour enregistrer *Lemon Tongue*, puis *Dreamland* l'année suivante. Ils continueront à tourner au cours des années 2000, avant que la formation originale ne se réunisse en 2007 pour une tournée canadienne. L'album *Clifton Hill* suivra en 2008.

Coburn quitte le groupe en 2009 et est remplacé par **Peter Nunn**. C'est cette formation qui tournera dans les années 2010 et enregistrera le mini-album *Hands Up* en 2016, lancé au printemps 2017. En plus des sept titres offerts, on y trouve des versions en concert de « Burning in Love » et « New Girl Now ». Au cours des années suivantes, Honeymoon Suite sort un simple occasionnel : « Tell Me What You Want » apparaît en 2019 et « Sittin' in the Garden » en 2023. Un nouvel album sort finalement au début de 2024, *Alive*.

Discographie de Honeymoon Suite :

1984 – Honeymoon Suite ★★★
1986 – The Big Prize ★★★
1988 – Racing After Midnight ★★★½
1989 – The Singles ★★★★
1991 – Monsters Under the Bed
1995 – 13 Live
2001 – Lemon Tongue
2002 – Dreamland
2005 – HMS Live at the Gods
2005 – The Essentials
2006 – Feel It Again: An Anthology
2008 – Clifton Hill
2017 – Hands Up (EP)
2024 – Alive

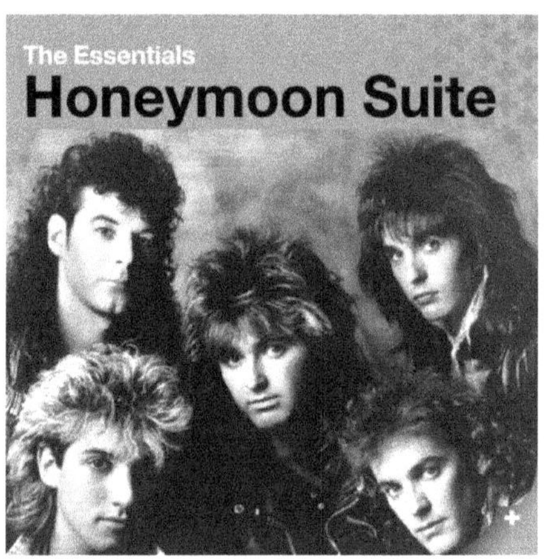

Chansons inoubliables :

1984 – New Girl Now
1984 – Burning in Love
1984 – Stay in the Light
1984 – Wave Babies
1986 – Feel It Again
1986 – What Does It Take
1986 – Bad Attitude
1988 – Love Changes Everything
1988 – Lookin' Out for Number One
1988 – Lethal Weapon

BILLY IDOL

> **Billy Idol en bref :**
>
> Nom véritable : William Michael Albert Broad
>
> Naissance : 30 novembre 1955
>
> Provenance : Stanmore, Middlesex, Angleterre, Royaume-Uni
>
> Styles : Rock, New Wave, Pop Rock

William Michael Albert Broad naît le 30 novembre 1955 à Stanmore en Angleterre. Il s'installe brièvement à New York avec sa famille avant de retourner en Angleterre. Après un passage à l'université de Sussex qui ne dure qu'un an, Broad se retrouve au sein d'un groupe d'adolescents punk rockers qui se lient d'amitié avec les **Sex Pistols** et les suivent, officieusement connus sous le nom de **Bromley Contingent**. Un autre membre du groupe est **Siouxsie Sioux**, futur leader de **Siouxsie & the Banshees**. Broad ne tarde pas à réaliser qu'il peut lui aussi être le leader d'un groupe punk et décide de prendre le nom de Billy Idol.

Après avoir joué de la guitare dans un groupe appelé **Chelsea** (incluant le futur guitariste de **The Clash**, **Mick Jones**, et le futur guitariste de **The Damned**, **Brian James**), Idol laisse la guitare et prend le micro. Il recrute le guitariste **Bob Andrews**, le bassiste **Tony James** et le batteur **John Towe** pour former en 1976 **Generation X**, nommé d'après un livre de poche des années 1960. Le groupe signe un contrat d'enregistrement avec Chrysalis Records, Towe est remplacé par le nouveau batteur **Mark Laff**, puis Generation X sort l'hymne « Your Generation » à la fin de 1977. Une apparition à l'émission *Top of the Pops* contribue à propulser le simple, ainsi que leur premier album éponyme de 1978 (réalisé par **Martin Rushent**), sous

les feux de la rampe. Le groupe sort deux autres albums, *Valley of the Dolls* en 1979 et *Kiss Me Deadly* en 1981, avant de se séparer.

Déçu par la disparition de Generation X, Idol s'installe à New York, où il poursuit sa carrière en tant qu'artiste solo. Avec **Bill Aucoin**, le gérant de **KISS**, Idol sort en 1981 le mini-album *Don't Stop* (composé d'une reprise du succès des années 1960 de **Tommy James** « Mony Mony » et de deux titres remixés de Generation X), qui permet au chanteur de signer un nouveau contrat avec le label de son ancien groupe, Chrysalis. Idol trouve en **Steve Stevens**, guitariste au grand talent et sosie de **Johnny Thunders**, le collaborateur et partenaire idéal, et il sort un premier album éponyme en juillet 1982. Deux vidéos accrocheuses pour les titres « White Wedding » et « Dancing with Myself » (une reprise de Generation X) sont diffusées sur MTV, les deux clips mettant l'accent sur les cheveux blonds peroxydés d'Idol et son sourire narquois à la **Elvis**. L'album est finalement certifié disque d'or et prépare parfaitement le terrain pour la grande percée commerciale d'Idol, *Rebel Yell*, en 1984.

Rebel Yell deviendra l'album le plus vendu de sa carrière (double disque de platine), engendrant des succès MTV/radio tels que la chanson-titre, « Eyes Without a Face » et « Flesh for Fantasy », faisant d'Idol une tête d'affiche dans les arénas aux États-Unis.

Un nouvel album studio de Billy Idol verra le jour en 1986, *Whiplash Smile*, un autre succès important grâce à des titres comme « To Be a Lover » et « Sweet Sixteen ». Mais il n'est pas à la hauteur des attentes élevées suscitées par ses précédents albums. Stevens quitte peu après pour lancer son propre groupe, **Steve Stevens' Atomic Playboys** et il jouera aussi avec **Vince Neil (Mötley Crüe)**.

Une compilation de huit titres remixés, *Vital Idol*, est publiée plus tard la même année, donnant lieu à l'une des vidéos MTV les plus jouées de l'année, une version en concert de la reprise précédemment enregistrée de « Mony Mony », qui contribue à maintenir Idol sous les projecteurs. Il passe les années suivantes à travailler sur son quatrième album studio, mais réapparaît à l'été 1989 dans une interprétation de *Tommy* de **The Who**, où Idol joue le rôle du personnage sadique Cousin Kevin.

À l'époque de la sortie de l'album suivant, *Charmed Life* (1990), le chanteur est victime d'un grave accident de moto (dans lequel il passe bien près de perdre une jambe), l'obligeant à marcher avec une canne pendant un certain temps. La vidéo du premier extrait de l'album, « Cradle of Love », le montre d'ailleurs filmé à partir de la taille. Le stratagème fonctionne, puisque le simple, qui est également utilisé comme chanson thème du film *Ford Fairlane* d'**Andrew « Dice » Clay**, devient un autre grand succès, faisant de *Charmed Life* le quatrième album d'Idol à atteindre au moins le statut de disque de platine.

Au cours des années suivantes, Billy Idol s'essaie au métier d'acteur en jouant un petit rôle dans le film *The Doors* d'**Oliver Stone**. En 1993, avec la sortie de *Cyberpunk*, Idol abandonne sa coiffure caractéristique pour des dreadlocks et il expérimente des rythmes électroniques. Cette décision s'avère peu judicieuse, car l'album s'effondre pour disparaître rapidement des palmarès. À la même époque, Idol s'enfonce dans la toxicomanie, ce qui lui vaut de frôler à nouveau la mort lorsqu'il fait une surdose et doit être soigné dans un hôpital de Los Angeles en 1994.

On n'entend plus parler de Billy Idol jusqu'en 1998, lorsqu'il fait une apparition (en tant que lui-même) dans la comédie à succès *The Wedding Singer*, ce qui suscite un regain d'intérêt. Idol fait à nouveau équipe avec Stevens, fait l'objet d'une émission spéciale de *VH1: Behind the Music*, ainsi que d'un épisode de *VH1 Storytellers* pour la chaîne, qui sera finalement publié sous forme d'album. Il présente en 2001 une compilation plus complète de ses succès, *Greatest Hits*, qui se vendra à 500 000 exemplaires aux États-Unis seulement. Son premier album studio depuis *Cyberpunk*, *Devil's Playground*, sort sur Sanctuary en 2005 et est rapidement suivi par l'album de Noël *Happy Holidays*.

En 2008, *The Very Best of Billy Idol: Idolize Yourself* est mis sur le marché, avec notamment deux titres inédits : « John Wayne » et « New Future Weapon ». Une tournée mondiale avec **Def Leppard** s'ensuit, avant que l'année 2009 n'apporte *In Super Overdrive Live*, une vidéo d'une prestation à Chicago. Idol se produit au *Download Festival* de Donnington Park en 2010. Une période relativement calme dans sa carrière est suivie d'une période d'écriture de chansons avec Stevens et **Billy Morrison**, le leader de **Circus Diablo**.

Des séances d'enregistrement ont lieu et aboutissent à l'annonce d'un septième album studio de chansons originales. Réalisé par **Trevor Horn** et précédé des mémoires d'Idol *Dancing with Myself*, best-seller du New York Times, *Kings & Queens of the Underground* paraît en octobre 2014.

En 2020, Idol fait équipe avec **Miley Cyrus** pour la chanson « Night Crawling », qui figure sur son album *Plastic Hearts*. Puis en 2021, il sort sa première nouvelle chanson depuis sept ans, la pensive « Bitter Taste », le premier simple du mini-album de quatre titres *The Roadside*. Il lancera un autre mini-album en 2022, *The Cage*.

Discographie de Generation X :

1977 – Generation X ★★★½

1979 – Valley of the Dolls ★½

1981 – Kiss Me Deadly ★★½

1985 – The Best of Generation X ★★★½

1985 – Perfect Hits 1975-1981 ★★★½

Discographie de Billy Idol :

1981 – Don't Stop EP

1982 – Billy Idol ★★★½

1983 – Rebel Yell ★★★½

1986 – Whiplash Smile ★★★

1986 – Vital Idol (compilation) ★★

1988 – Idol Songs: 11 of the Best ★★★½

1990 – Charmed Life ★★★½

1993 – Cyberpunk ★

2001 – Greatest Hits ★★★★

2002 – VH1 Storytellers ★★½

2005 – Devil's Playground ★½

2006 – Happy Holidays:
A Very Special Christmas Album

2008 – Idolize Yourself:
The Very Best of Billy Idol ★★★★½

2011 – Essential ★★★★

2013 – Icon ★★★

2014 – Kings and Queens of the Underground ★★½

2014 – 20th Century Masters – The Millennium Collection: The Best of Billy Idol ★★★

2021 – The Roadside EP

2022 – The Cage EP

2025 – Dream into It

Chansons inoubliables :

1981 – Dancing with Myself

1981 – Mony Mony

1982 – White Wedding, Pt. 1

1982 – Hot in the City

1983 – Rebel Yell

1983 – Flesh for Fantasy

1983 – Eyes Without a Face

1983 – Catch My Fall

1986 – To Be a Lover

1986 – Sweet Sixteen

1986 – Don't Need a Gun

1990 – Cradle of Love

1990 – L.A. Woman

1993 – Shock to the System

2021 – Bitter Taste

IRON MAIDEN

> **Iron Maiden en bref :**
>
> Formation : 1975
>
> Provenance : Londres, Angleterre, Royaume-Uni
>
> Styles : Heavy Metal, NWOBHM

Les débuts (1975-1981)

Iron Maiden est formé en 1975 à Leyton, dans l'est de Londres, par le bassiste **Steve Harris**, anciennement du groupe **Smiler**. Leader de la NWOBHM (nouvelle vague de heavy metal britannique), le groupe s'inspire tant du punk rock que du heavy metal original, laissant de côté les influences blues. Le groupe est instable pendant les premières années, mais il se consolide finalement en 1978 avec le batteur **Doug Sampson**, le guitariste **Dave Murray** et le chanteur **Paul Di'Anno**. À la fin de l'année, cette incarnation du groupe enregistre une démo de quatre chansons et la fait circuler auprès des propriétaires de clubs et d'autres personnes impliquées dans la scène londonienne, y compris le futur gérant du groupe, **Rod Smallwood**. La popularité de la démo conduit Iron Maiden à l'auto-éditer en 1979 sous la forme du mini-album *The Soundhouse Tapes*, qui se vend rapidement à 5 000 exemplaires.

Après avoir conclu un contrat avec EMI, le groupe engage un deuxième guitariste, **Dennis Stratton**. À la fin de 1979, Sampson quitte le groupe pour des raisons de santé et **Clive Burr**, ancien batteur de **Samson**, prend sa place derrière la batterie. Le premier album éponyme du groupe sort en 1980. Bien qu'il ait été enregistré dans l'urgence, il s'avère un succès au Royaume-Uni grâce au simple « Running Free ». Son successeur de 1981, *Killers*, propose une approche plus dure grâce en partie au réalisateur **Martin Birch**, avec qui le groupe travaille jusqu'à sa retraite en 1992. Stratton est également remplacé à ce moment par **Adrian Smith**, un ami d'enfance de Murray.

La période créative (1982-1993)

En raison de problèmes de toxicomanie, Di'Anno est renvoyé après le *Killer World Tour* en 1981. Son remplaçant est **Bruce Dickinson**, un autre ancien membre de Samson, qui rejoint Iron Maiden en septembre et fait ses débuts sur le révolutionnaire *The Number of the Beast* en 1982. Avec des pièces telles que la chanson-titre et « Hallowed Be Thy Name », il devient l'un des plus grands albums de métal de tous les temps. Bien que ce soit le premier disque du groupe à figurer en tête des palmarès au Royaume-Uni et qu'il se classe dans le top 10 des ventes dans plusieurs autres pays, des activistes chrétiens et des politiciens conservateurs américains affirment que le groupe est satanique (ce qu'Iron Maiden nie). Néanmoins, le succès de *The Number of the Beast* fait d'Iron Maiden un phénomène international.

Par la suite, malgré le remplacement de Burr par l'ancien batteur de **Trust**, **Nicko**

McBrain, le groupe ne change que très peu de style sur l'album *Piece of Mind* en 1983. Iron Maiden entreprend deux grandes tournées avant d'enregistrer *Powerslave* en 1984, qui allait devenir un autre succès culte contenant l'épopée de 13 minutes « The Rime of the Ancient Mariner », inspirée du poème de **Samuel Taylor Coleridge**. Le produit de la tournée de 11 mois de *Powerslave* est le disque *Live After Death* en 1985, un double album en concert comprenant leurs plus grands succès à ce jour.

Désormais établi comme un groupe de heavy metal puissant et unique, Iron Maiden expérimente sur son très attendu *Somewhere in Time* de 1986, en incorporant des basses et des guitares synthétiques, ainsi que des thèmes futuristes. Ils continuent à élargir leur son et leurs sujets sur *Seventh Son of a Seventh Son* en 1988, un autre album conceptuel contenant les simples « The Evil That Men Do » et « The Clairvoyant », ainsi que leur première utilisation de claviers. Il s'agit du disque de la « Vierge de fer » le plus acclamé par la critique depuis *The Number of the Beast*. Après sa sortie, Smith et Dickinson quittent temporairement pour travailler sur leurs propres projets : l'album de Smith (*Silver and Gold*) avec son groupe **ASAP** (**Adrian Smith and Project**) sort en 1989, tandis que l'album solo de Dickinson (*Tattooed Millionaire*) est lancé l'année suivante.

Lorsque Iron Maiden se réunit pour travailler sur un nouvel album, Smith quitte définitivement le groupe en raison de divergences créatives. L'ancien guitariste de **Gillan**, **Janick Gers**, qui jouait sur *Tattooed Millionaire*, rejoint le groupe pour *No Prayer for the Dying* en 1990. Un retour au son dépouillé du groupe du début des années 1980, cet album donne à Iron Maiden son premier simple #1 au Royaume-Uni avec « Bring Your Daughter... to the Slaughter ». À la fin de la tournée du groupe en 1991, Dickinson exprime déjà son désir de partir et de travailler sur sa propre musique. Cependant, il enregistre un autre album, *Fear of the Dark* en 1992, et part en tournée avec le groupe, avant de finalement quitter en 1993. Cette année-là, deux albums en concert sont mis sur le marché : *A Real Live One*, qui se concentre sur les succès récents, et *A Real Dead One*, qui reprend les classiques d'Iron Maiden.

Le changement de cap (1995-1999)

Iron Maiden prend un peu de repos après le départ de Dickinson, et revient avec *The X Factor* en 1995, avec un nouveau chanteur, **Blaze Bayley** (ex-**Wolfsbane**). Bien que le disque ne se comporte pas aussi bien commercialement que certains de ses prédécesseurs, il est tout de même un succès en Angleterre. La suite, *Virtual XI* en 1998, s'avère l'un des albums les moins vendus du groupe. Bayley qui a de la difficulté à chanter les grands succès du groupe en concert et qui se retrouve avec des problèmes de voix, quitte au début de 1999. Peu après, Dickinson et Smith réintègrent le groupe, qui sort l'ambitieux *Brave New World* l'année suivante, réalisé par **Kevin Shirley**.

Les années 2000

Iron Maiden reste revigoré pendant les années 2000, multipliant les tournées et enregistrant presque aussi régulièrement que dans les années 1980. Ils se retrouvent avec Shirley pour l'album *Dance of Death* en 2003, acclamé par la critique et inspiré de batailles allant de la conquête d'une forteresse cathare du XIIIe siècle (« Montségur ») à une campagne notable de la Première Guerre mondiale (« Paschendale »). Le mini-album *Rainmaker*, ainsi que les DVD en concert *History of Iron Maiden, Pt. 1: The Early Days* et *Raising Hell*, suivent en 2004. Sanctuary sort l'album double *The Essential Iron Maiden* en 2005 pour coïncider avec leur concert en tête d'affiche d'une tournée *Ozzfest* avec **Black Sabbath**, que le groupe finit par quitter après une série de confrontations avec **Sharon Osbourne**, la femme et gérante d'**Ozzy Osbourne**.

Un autre album en concert, *Death on the Road*, sort en septembre 2005, peu avant qu'Iron Maiden ne retourne en studio pour travailler sur son 14e album. *A Matter of Life and Death* sort en 2006, le premier album du groupe à entrer dans le top 10 du Billboard 200. Trois ans plus tard, Iron Maiden présente la bande originale du film *Flight 666*, un documentaire/concert enregistré dans 16 villes lors de la première partie de la tournée mondiale *Somewhere Back in Time* en 2008, qui voit le groupe voyager dans un Boeing 747 personnalisé (appelé *Ed Force One*) piloté par Dickinson (qui possède sa licence de pilote).

Les années récentes (2010-2021)

Iron Maiden travaille de nouveau avec Shirley sur l'album *The Final Frontier* en 2010, qui atteint le sommet des palmarès dans 28 pays et permet au groupe de remporter un Grammy pour « la meilleure performance hard rock/metal » pour le simple « El Dorado ». L'album est suivi en 2012 par *En Vivo!*, une vidéo filmée à l'Estadio Nacional de Santiago au Chili en avril 2011. En 2013, le groupe commence à travailler sur son 16e album studio, avec des plans pour le sortir en 2015. Bien que l'album soit terminé, la découverte de tumeurs cancéreuses sur la langue et le cou de Dickinson à la fin de 2014 ralentit les choses. Il subit un traitement de chimiothérapie rigoureux, avant d'être déclaré en rémission du cancer en mai 2015. Iron Maiden met la touche finale au disque et sort l'extrait vidéo de précommercialisation « Speed of Light » en août. L'album double de 92 minutes, *Book of Souls*, suit en septembre.

En 2016 et 2017, le groupe se lance dans le *Book of Souls World Tour* pour promouvoir l'album, et il sort ensuite le disque en concert *Book of Souls: Live Chapter*, enregistré pendant la tournée. 2016 voit également la sortie d'un jeu vidéo sur le thème d'Iron Maiden, *Legacy of the Beast*. Le groupe entreprend ensuite une tournée promotionnelle du même nom, offrant des morceaux plus anciens et rarement joués de leur répertoire. L'album en concert *Nights of the Dead, Legacy of the Beast: Live in Mexico City* est enregistré lors de la tournée avant d'être lancé en 2020.

En 2021, Iron Maiden publie l'ambitieux double album *Senjutsu*, son 17e enregistrement studio, plus de 40 ans après son premier disque.

Discographie d'Iron Maiden :

1979 – The Soundhouse Tapes (EP) ★★½

1980 – Iron Maiden ★★★½

1981 – Killers ★★★

1982 – The Number of the Beast ★★★★

1983 – Piece of Mind ★★★½

1984 – Powerslave ★★★½

1985 – Live After Death ★★★★

1986 – Somewhere in Time ★★★

1988 – Seventh Son of a Seventh Son ★★★½

1990 – No Prayer for the Dying ★★

1992 – Fear of the Dark ★★½

1993 – A Real Live One ★★★½

1993 – A Real Dead One ★★

1994 – Live at Donington 1992 ★★½

1995 – The X Factor ★½

1996 – The Best of the Beast ★★★★

1998 – Virtual XI ★½

2000 – Brave New World ★★★

2002 – Rock in Rio ★★

2002 – Edward the Great: Greatest Hits ★★★½

2003 – Dance of Death ★★★

2005 – Death on the Road ★★½

2005 – The Essential Iron Maiden ★★★

2006 – A Matter of Life and Death ★★★

2008 – Somewhere Back in Time:
The Best of 1980-1989 ★★★½

2009 – Flight 666 (Original Soundtrack) ★★★

2010 – The Final Frontier ★★★

2011 – From Fear to Eternity:
The Best of 1990-2010 ★★★½

2012 – En Vivo! ★★★

2013 – Maiden England '88 ★★★½

2015 – The Book of Souls ★★★

2017 – The Book of Souls: Live Chapter ★★★

2020 – Nights of the Dead, Legacy of the Beast:
Live in Mexico City

2020 – Mexico Madness

2021 – Senjutsu ★★★

2021 – BBC Archives

2021 – Tactics

Chansons inoubliables :

1979 – Iron Maiden

1979 – Prowler

1979 – Invasion

1980 – Running Free

1980 – Phantom of the Opera

1981 – Wrathchild

1981 – Genghis Khan

1981 – Killers

1982 – The Number of the Beast

1982 – Run to the Hills

1982 – 22 Acacia Avenue

1982 – Hallowed Be Thy Name

1983 – Where Eagles Dare

1983 – Flight of Icarus

1983 – The Trooper

1984 – Aces High

1984 – 2 Minutes to Midnight

1984 – Powerslave

1984 – Rime of the Ancient Mariner

1986 – Caught Somewhere in Time

1986 – Wasted Years

1986 – Heaven Can Wait

1988 – Can I Play With Madness

1988 – The Evil That Men Do

1988 – The Clairvoyant

1990 – Bring Your Daughter… to the Slaughter

1990 – Holy Smoke

1992 – Be Quick or Be Dead

1992 – Afraid to Shoot Strangers

1992 – Fear of the Dark

Vidéographie intéressante :

2004 – The History of Iron Maiden, Pt. 1:
The Early Days ★★★★

2008 – Iron Maiden and the New Wave of British
Heavy Metal ★★★★

2012 – En Vivo! ★★★

JOAN JETT

> **Joan Jett en bref :**
>
> Nom véritable : Joan Marie Larkin
>
> Naissance : 22 septembre 1958
>
> Provenance : Wynnewood, Pennsylvanie, États-Unis
>
> Styles : Hard Rock, Pop Rock, Punk Rock

Née en Pennsylvanie, Joan déménage dans la région de Los Angeles avec sa famille lorsqu'elle a 12 ans. À l'âge de 15 ans, elle forme son premier groupe et se produit en ville. Après avoir assisté à l'un de leurs concerts, **Kim Fowley**, une sommité du monde de la musique, s'engage comme gérant. Rapidement, il rebaptise le groupe exclusivement féminin **The Runaways** et l'aide à obtenir un contrat avec Mercury Records.

Le son des Runaways est à cheval entre le hard rock et le punk rock de la fin des années 1970. Elles n'obtiendront qu'un succès modéré au cours de leur carrière, ne produisant qu'un classique intemporel, « Cherry Bomb », en 1976, coécrit par Joan. Les Runaways lanceront quatre albums entre 1976 et 1978, qui exerceront tout de même une certaine influence. Elles réussissent à se faire connaître au Japon, où leur album *Live in Japan* (1977) atteint le statut de disque d'or. La réputation de Joan Jett en tant que rockeuse sans état d'âme lui vaut d'être engagée comme réalisatrice du premier album des punks de Los Angeles, **The Germs** (*GI*). En raison de divergences musicales, les Runaways se séparent en 1979 et Joan Jett part en Angleterre pour lancer sa carrière solo.

Une fois sur place, Joan enregistre trois chansons avec **Paul Cook** et **Steve Jones** des **Sex Pistols**, puis, après avoir travaillé sur un film des Runaways, qui ne verra jamais le jour en raison d'une obligation contractuelle, elle rencontre le réalisateur **Kenny Laguna**. Avec son expérience pop rock énergique, il est le parfait complément pour Joan Jett, et le duo concocte un son entre le punk et la pop, associant des voix hargneuses, des guitares bruyantes et des mélodies accrocheuses. Ils enregistrent un album avec l'aide du réalisateur **Ritchie Cordell** au Rampart Studio de **The Who**, puis commencent à le vendre à des labels. Ariola sort l'album en Europe, mais aucune compagnie de disques américaine n'est intéressée. Ils forment Blackheart Records et sortent l'album éponyme en 1980. Bénéficiant d'une vague de bonnes critiques, l'album se vend suffisamment bien pour que Boardwalk Records le réédite sous le titre *Bad Reputation*. Il allait se rendre en 51e position du Billboard 200.

Cherchant à être la leader d'un groupe plutôt qu'une artiste solo, Joan forme les **Blackhearts** peu après l'enregistrement de son premier album. Après quelques changements de formation, **Joan Jett and the Blackhearts** se consolide autour du guitariste **Ricky Byrd**, du bassiste **Gary Ryan** et du batteur **Lee Crystal**. C'est ce groupe qui enregistre le simple à succès « I Love Rock 'n' Roll » en 1981. À l'origine, il s'agissait de la face B d'un simple du groupe de glam rock **The Arrows**. La chanson connaît un énorme succès, passant sept semaines à la première place au printemps 1982 et obtenant le statut de classique intemporel. L'album du même titre est une collection de pièces qui affinent l'approche de Joan Jett à la perfection, équilibrant le punch du punk avec la bonne humeur de la pop d'une manière qui touche les auditeurs du monde entier. L'album atteint la deuxième place du Billboard et se classe #1 au Canada et en Nouvelle-Zélande. Un autre extrait de l'album, une version de « Crimson and Clover » de **Tommy James & the Shondells**, se classe dans le top 10 aux États-Unis et devient un incontournable.

Après avoir tourné dans le monde entier, le groupe retourne en studio, porté par une vague de succès, et enregistre *Album*. Rompant avec les conventions amorcées sur ses deux premiers albums, le disque de 1983 comporte moins de reprises et un son général plus lourd. Le groupe revient en 1984 avec *Glorious Results of a Misspent Youth*, un autre album avec un mélange de reprises et de chansons originales, y compris une version actualisée de « Cherry Bomb » des Runaways. C'est le premier album où Laguna est rejoint dans le rôle de réalisateur par **Thom Panunzio**, qui allait devenir un membre de confiance de l'équipe de Joan Jett par la suite. C'est aussi le dernier album de Ryan et Crystal, remplacés respectivement par **Kasim Sulton** et **Thommy Price**. Le même format de base demeure en place pour l'album *Good Music* de 1986, bien qu'il fasse place à des apparitions des **Beach Boys** et du **Sugarhill Gang**.

Good Music n'atteint pas le sommet des palmarès, mais l'étoile de Joan est encore assez brillante pour qu'elle soit choisie pour jouer dans le film *Light of Day* de **Paul Schrader**, en 1987, le rôle de la sœur hard-rockeuse de **Michael J. Fox**. La chanson-titre du film, écrite par **Bruce Springsteen** et interprétée par le groupe fictif **The Barbusters**, permet à Joan de revenir dans le top 40, une place qu'elle retrouvera plus tard avec « I Hate Myself for Loving You », une chanson entraînante coécrite avec **Desmond Child**. Elle est extraite de l'album *Up Your Alley* de 1988, qui deviendra son deuxième disque de platine. En plus de « I Hate Myself for Loving You », on y retrouve la ballade « Little Liar », ainsi que ses reprises de « I Wanna Be Your Dog » d'**Iggy & the Stooges** et de « Tulane » de **Chuck Berry**.

Joan Jett enchaîne en 1990, sans les Blackhearts, avec l'album de reprises *The Hit List*, reprenant des titres de **ZZ Top**, **AC/DC**, Sex Pistols, **CCR**, **The Doors**, etc., sans oublier la magnifique ballade « Love Hurts » des **Everly Brothers** popularisée par **Nazareth**. En 1991, *Notorious* surprend les fans par son approche lisse et riche en ballades. Après s'être consacrée à la réalisation, Joan revient en force avec *Pure and Simple* en

1994, qui sort à une époque où une nouvelle génération de rockeuses est arrivée à maturité et où tout le monde, des rockeuses alternatives dures comme **L7** aux rockeuses punks minimalistes comme **Bikini Kill**, revendique l'influence de Joan Jett et des Runaways. Elle embrasse la nouvelle génération et des membres de ces deux groupes, ainsi que de **Babes in Toyland**, la rejoignent sur l'album. En conséquence, *Pure and Simple* reçoit plus de presse et de critiques positives que tous ses albums depuis le milieu des années 1980.

En approfondissant l'aspect punk rock de son son, Joan enregistre l'album en concert *Evilstig* avec les membres restants des **Gits**, un groupe de Seattle dont la chanteuse, **Mia Zapata**, a été violée et assassinée en 1993. Joan reforme les Blackhearts pour l'album *Fetish* de 1999, qui explore la sexualité avec une nouvelle franchise. Elle passe du temps sur la route et fait des apparitions sur les disques de **Marky Ramone**, des **Eyeliners** et de **Peaches**, tout en animant une émission sur le réseau de radio par satellite *Underground Garage* de **Little Steven**.

De retour en studio, Joan Jett renoue avec ses racines hard rock sur l'album *Naked* de 2004, qui sera réédité en 2006 avec un ordre des titres légèrement différent sous le titre de *Sinner*. Les années suivantes seront consacrées à des tournées avec des passages sur le *Warped Tour* et en première partie d'artistes tels qu'**Alice Cooper**, **Aerosmith** et **Green Day**. Joan obtient une poupée Barbie à son effigie en 2009 et s'implique fortement dans le film *The Runaways* en 2010, en tant que productrice exécutive.

Lorsque Joan revient avec un nouvel album, c'est avec le guitariste **Dougie Needles**, son batteur de longue date Thommy Price et son associé de plus longue date Kenny Laguna. *Unvarnished*, sorti en 2013, représente un étonnant retour à la forme des débuts des Blackhearts et comporte une chanson réalisée et coécrite avec **Dave Grohl** (**Nirvana**, **Foo Fighters**). Ce lien avec Grohl conduit Joan à chanter « Smells Like Teen Spirit » avec les membres restants de Nirvana lors de leur intronisation au Temple de la renommée du rock 'n' roll en 2014. L'année suivante, Joan Jett est elle-même intronisée au Temple de la renommée, jouant avec Grohl, **Miley Cyrus**, Tommy James et le membre original des Blackhearts, Lee Crystal.

Le film *Bad Reputation* sort en 2018 et documente davantage la place de Joan Jett dans le firmament du rock 'n' roll. Toujours sur la route, elle continue à jouer avec une nouvelle formation des Blackhearts, tout en continuant à gérer Blackheart Records. Elle retourne en studio pour contribuer à une version de la chanson « Jeepster » de **T. Rex** pour l'hommage rendu à **Marc Bolan** en 2020, intitulé *Angelheaded Hipster: The Songs of Marc Bolan and T. Rex*. Elle participe à l'album *Plastic Hearts* de Miley Cyrus et réalise l'album *Encore* de la légende du rockabilly **Wanda Jackson** en 2021.

Plus tard en 2021, après avoir laissé la tournée, les Blackhearts s'assoient pour enregistrer un lot de chansons de la longue carrière de Joan Jett sur des guitares acoustiques. Intitulé *Changeup*, l'album paraît en mars 2022 sur Blackheart, après quoi le groupe part pour une série de concerts avec **Mötley Crüe** et **Def Leppard**. Joan Jett et ses Blackhearts reviennent ensuite avec le mini-album *Mindset* en 2023.

Discographie de The Runaways :

1976 – The Runaways ★★★½

1977 – Waitin' for the Night ★★½

1977 – Queens of Noise ★★★½

1977 – Live in Japan ★½

1978 – And Now… The Runaways ★★½

1982 – I Love Playing with Fire

1987 – Young and Fast ★

1987 – The Best of the Runaways ★★★★

2005 – 20th Century Masters – The Millennium Collection: The Best of the Runaways ★★★★

Discographie de Joan Jett :

1981 – Bad Reputation ★★★½

1981 – I Love Rock 'N' Roll ★★★½

1983 – Album ★★★½

1984 – Glorious Results of a Misspent Youth ★★★½

1986 – Good Music ★★½

1988 – Up Your Alley ★★★

1990 – The Hit List ★★★

1991 – Notorious ★★

1994 – Pure and Simple ★★½

1994 – Flashback ★★★★

1997 – Fit to Be Tied: Great Hits by Joan Jett and the Blackhearts ★★★★

1999 – Fetish ★★

2003 – Jett Rock: Greatest Hits of Joan Jett & the Blackhearts ★★★★

2004 – Naked ★★½

2006 – Sinner ★★½

2010 – Greatest Hits ★★★½

2013 – Unvarnished ★★★

2014 – Greatest Hits

2015 – The First Sessions

2018 – Bad Reputation (Music From the Original Motion Picture)

2022 – Changeup

2023 – Mindset EP

Chansons inoubliables :

1976 – Cherry Bomb (**The Runaways**)

1981 – Bad Reputation

1981 – Do You Wanna Touch Me (Oh Yeah)

1981 – I Love Rock 'N' Roll

1981 – Crimson and Clover

1984 – Cherry Bomb

1986 – Roadrunner

1988 – I Hate Myself for Loving You

1988 – Little Liar

1988 – I Wanna Be Your Dog

1990 – Dirty Deeds

1990 – Love Huts

1990 – Pretty Vacant

1990 – Have You Ever Seen the Rain?

Vidéographie intéressante :

2001 – Joan Jett & the Blackhearts: Live! ★★★½

2003 – Real Wild Child: Video Anthology ★★★★

LOVERBOY 🍁

Loverboy est formé en 1979 par le chanteur **Mike Reno** et le guitariste **Paul Dean**, qui sont déjà des vétérans de la scène rock de l'Ouest canadien. Reno avait travaillé avec le groupe **Moxy**, tandis que Dean avait tourné et enregistré avec **Scrubbaloe Caine** et **Streetheart**. Le duo commence à écrire des chansons et, avec l'aide de **Jim Clench** à la basse, **Matt Frenette** à la batterie et **Doug Johnson** aux claviers, Loverboy est officiellement créé. Après quelques concerts (dont un en première partie de **KISS** à Vancouver), Clench quitte Loverboy et **Scott Smith** devient leur nouveau bassiste, complétant ainsi la formation définitive du groupe.

Les premières démos de Loverboy ne suscitent aucune offre de la part des maisons de disques américaines, mais la branche canadienne de Columbia les signe, et le groupe entre rapidement en studio avec le réalisateur **Bruce Fairbairn** et l'ingénieur **Bob Rock**. Le résultat est le premier album éponyme de Loverboy, qui connaît un succès immédiat au Canada, se vendant à plus de 700 000 exemplaires en quelques mois. Columbia signe alors Loverboy pour les États-Unis, et grâce à des simples comme « The Kid Is Hot Tonight » et « Turn Me Loose », l'album grimpe dans les palmarès américains, tandis que le groupe effectue une tournée en soutien au disque.

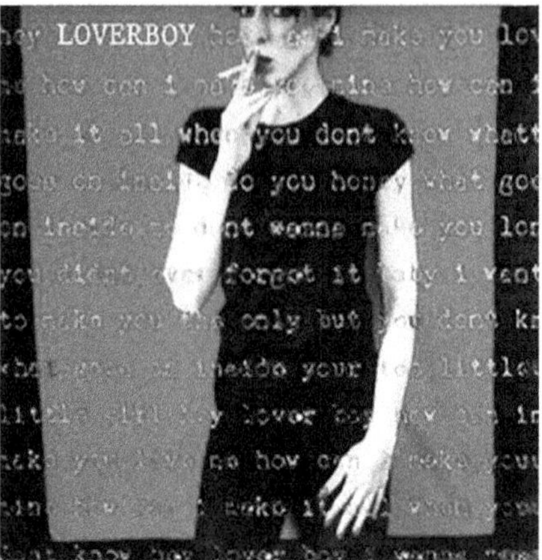

Sorti en 1981, *Get Lucky*, également réalisé par Fairbairn, connaît un succès encore plus grand, avec la chanson phare du groupe, « Working for the Weekend ». L'album se hisse dans le top 10 du Billboard 200 et remportera six prix Juno. Publié en 1983, *Keep It Up* maintient le succès multiplatine des albums précédents, et le groupe entame une tournée mondiale de huit mois.

En 1984, Reno enregistre un duo avec **Ann Wilson (Heart)**, « Almost Paradise », pour la bande originale de *Footloose*. Le simple devient un succès majeur, se hissant au #7 du Billboard. Pour son quatrième album, *Lovin' Every Minute of It* (1985), Loverboy cherche à obtenir un son plus dur avec l'aide du réalisateur **Tom Allom**, connu pour son travail avec **Judas Priest**. *Wildside* (1987) est leur premier album à ne pas être certifié platine. Avec des ventes en baisse et des divergences créatives entre Reno et Dean, Loverboy se sépare discrètement en 1988. Reno et Dean lancent tous deux des albums solos, et le groupe organise une courte tournée de retrouvailles en 1989 pour promouvoir la compilation *Big Ones*.

Loverboy se reforme en 1991 pour participer à un concert bénéfice, et apprécie tellement l'expérience qu'il part en tournée aux États-Unis et au Canada en 1992-93. L'avènement du grunge ralentit la carrière du groupe. Reno déclare même à plus d'un journaliste : « **Nirvana** a tué ma carrière ». Mais en 1997, Loverboy retourne en studio pour enregistrer *VI*, leur premier en 10 ans.

Le groupe continue à tourner jusqu'au 30 novembre 2000, date du décès de Scott Smith à la suite d'un accident de bateau. En 2001, le groupe lance une tournée dédiée à Smith, avec le nouveau bassiste **Ken « Spider » Sinnaeve** (ex-**Tom Cochrane**, **Red Rider** et Streetheart). Toujours en 2001, Loverboy publie *Live, Loud & Loose*, une collection d'enregistrements en concert réalisés entre 1982 et 1986. Une tournée du 25ᵉ anniversaire est organisée en 2005 et, en 2007, Loverboy lance son septième album studio, *Just Getting Started*.

Loverboy est intronisé au Panthéon de la musique canadienne en 2009 et, en 2012, le groupe se réunit avec l'ingénieur Bob Rock pour enregistrer deux nouvelles chansons, « Heartbreaker » et « No Tomorrow ». Ces deux titres figurent sur l'album *Rock 'n' Roll Revival*, qui combine les nouveaux morceaux avec de nouveaux enregistrements en studio de chansons favorites de Loverboy.

Discographie de Loverboy :

1980 – Loverboy ★★★½

1981 – Get Lucky ★★★½

1983 – Keep It Up ★★★½

1985 – Lovin' Every Minute of It ★★

1987 – Wildside ★½

1989 – Big Ones ★★★½

1994 – Loverboy Classics: Their Greatest Hits

1997 – VI ★★

2007 – Just Getting Started ★★★

2012 – Rock 'N' Roll Revival ★

2014 – Unfinished Business

2020 – Loverboy: 40ᵗʰ Anniversary

Chansons inoubliables :

1980 – The Kid Is Hot Tonite

1980 – Turn Me Loose

1980 – D.O.A.

1980 – Teenage Overdose

1981 – Working for the Weekend

1981 – When It's Over

1981 – Lucky Ones

1981 – Take Me to the Top

1983 – Hot Girls in Love

1983 – Queen of the Broken Hearts

1983 – Strike Zone

1984 – Almost Paradise
      (**Mike Reno** & **Ann Wilson**)

1985 – Lovin' Every Minute of It

1985 – This Could Be the Night

1985 – Dangerous

1985 – Lead a Double Life

1986 – Heaven in Your Eyes

1987 – Notorious

1989 – Too Hot

2012 – Heartbreaker

JOHN MELLENCAMP

John Mellencamp en bref :

Naissance : 7 octobre 1951

Provenance : Seymour, Indiana, États-Unis

Styles : Rock, Pop Rock, Folk Rock

Né en Indiana le 7 octobre 1951, John Mellencamp connaît un certain nombre de difficultés dans son enfance, notamment une malformation du tube neural appelée spina bifida qui nécessite une longue hospitalisation. Adolescent, il est rebelle et a souvent des démêlées avec la justice. Il forme son premier groupe à l'âge de 14 ans et jouera toute son adolescence. À 17 ans, il s'enfuit avec **Priscilla Esterline**, sa petite amie enceinte, et s'efforce de subvenir aux besoins de sa famille en occupant une série d'emplois d'ouvrier. À l'âge de 24 ans, il décide de s'installer à New York pour percer dans l'industrie musicale.

Mellencamp devient un client de **Tony DeFries**, mieux connu pour avoir géré **David Bowie**, qui lui fait signer un contrat avec MainMan/MCA. Il enregistre un album de reprises intitulé *Chestnut Street Incident*, et lorsqu'il reçoit l'album terminé, il est furieux d'apprendre que DeFries le présente comme **Johnny Cougar**. Sorti en 1976, *Chestnut Street Incident* ne répond pas aux attentes de ventes de MCA, qui laisse tomber rapidement Mellencamp, une expérience qui allait le rendre méfiant à l'égard de l'industrie musicale pour le reste de sa carrière.

Deux ans plus tard, John Mellencamp signe avec Riva Records, distribué par Polygram, et sort *A Biography* en 1978, sans grand succès. Cependant, *John Cougar*, sorti en 1979, donne naissance au succès du top 40 « I Need a Lover », également un succès pour **Pat Benatar** en 1980. **Steve Cropper** réalise l'album *Nothin' Matters and What If It Did* de 1980, qui contient les succès « This Time » et « Ain't Even Done with the Night », classés dans le top 30.

L'album suivant de John Cougar, *American Fool*, sorti en 1982, lui permettra de percer. Plus ciblé que ses précédents albums, *American Fool* atteint le #1 grâce au succès #2 « Hurts So Good » et au #1 « Jack and Diane », tous deux soutenus par des vidéoclips qui deviendront des favoris de MTV. Le succès d'*American Fool* lui permettra d'ajouter « Mellencamp » à son nom de scène, et *Uh-Huh*, sorti en 1983, deviendra son premier album crédité sous le nom de **John Cougar Mellencamp**.

Uh-Huh sort alors qu'*American Fool* est encore bien placé dans les palmarès, et il obtient aussi du succès, se classant au #9 et générant les *hits* « Crumblin' Down » et « Pink Houses », qui se classeront dans le top 10, ainsi que « Authority Song », qui se classera dans le top 15. Mellencamp soutient l'album avec sa première grande tournée en tête d'affiche.

Bien qu'il connaisse un succès commercial, Mellencamp s'efforce d'obtenir une plus grande reconnaissance critique avec son album suivant, *Scarecrow*, sorti en 1985. L'album fait preuve d'une plus grande conscience sociale et d'un plus grand éclectisme musical, ce qui en fait l'album le plus critiqué (et le plus vendu) à ce jour, atteignant le #2. *Scarecrow* génère les simples « Lonely Ol' Night », « Small Town » et « R.O.C.K. in the U.S.A. », qui se classent dans le top 10.

À la suite de la sortie de *Scarecrow*, Mellencamp devient un fervent défenseur des agriculteurs américains, organisant *Farm Aid* avec **Willie Nelson** et **Neil Young**. Il se fait également connaître pour sa position anti-corporative, refusant d'accepter des offres de commandite de tournée de la part de sociétés de bière et de tabac.

Mellencamp continue d'explorer le commentaire social et de nouvelles voies musicales avec *The Lonesome Jubilee* en 1987. Caractérisé par une influence folk et country des Appalaches, l'album est une élégie mélancolique pour l'Amérique moyenne oubliée. Plus aventureux que ses prédécesseurs, il est aussi un succès, se classant au #6 et générant les succès « Paper in Fire », « Cherry Bomb » et « Check It Out ».

John Mellencamp continue d'explorer la musique roots américaine avec *Big Daddy* en 1989, qui est bien accueilli par la critique et se classe au #7. Deux ans plus tard, il revient avec *Whenever We Wanted*, qui se classe au #17.

En 1993, *Human Wheels* reçoit certaines des meilleures critiques de Mellencamp et se classe au #7 du palmarès. Il fait ses débuts au cinéma avec *Falling from Grace* (1992), réalisant le film et jouant le rôle principal d'un chanteur de country à la croisée des chemins.

Mellencamp rebondit dans le top 10 en 1994, lorsque son duo avec **Meshell Ndegeocello** sur « Wild Night » de **Van Morrison** atteint la troisième place. L'album qui l'accompagne, *Dance Naked*, devient son plus gros album depuis *Big Daddy*, et devient disque d'or quelques mois seulement après sa sortie. Mellencamp prévoyait de soutenir l'album par une longue tournée, mais il est victime d'une grave crise cardiaque à la fin de l'année 1994, ce qui le contraint à l'annuler.

Mellencamp passe l'année 1995 à récupérer, avant de réapparaître en 1996 avec *Mr. Happy Go Lucky*. Réalisé par **Junior Vasquez** et démontrant une influence pop discrète, *Mr. Happy Go Lucky* est accueilli par des critiques positives et contient le simple « Key West Intermezzo (I Saw You First) », qui permet à l'album de devenir disque d'or. Il s'agit de son dernier disque pour Mercury, passant ensuite chez Columbia pour l'album éponyme de 1998. *Rough Harvest*, une collection d'inédits enregistrés pendant ses années Mercury, paraît un an plus tard.

Cuttin' Heads, son deuxième album pour Columbia et son vingtième au total, suit en 2001 et donne lieu à un succès radiophonique avec « Peaceful World », sur lequel la chanteuse de néo-soul **India.Arie** apporte sa contribution. Toujours en 2001, Mellencamp remporte le Billboard Century Award pour sa créativité. Inspiré par son interprétation de « Stones in My Passway » de **Robert Johnson** lors d'un concert d'octobre 2002 en hommage au journaliste musical **Timothy White**, Mellencamp enregistre un album de reprises, *Trouble No More*,

en 2003. Il sort cet été-là et se classe en tête du Billboard blues. *Freedom's Road* paraît en 2007, suivi de *Life Death Love and Freedom*, réalisé par **T-Bone Burnett**, un an plus tard, en 2008, année où il est intronisé au Temple de la renommée du rock 'n' roll.

Un coffret de quatre disques retraçant la carrière de Mellencamp, intitulé *On the Rural Route 7609*, est publié en 2010. L'année 2010 marque également sa deuxième collaboration avec T-Bone Burnett pour l'album *No Better Than This*, acclamé par la critique et enregistré dans divers lieux historiques à travers les États-Unis à l'aide d'un magnétophone monophonique vintage, sans aucun montage ni *overdubs*.

Le projet suivant de Mellencamp est une collaboration ambitieuse avec le romancier **Stephen King**. Qualifié de « comédie musicale gothique sudiste », *Ghost Brothers of Darkland County* est écrit par King, sur une musique de Mellencamp. Le coffret officiel est lancé en 2012 et comprend une lecture audio complète de la comédie musicale telle que mise en scène sur deux disques, ainsi qu'un troisième disque d'enregistrements des chansons seules, tous réalisés à nouveau par Burnett. *1978-2012* est un coffret de 19 disques contenant tous ses albums, qui paraît à temps pour les fêtes de fin d'année 2013.

En mai 2014, Republic Records signe avec Mellencamp un contrat d'enregistrement décrit comme « à vie », et les sorties débutent peu après. L'album d'archives *Performs Trouble No More: Live at Town Hall* paraît en juillet de la même année, suivi par le nouvel album studio *Plain Spoken* en septembre. Mellencamp développe un esprit de camaraderie créative avec la chanteuse et compositrice **Carlene Carter** pendant les séances d'enregistrement de *Ghost*

Brothers of Darkland County, et elle apparaît sur la musique qu'il a composée pour le film *Ithaca* de 2015, réalisé par **Meg Ryan**, la petite amie de Mellencamp à l'époque.

Carter assure la première partie de la tournée *Plain Spoken* et interprète conjointement deux chansons pendant les concerts (« Indigo Sunset » et « My Soul's Got Wings ») laissant présager un futur partenariat musical plus formel. Ils commencent à enregistrer dans son studio de Nashville, Indiana, avec environ la moitié des titres chantés en duo. L'album *Sad Clowns & Hillbillies* est crédité à John Mellencamp *featuring* Carlene Carter, et est publié en avril 2017. Il débute au #11 du classement des albums de Billboard. En décembre, il publie *Other People's Stuff*, une collection de reprises, dont beaucoup avaient déjà été publiées. L'album débute à la septième place du Billboard.

Mellencamp commence ensuite à travailler sur une comédie musicale de jukebox basée sur ses chansons, intitulée *Small Town*, avec **Naomi Wallace** et **Kathleen Marshall**. En 2021, elle se concentrera sur l'histoire de Jack et Diane telle qu'elle est racontée à travers son catalogue de chansons. En janvier 2022, Mellencamp lance *Strictly a One-Eyed Jack*, un album dépouillé et incisif, imprégné de blues et de folk. L'album comprend le simple « Wasted Days », l'un des trois titres sur lesquels figure **Bruce Springsteen**, un ami de longue date et une autre icône du rock de l'arrière-pays.

Une réédition de luxe de son album phare de 1985, *Scarecrow*, est publiée en octobre 2022, avec un disque de bonus contenant des mixages bruts et des démos. La même année, Mellencamp apparaît sur Turner Classic Movies en tant que programmateur invité, discutant et présentant certains de ses films préférés avec l'animateur de TCM Ben Mankiewicz. TCM présentera également *John Mellencamp & The Good Samaritan Tour 2000*, un documentaire de 37 minutes relatant une tournée acoustique de Mellencamp en 2000. TCM commanditera aussi sa tournée 2022-2023, marquant la première fois que Mellencamp s'associe à une entité corporative pour présenter ses spectacles. L'étape 2023 de la tournée coïncide avec la sortie d'*Orpheus Descending*, un album studio nommé d'après une pièce de théâtre de l'un des écrivains préférés de Mellencamp, **Tennessee Williams**. Il s'agit d'un mélange de commentaires sociaux et politiques, et de réflexions plus personnelles, accompagné de sonorités rugueuses et roots.

Discographie de John Mellencamp :

1976 – Chestnut Street Incident
(par **Johnny Cougar**) ★

1978 – A Biography (par **Johnny Cougar**) ★

1979 – John Cougar (par **John Cougar**) ★★

1980 – Nothin' Matters and What If It Did
(par **John Cougar**) ★★½

1982 – American Fool (par **John Cougar**) ★★★

1982 – The Kid Inside (par **John Cougar**) ★

1983 – Uh-Huh ★★★½

1985 – Scarecrow ★★★½

1987 – The Lonesome Jubilee ★★★½

1989 – Big Daddy ★★★

1991 – Whenever We Wanted ★★½

1993 – Human Wheels ★★★½

1994 – Dance Naked ★★½

1996 – Mr. Happy Go Lucky ★★

1997 – The Best That I Could Do 1978-1988
★★★★

1998 – John Mellencamp ★★½

1999 – Rough Harvest ★★½

2001 – Cuttin' Heads ★★★½

2003 – Trouble No More ★★★

2004 – Words & Music: John Mellencamp's
Greatest Hits ★★★★

2007 – Freedom's Road ★★★½

2008 – Life Death Love and Freedom ★★★

2009 – Life, Death, LIVE and Freedom ★★★

2010 – No Better Than This ★★★½

2014 – Performs Trouble No More:
Live at Town Hall ★★★

2014 – Plain Spoken ★★★

2017 – Sad Clowns & Hillbillies ★★★

2018 – Other People's Stuff ★★½

2022 – Strictly a One-Eyed Jack ★★★

2023 – Orpheus Descending ★★★½

Chansons inoubliables :

1979 – I Need a Lover (par **John Cougar**)

1980 – Ain't Even Done with the Night
(par **John Cougar**)

1980 – This Time (par **John Cougar**)

1982 – Jack & Diane (par **John Cougar**)

1982 – Hurts So Good (par **John Cougar**)

1983 – Pink Houses

1983 – Authority Song

1983 – Crumblin' Down

1985 – Small Town

1985 – R.O.C.K. in the U.S.A.
(A Salute to 60's Rock)

1985 – Lonely Ol' Night

1987 – Cherry Bomb

1987 – Paper in Fire

1987 – Check It Out

1989 – Jackie Brown

1989 – Pop Singer

1991 – Get a Leg Up

1991 – Again Tonight

1993 – Human Wheels

1994 – Wild Night

1994 – Dance Naked

1996 – Key West Intermezzo (I Saw You First)

1996 – Just Another Day

1998 – Your Life is Now

1998 – I'm Not Running Anymore

1999 – Under the Boardwalk

2001 – Peaceful World

2003 – Stones in My Passway

2007 – Our Country

2008 – Longest Days

2010 – Save Some Time to Dream

2014 – Troubled Man

2017 – Grandview

2018 – Mobile Blue

2022 – Wasted Days (avec **Bruce Springsteen**)

2023 – Hey God

METALLICA

<table><tr><td>

Metallica en bref :

Formation : 1981

Provenance : Los Angeles, Californie, États-Unis

Styles : Thrash Metal, Heavy Metal

</td></tr></table>

Les débuts (1981-1983)

Le 28 octobre 1981, le batteur **Lars Ulrich** (né à Gentofte, Danemark) fait une proposition au chanteur/guitariste **James Hetfield** (né à Los Angeles, Californie) pour enregistrer une chanson (« Hit the Lights ») qui allait paraître sur la compilation *Metal Massacre* de la nouvelle étiquette Metal Blade Records. Le nouveau groupe ainsi formé serait éventuellement complété par le bassiste **Ron McGovney**, un ami et colocataire d'Hetfield, et le guitariste **Dave Mustaine**. Le nom de Metallica est suggéré au groupe par un ami de la baie de San Francisco, **Ron Quintana**, et le groupe commence rapidement à tourner à Los Angeles en première partie de groupes comme **Saxon**.

Un premier enregistrement démo intitulé « No Life Til Leather » circule amplement dans le milieu underground, particulièrement à San Francisco et à New York. Le groupe présente deux concerts à San Francisco et y trouve une foule plus amicale et honnête que celle de Los Angeles. Les gars font la connaissance du groupe **Trauma** et de son bassiste **Cliff Burton**, qui allait remplacer McGovney au sein de Metallica et convaincre le groupe de se relocaliser à San Francisco.

Une copie de leur démo se rend jusqu'à **Jon Zazula** à New York et il les recrute pour venir performer sur la côte est et enregistrer un album. Le groupe se rend là-bas dans un camion U-Haul volé.

Dave Mustaine s'avère plutôt problématique par son usage abusif de l'alcool et son comportement. Les autres membres du groupe décident donc de le congédier. Mustaine formera plus tard le groupe **Megadeth** qui obtiendra sa part de succès en plus de devenir l'un des Big 4 du thrash metal (avec Metallica, **Slayer** et **Anthrax**). Pour le remplacer, on suggère à Metallica de demander les services de **Kirk Hammett**. Élève de **Joe Satriani**, il est alors guitariste pour **Exodus**. Le 1er avril 1983, il se joint à Metallica et complète alors l'alignement le plus créatif de l'histoire du groupe.

La période créative (1984-1988)

Vers la fin de 1983, Metallica lance son premier album intitulé *Kill 'Em All*. L'album et la tournée qui suit donnent au groupe une solide réputation grâce à des chansons comme « Seek & Destroy », « Whiplash », « The Four Horsemen » et « Motorbreath ». L'année suivante, le groupe se rend à Copenhague au Danemark pour travailler avec le réalisateur **Flemming Rassmussen** sur son deuxième album, *Ride the Lightning*. La maturité du groupe sur des pièces comme « Fade To Black », « For Whom the Bell Tolls », « Creeping Death » et « The Call of Ktulu » attire l'attention de la compagnie de gérance QPrime et de l'étiquette majeure Elektra Records qui lance l'album, en plus de rééditer leur premier avec deux chansons en boni, les reprises « Am I Evil? » et « Blitzkrieg ».

Le quatuor retourne au même studio en 1985 pour enregistrer *Master of Puppets* qui sera mixé à Los Angeles par **Michael Wagner** et lancé au début de 1986. Le groupe part en tournée avec le légendaire **Ozzy Osbourne** et voit son bassin de fans atteindre des proportions inégalées. L'album se rend dans les 30 premières positions du Billboard 200 grâce à des pièces maîtresses comme « Battery », « The Thing That Should Not Be », « Welcome Home (Sanitarium) » et évidemment la chanson-titre, un classique. Ce troisième enregistrement de Metallica est considéré par plusieurs comme le meilleur du groupe et l'un des meilleurs de l'histoire du métal. Il influencera un grand nombre d'autres groupes dans les années à venir.

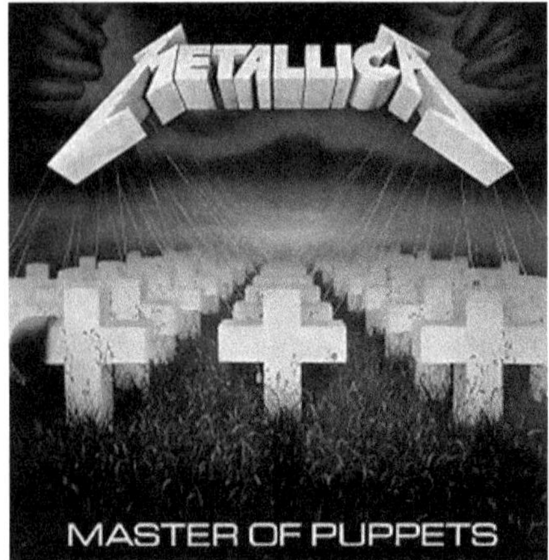

Le 27 septembre 1986, le rêve tourne au cauchemar alors que quelque part en Suède, tard le soir, le chauffeur de leur autocar de tournée perd le contrôle et l'autocar se renverse tuant du même coup Cliff Burton. Son influence sur la musique du groupe avait été immense jusque-là et sa perte est énorme. Il est impossible d'imaginer Metallica sans Cliff Burton...

Lars, James et Kirk décident finalement de continuer de foncer et auditionnent plus de 40 bassistes. Ils retiennent les services de **Jason Newsted**, qui fait alors partie de **Flotsam & Jetsam**. Metallica enregistre rapidement un mini-album de reprises dans le garage de Lars. Il s'intitule simplement *Garage Days Re-Revisited* et contient des reprises de groupes punks et métal comme les **Misfits**, **Holocaust** et **Killing Joke**. Le mini-album paraît en 1987.

Ils retournent ensuite en studio en 1988 pour enregistrer leur quatrième album, *...And Justice for All*, qui est lancé en août. Il s'agit d'un album-concept qui amène à nouveau le métal à un autre niveau de profondeur. La première ballade et premier vidéoclip du groupe, « One », qui fera frémir les fans de la première heure, connaîtra un immense succès à MTV et permettra à l'album d'atteindre la sixième position au Billboard. Le groupe sera en nomination pour un Grammy dans la catégorie « meilleur groupe métal/hard rock » et volera la vedette à **Van Halen** lors de la tournée *Monsters of Rock*, alors que Metallica fait la première partie du célèbre groupe hard rock. Le quatuor part ensuite pour une immense tournée mondiale.

La célébrité (1991-1995)

En 1991, Metallica revient à la charge avec son album éponyme, mieux connu comme l'album noir. Ce nouvel enregistrement, réalisé par le spécialiste du hard rock accrocheur **Bob Rock**, nous présente des chansons plus courtes et mélodieuses que ce à quoi le groupe nous a habitué par le passé. L'album entre au #1 un peu partout et y demeure pour plusieurs semaines. 15 millions de copies seront vendues à travers le monde grâce à des succès gigantesques comme « Enter Sandman », « Sad But True », « The Unforgiven » et « Nothing Else Matters ».

Le groupe part en tournée pour trois longues années dans les arénas, une tournée solo intitulée *An Evening with Metallica*, une tournée de stades en compagnie de **Guns N' Roses** et le spectacle principal dans de nombreux festivals. Un coffret de trois disques en concert voit le jour en 1993 (*Live Shit: Binge & Purge*).

La période creuse (1996-1999)

Presque cinq années s'écoulent avant que l'on voie apparaître un nouvel album studio de Metallica sur les tablettes. *Load* est enregistré au studio The Plant à Sausalito en Californie et est lancé en 1996. Il s'agit du plus long album du groupe à ce jour avec 14 titres et il présente de nombreux changements de styles et de l'expérimentation, même s'il est encore une fois réalisé par Bob Rock. Il n'est pas trop bien accueilli par la critique et est considéré comme l'album le plus faible de Metallica en carrière. C'est la ballade « Until It Sleeps » qui transporte tout l'ensemble.

Étant donné le grand nombre de pièces enregistrées lors des séances pour l'album *Load*, on lance dès 1997 *Reload* qui ne connaît pas beaucoup plus de succès que le précédent. On y retrouve les succès « The Memory Remains » et la douteuse « The Unforgiven II », une suite plutôt ratée de « The Unforgiven » parue sur l'album noir.

La tournée qui suit est spectaculaire avec de la technologie très moderne, des cascadeurs, deux scènes et un spectacle de plus de deux heures qui fera taire tous les détracteurs du groupe depuis l'album noir. En 1998, ils réunissent toutes les faces B et les reprises enregistrées dans le passé, en plus des enregistrements de *Garage Days...*, puis ils vont en studio pour enregistrer 11 nouvelles reprises. Le tout est présenté sur un disque double intitulé *Garage Inc.* qui vient prouver à tous que Metallica est définitivement le meilleur groupe de garage au monde.

En 1999, grâce à la collaboration du chef d'orchestre et compositeur **Michael Kamen** et de l'**Orchestre symphonique de San Francisco**, le groupe enregistre un double album en concert intitulé *S&M*, qui contient les plus grands succès de Metallica avec un accompagnement symphonique. Le projet, qui n'a absolument rien de renversant, permet tout de même de redécouvrir les classiques du groupe. Un DVD du spectacle est également mis sur le marché.

Avec la popularité grandissante de logiciels de partage de fichiers comme Napster, le groupe part en guerre contre ces entreprises qui facilitent le téléchargement gratuit de fichiers MP3, nuisant à une industrie du disque en perte de vitesse depuis quelques années.

Metallica au 21e siècle

À l'été 2000, bien que le groupe n'ait pas d'album à promouvoir, il décide de partir en tournée dans des stades. La tournée *Summer Sanitarium* connaît un immense succès et donne aux gars l'envie de retourner à nouveau en studio pour enregistrer de nouvelles chansons.

En 2001, après plusieurs rumeurs, Jason Newsted annonce son départ de Metallica. Le groupe décide de ne pas embaucher de nouveau bassiste pour l'instant et demande à son réalisateur Bob Rock de jouer la basse sur le prochain album du groupe. De son côté, Hetfield doit aller en désintoxication pour son problème d'alcoolisme, ce qui repousse à nouveau l'enregistrement du prochain album.

À l'automne 2002, le groupe décide d'embaucher un nouveau bassiste et après quelques auditions, c'est l'ex-bassiste de **Suicidal Tendencies** et d'Ozzy Osbourne, **Robert Trujillo**, qui est retenu pour leur prochaine tournée mondiale, la tournée *Summer Sanitarium 2003*.

St. Anger voit le jour en 2003 et connaît un succès instantané grâce à la chanson-titre et « Frantic ». L'album nous présente un son plus brut que jamais et revient à un métal plus près de ce qu'ils pouvaient présenter il y a 15 ans. La réalisation de Bob Rock est impressionnante par son imperfection, lui qui a l'habitude de surproduire les albums. Les difficultés croissantes que le groupe connaît pendant l'enregistrement de *St. Anger* sont captées dans le célèbre documentaire *Some Kind of Monster*, sorti en salle en 2004.

Quatre ans plus tard, Metallica revient avec *Death Magnetic*, un album plein d'énergie qui ramène le groupe à ses racines dans les années 1980. L'ancien réalisateur de Slayer, **Rick Rubin**, remplace Bob Rock après plus de 15 ans de collaboration, et Kirk Hammett (à qui on avait interdit de jouer des solos de guitare sur *St. Anger*) agrémente l'album de riffs métalliques et de solos frénétiques. *Death Magnetic* passe trois semaines au #1 du Billboard et le groupe le soutient par une tournée mondiale comprenant un concert dans un festival à Sofia en Bulgarie le 22 juin 2010 avec Slayer, Megadeth et Anthrax (les autres membres du Big 4). Ce concert unique paraîtra sur DVD.

Metallica met fin à son contrat avec Warner avec *Death Magnetic*. Des extraits des séances d'enregistrement apparaissent sous la forme du mini-album *Beyond Magnetic* à la fin de 2011. Ils entament une collaboration avec **Lou Reed** et sortent l'ambitieux et créatif *Lulu* à l'automne 2011. En 2012, Metallica lance son propre label, Blackened, qui sera distribué par Universal. L'année suivante, ils annoncent la sortie de leur deuxième film, *Through the Never*, qui combine des séquences de concert spectaculaires où l'on voit Metallica en train d'interpréter des morceaux de leur catalogue avec une odyssée surréaliste de voyage en voiture avec **Dane DeHaan**. Le film et l'album de la bande originale qui l'accompagne sortent en septembre 2013.

Au cours des années suivantes, Metallica présente à l'occasion des concerts de haut calibre tout en travaillant sur un nouvel album studio. En 2016, le groupe lance une série de rééditions, en commençant par des éditions de luxe de *Kill 'Em All* et *Ride the Lightning*. Ces rééditions sont le préambule à la sortie en novembre de *Hardwired... to Self-Destruct*, un double album avec la première nouvelle musique du groupe en huit ans. Réalisé par **Greg Fidelman**, James Hetfield et Lars Ulrich, *Hardwired... to Self-Destruct* entre au #1 dans le monde entier dès sa sortie en novembre 2016. L'année suivante, le groupe sort une édition augmentée de son album historique de 1986, *Master of Puppets*.

En 2019, Metallica célèbre le 20e anniversaire de *S&M* en se réunissant avec l'Orchestre symphonique de San Francisco pour une autre paire de concerts avec arrangements orchestraux de leurs chansons originales. Ces concerts paraîtront sur l'album *S&M2* en 2020. Le groupe reviendra en 2023 avec l'album studio *72 seasons*.

Discographie de Metallica :

1983 – Kill 'Em All ★★★½

1984 – Ride the Lightning ★★★★

1986 – Master of Puppets ★★★★★

1987 – The $5.98 E.P.: Garage Days Re-Revisited
　　　★★★

1988 – …And Justice For All ★★★★

1991 – Metallica ★★★★

1993 – Live Shit: Binge & Purge
　　　(coffret en concert) ★★★

1996 – Load ★★

1997 – Reload ★★

1998 – Garage, Inc. (reprises) ★★★½

1999 – S&M (en concert symphonique) ★★★

2003 – St. Anger ★★★½

2008 – Death Magnetic ★★★★

2009 – The Metallica Collection ★★★½

2011 – Lulu (avec **Lou Reed**) ★★

2012 – Beyond Magnetic (EP)

2013 – Through the Never (bande originale)
　　　★★★½

2016 – Hardwired… To Self-Destruct ★★★½

2016 – Live at le Bataclan, Paris, France,
　　　November 6, 2003

2016 – Woodstock '94

2016 – Winnipeg, 1986

2020 – S&M2 (en concert symphonique) ★★★

2021 – The Metallica Blacklist (artistes variés)

2023 – 72 Seasons ★★★½

Chansons inoubliables :

1983 – Hit the Lights

1983 – Seek & Destroy

1983 – The Four Horsemen

1983 – Motorbreath

1983 – Whiplash

1984 – Am I Evil?

1984 – Creeping Death

1984 – Fade to Black

1984 – For Whom the Bell Tolls

1986 – Master of Puppets

1986 – Welcome Home (Sanitarium)

1986 – Battery

1986 – The Thing That Should Not Be

1988 – One

1988 – Blackened

1988 – Harvester of Sorrow

1991 – Enter Sandman

1991 – Nothing Else Matters

1991 – Sad But True

1991 – The Unforgiven

1996 – Until It Sleeps

1996 – 2 X 4

1996 – The House Jack Built

1997 – Fuel

1997 – The Memory Remains

1997 – The Unforgiven II

1998 – Whiskey in the Jar

1998 – Stone Cold Crazy

2003 – St. Anger

2003 – Frantic

2003 – Some Kind of Monster

2008 – The Day That Never Comes

2008 – Cyanide

Vidéographie intéressante :

1999 – S&M (en concert symphonique) ★★★

2010 – The Big Four Live from Sofia, Bulgaria
　　　(avec **Megadeth**, **Slayer** et **Anthrax**)
　　　★★★★

2012 – Quebec Magnetic ★★★★

2014 – Metallica: Through the Never ★★★

2014 – Some Kind of Monster ★★★

MÖTLEY CRÜE

> *Mötley Crüe en bref :*
>
> Formation : 1981
>
> Provenance : Los Angeles, Californie, États-Unis
>
> Style : Hard Rock

Formé en janvier 1981, Mötley Crüe est à l'origine le projet du bassiste **Nikki Sixx** (né **Frank Ferrana**), du chanteur/guitariste **Greg Leon** et du batteur **Tommy Lee** (né **Thomas Lee Bass**). Leon est un vétéran de la scène hollywoodienne, ayant remplacé **Randy Rhoads** au sein de **Quiet Riot** deux ans auparavant. Il se heurte cependant au caractère bouillant de Sixx, ce qui entraîne son départ du groupe quelques mois plus tard. Le guitariste local **Bob « Mick Mars » Deal** le remplace et le groupe prend le nom de **Mottley Krue**.

Après avoir modifié le nom et ajouté une paire de trémas (prétendument en hommage à la bière allemande), Mötley Crüe entreprend de recruter **Vincent Neil Wharton**, chanteur du groupe **Rock Candy**, basé à Los Angeles. Neil refuse d'abord, mais reviendra sur sa décision plus tard lorsque Rock Candy décidera de prendre une direction plus new wave. Avec Vince Neil à bord, Mötley Crüe devient un groupe culte sur Sunset Boulevard et tout le circuit de Los Angeles, tristement célèbre pour des actes théâtraux comme mettre le feu au pantalon de Sixx en plein milieu d'une chanson.

Le groupe trouve rapidement un gérant en **Allan Coffman**, qui finance les séances d'enregistrement d'un premier album. Initialement sorti en novembre 1981 par Lethur Records, un petit label indépendant lancé par Coffman et le groupe, *Too Fast for Love* se vend à 20 000 exemplaires, à la surprise générale. Il donne également lieu à une tournée canadienne, au cours de laquelle les musiciens font la une des journaux en portant dans l'avion leur tenue de scène hérissée de pointes, en transportant des valises de matériel pornographique à travers les contrôles de sécurité des aéroports et en recevant des menaces de mort de la part de fans furieux à Edmonton. Cette exposition ne fait qu'alimenter l'attrait sensationnaliste de Mötley Crüe, générant le type de couverture médiatique choquante que le groupe souhaite.

De retour en Californie, les gens d'Elektra Records sont impressionnés par la popularité du groupe dans les salles locales, ce qui les incite à signer Mötley Crüe avant de sortir une nouvelle version de *Too Fast for Love*. Elektra lance ensuite leur deuxième album, *Shout at the Devil*, en 1983. La vidéo de « Looks That Kill » devient un succès sur MTV, diffusant la théâtralité du groupe à un public peu familier avec la popularité de Mötley Crüe dans le circuit des clubs. Dans la foulée, *Shout at the Devil* atteindra le statut platine et se vendra à un million d'exemplaires supplémentaires en 1984.

Malheureusement, la fête est interrompue lorsque Neil est impliqué dans un accident de voiture le 8 décembre 1984, tuant son passager, **Nicholas « Razzle » Dingley** batteur du groupe de hard rock finlandais **Hanoi Rocks**. Neil, relativement épargné, est reconnu coupable d'homicide involontaire et de conduite en état d'ébriété. Il sera finalement incarcéré pendant 15 jours en 1986, en plus d'effectuer des travaux communautaires et de payer une importante somme d'argent. Cependant, au moment où Neil est condamné, le nouvel album du groupe, *Theatre of Pain*, est déjà depuis longtemps dans les palmarès, consolidant le statut du groupe et produisant le premier succès de Mötley Crüe dans le top 40 avec une reprise de « Smokin' in the Boys' Room » de **Brownsville Station**.

Sous la direction de **Doug Thaler** et **Doc McGhee**, ce dernier ayant également dirigé **Bon Jovi**, la popularité de Mötley Crüe s'accroit au cours de la deuxième moitié des années 1980. « Home Sweet Home », une ballade puissante tirée de *Theatre of Pain*, donne lieu à un autre vidéoclip populaire, tandis qu'une vidéo de 44 minutes intitulée *Uncensored* est publiée en 1986 et atteint des ventes multiplatines. Entre-temps, Lee épouse l'actrice **Heather Locklear**, et le groupe retourne en studio pour enregistrer un quatrième album.

Sorti en 1987, *Girls, Girls, Girls* débute à la deuxième place, la chanson-titre devenant le deuxième succès de Mötley Crüe à figurer dans le top 40. Le groupe se lance rapidement dans une tournée en tête d'affiche, mais les dates européennes sont annulées lorsque Sixx est victime d'une surdose d'héroïne presque fatale. Il est déclaré mort sur le chemin de l'hôpital, avant d'être réanimé par deux injections d'adrénaline dans le cœur. De retour chez lui, Sixx se drogue à nouveau. Choqués, Thaler et McGhee conseillent vivement à leurs clients de suivre un programme de désintoxication, et ils resteront à l'écart des projecteurs le temps de faire le ménage dans leur vie personnelle.

En 1989 est lancé leur cinquième album, *Dr. Feelgood*, un album musclé qui devient le premier disque de Mötley Crüe à se classer en tête du Billboard 200. La chanson-titre devient également le premier succès du groupe dans le top 10, et une série de simples supplémentaires (« Kickstart My Heart », inspiré par la surdose presque fatale de Sixx, « Don't Go Away Mad (Just Go Away) », « Without You » et « Same Ol' Situation (S.O.S.) ») font de *Dr. Feelgood* l'album le plus complet et réussi de Mötley Crüe en carrière.

Après une nouvelle tournée mondiale, la compilation *Decade of Decadence* est mise en marché en 1991, propulsée au statut de disque de platine grâce à une nouvelle version de « Home Sweet Home » qui deviendra le dernier succès du groupe à figurer dans le top 40. On y trouve aussi une nouvelle chanson qui obtiendra du succès, « Primal Scream ».

Après avoir créé son propre label, Mötley Records, le groupe signe un nouveau contrat avec Elektra pour 25 millions de dollars. Cependant, l'industrie musicale ayant détourné son attention vers le grunge, le groupe cherche une façon de se renouveler, ce qui cause des tensions internes. En 1992, les séances d'enregistrement pour le prochain album de Mötley Crüe tournent mal, entraînant le renvoi (ou le départ, selon la source) de Vince Neil, qui sera remplacé par **John Corabi** du groupe **Scream**. Neil en profitera pour enregistrer une paire d'albums en solo, dont le premier, *Exposed* (1993), avec le guitariste **Steve Stevens** (ex-**Billy Idol**, **Michael Monroe**).

Le nouveau quatuor sort l'album éponyme en 1994, qui se classe au #7 aux États-Unis et sera finalement certifié disque d'or. Mais le nouveau son du groupe, plus grunge, s'avère une déception commerciale et critique, tout comme son nouveau chanteur qui ne fait pas l'unanimité. En conséquence, la tournée de soutien qui s'ensuit sera un échec. Corabi est renvoyé en 1997 à la demande du label, et Neil réintègre le groupe pour la sortie de *Generation Swine*. Après avoir fait l'objet d'une campagne de marketing intensive, *Generation Swine* débute à la quatrième place, mais ne réussit pas à générer de simples significatifs. Pendant ce temps, Corabi refait surface aux côtés de l'ancien guitariste de **KISS**, **Bruce Kulick**, au sein du groupe **Union**.

Peu après la sortie de la compilation *Greate$t Hit$* en 1998, Tommy Lee est arrêté pour violences conjugales à l'encontre de **Pamela Anderson**, sa deuxième épouse. Il passe la majeure partie de l'année en prison. Entre-temps, le contrat du groupe avec Elektra s'effondre, ce qui incite Mötley Records

à s'affilier au label Beyond. Le groupe acquiert ainsi les droits de son catalogue.

Après de nombreuses rencontres amères avec Neil, Lee quitte le groupe en 1999 pour former **Methods of Mayhem**, qui sortira un premier album éponyme plus tard dans l'année. Lee est remplacé par **Randy Castillo** (ex-**Ozzy Osbourne**), et on publie des éditions remasterisées de chaque album studio, ainsi que la collection de raretés *Supersonic & the Demonic Relics*. Un nouvel album, *New Tattoo*, paraît à l'été 2000 et reçoit un accueil mitigé. Castillo est frappé d'une maladie non révélée à la veille de la tournée prévue. Pendant qu'il récupère chez lui, le groupe fait appel temporairement à **Samantha Maloney** de **Hole** (et fan de longue date de Mötley Crüe) pour s'occuper de la batterie.

En mai 2001, le groupe publie une biographie à succès intitulée *The Dirt*. Pendant la période d'inactivité qui suit, Sixx écrit des morceaux pour d'autres artistes, dont **Tantric**, **Meat Loaf**, **Faith Hill**, **Tim McGraw** et **James Michael**. Malheureusement, Castillo succombe à un cancer au printemps suivant, ce qui pousse le groupe à prolonger sa pause.

Bien que Sixx spécule publiquement sur la possibilité d'une tournée de reformation, Tommy Lee réfute rapidement ces rumeurs, affirmant que sa relation avec Vince Neil est tout simplement trop mauvaise pour une quelconque réconciliation. Puis, la controverse entoure à nouveau le groupe : l'ancien producteur **Tom Werman** intente un procès pour redevances impayées, l'ancienne femme de Neil, **Heidi Mark**, l'accuse publiquement d'abus physiques, et Neil est expulsé d'une émission de radio nationale pour avoir été trop ivre pour soutenir une entrevue.

Les rumeurs de reformation continuent à circuler tout au long des deux années suivantes, même si les membres de Mötley Crüe demeurent fidèles à leurs projets individuels. Tommy Lee et Vince Neil participent tous deux à des émissions télévisées, Lee étant au centre d'une série de NBC où le batteur suit des cours à l'université, et Neil dans la première saison de *The Surreal Life*. Pendant ce temps, Sixx lance un album et part en tournée avec son nouveau groupe, **Brides of Destruction**.

À la fin de 2004, les quatre membres originaux annoncent finalement une tournée de reformation pour l'année suivante, marquant leur première sortie depuis la fin des années 1990. La tournée coïncidera avec la parution en février du double CD des meilleurs titres de Mötley Crüe, *Red, White & Crüe*, qui deviendra disque de platine six mois plus tard.

La tournée est célébrée par la sortie d'un album en concert, *Carnival of Sins: Live*, en 2006, tandis qu'un nouvel album, *Saints of Los Angeles*, paraîtra en 2008. Pendant ce temps, Nikki Sixx lance un nouveau projet parallèle, **Sixx: A.M.**, qui présente un premier album en 2007, *The Heroin Diaries Soundtrack*. Le groupe lancera trois autres albums au cours des années suivantes, s'étalant jusqu'en 2016.

Fidèles à leur engagement sur la route, les membres de Mötley Crüe dévoilent les plans du *Crüe Fest*, une tournée estivale qui rapportera plus de 40 millions de dollars à sa première année (2008) et reviendra l'été suivant. Une tournée mondiale avec **KISS** suivra en 2012 et se poursuivra jusqu'en 2013. En 2014, le groupe annonce une tournée d'adieu avec **Alice Cooper** comme invité. La tournée de 70 dates coïncide avec la sortie de *Nashville Outlaws*, un album hommage à Mötley Crüe par des artistes country comme **Rascal Flatts**, les **Mavericks** et **Big & Rich**.

En 2018, Mötley Crüe enregistre quatre nouvelles chansons pour l'adaptation cinématographique de la biographie du groupe. Les morceaux apparaissent sur la bande originale de *The Dirt*, dont le film sort sur Netflix le 22 mars 2019, et présente le groupe dans tous ses excès, l'archétype même du mode de vie « sexe, drogue et rock 'n' roll ».

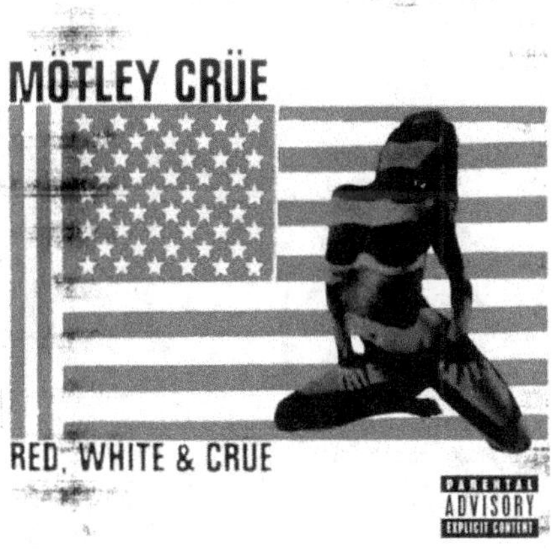

Discographie de Mötley Crüe :

1981 – Too Fast for Love ★★★½

1983 – Shout at the Devil ★★★★

1985 – Theatre of Pain ★★★½

1987 – Girls, Girls, Girls ★★★★

1989 – Dr. Feelgood ★★★★

1991 – Decade of Decadence ★★★★

1994 – Mötley Crüe ★½

1997 – Generation Swine ★½

1998 – Greate$t Hit$ ★★★★

1999 – Live: Entertainment or Death ★★

2000 – New Tattoo ★★½

2003 – Music to Crash Your Car To, Vol. 1
★★★★

2004 – Music to Crash Your Car To, Vol. 2
★★★

2005 – Red, White & Crüe (compilation)
★★★★

2006 – Carnival of Sins: Live ★★

2008 – Saints of Los Angeles ★★½

2009 – Greatest Hits ★★★★

2016 – The End: Live in Los Angeles ★★½

2019 – The Dirt (Official Soundtrack) ★★★

2023 – Crücial Crüe:
The Studio Albums 1981-1989

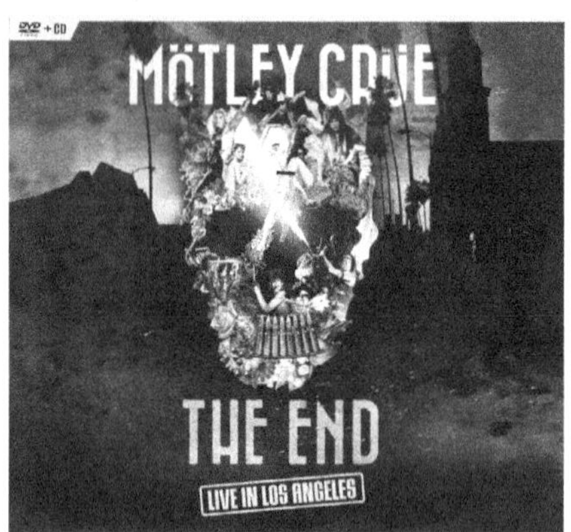

Chansons inoubliables :

1981 – Live Wire

1981 – Piece of Your Action

1981 – Too Fast for Love

1983 – Shout At the Devil

1983 – Looks That Kill

1983 – Helter Skelter

1983 – Too Young to Fall in Love

1985 – Smokin' in the Boys Room

1985 – Home Sweet Home

1987 – Wild Side

1987 – Girls, Girls, Girls

1987 – All in the Name of…

1987 – Jailhouse Rock

1989 – Dr. Feelgood

1989 – Kickstart My Heart

1989 – Same Ol' Situation (S.O.S.)

1989 – Don't Go Away Mad (Just Go Away)

1991 – Primal Scream

1991 – Anarchy in the U.K.

1994 – Hooligan's Holiday

Vidéographie intéressante :

2001 – Lewd, Crued & Tattooed ★★★½
2003 – Greatest Video Hits ★★★★

OZZY OSBOURNE

<table>
<tr><td>

Ozzy Osbourne en bref :

Nom véritable : John Michael Osbourne

Naissance : 3 décembre 1948

Provenance : Birmingham, Angleterre, Royaume-Uni

Styles : Heavy Metal, Hard Rock

Groupe précédent : Black Sabbath

</td></tr>
</table>

John Michael Osbourne débute sa carrière professionnelle à la fin des années 1960, lorsqu'il s'associe au guitariste **Tony Iommi**, au bassiste **Geezer Butler** et au batteur **Bill Ward** pour former **Black Sabbath**. Le groupe fondateur du heavy metal, rendu unique par ses mélodies lentes et sombres et ses thèmes, sort son premier album éponyme en 1970, puis enchaîne avec des albums classiques certifiés platine tels que *Paranoid* et *Master of Reality* tout au long de la décennie. Après l'album *Never Say Die* en 1978, Osbourne est renvoyé de Black Sabbath, ce qui le conduit vers son propre projet solo.

Avec sa nouvelle gérante et épouse, **Sharon**, Osbourne forme son propre groupe, **Blizzard of Ozz**, avec le guitariste **Randy Rhoads** (ex-**Quiet Riot**), le bassiste **Bob Daisley** et le batteur **Lee Kerslake**. Le premier album éponyme du groupe sort en septembre 1980 au Royaume-Uni et début 1981 aux États-Unis. *Blizzard of Ozz* reprend certains des ingrédients de Black Sabbath (paroles axées sur l'occulte et guitares puissantes et lourdes), mais le quatuor est plus avancé techniquement et capable de varier les formules métal classiques. Avec les simples à succès « Crazy Train » et « Mr. Crowley », *Blizzard of Ozz* atteint le #7 des palmarès britanniques et le #21 aux États-Unis, continuant à se vendre pendant plus de deux ans et devenant un énorme succès.

Kerslake et Daisley sont remplacés par **Tommy Aldridge** et **Rudy Sarzo** peu avant la sortie de *Diary of a Madman* en novembre 1981. Comprenant l'hymne à la drogue « Flying High Again », l'album se classe au #16 aux États-Unis et devient un autre succès commercial. Pendant la tournée, les ventes de l'album continuent d'augmenter, tandis que celles de Black Sabbath diminuent.

La carrière d'Ozzy semble avoir atteint son apogée. Cependant, une controverse éclate lorsqu'il est accusé de cruauté envers les animaux. Lors d'un concert, un fan lance une chauve-souris sur scène et Osbourne lui arrache la tête, pensant qu'elle est fausse. Le concert est annulé et Osbourne doit être transporté d'urgence à l'hôpital pour recevoir un vaccin contre la rage. Peu de temps après, Randy Rhoads décède dans un étrange accident d'avion, mettant fin brutalement au succès du groupe.

Osbourne sombre dans une profonde dépression après la perte de son meilleur ami, et les plans pour son prochain album sont rapidement modifiés. Au lieu d'utiliser les morceaux enregistrés avec Rhoads, l'album *Speak of the Devil*, sorti en 1982, comprend des enregistrements en concert de morceaux classiques de Black Sabbath et est enregistré avec le guitariste **Brad Gillis**.

Osbourne est libéré de son contrat avec Jet Records et se présente ivre à une réunion avec Epic Records avec deux colombes, dont il libère l'une et tue l'autre de la même manière que la chauve-souris. Osbourne signe tout de même avec le label. **Jake E. Lee** devient le nouveau guitariste d'Osbourne pour l'album studio *Bark at the Moon*. Bien qu'il n'atteigne pas la cohérence de *Blizzard of Ozz* ou *Diary of a Madman*, l'album contient un succès similaire, poussant le chanteur à se lancer dans une tournée avec les piliers du hard rock **Mötley Crüe**. La chanson-titre devient rapidement un classique.

En 1986, *The Ultimate Sin* est plutôt mal accueilli par la critique. L'album, qui contient pourtant le simple à succès « Shot in the Dark », est considéré comme le pire album studio d'Osbourne par de nombreux critiques, qui le jugent redondant et inintéressant. Il demeure malgré tout un grand succès commercial.

Toujours en 1986, Osbourne est accusé d'inciter au suicide ses auditeurs par le biais de messages subliminaux dans la chanson « Suicide Solution » de son album *Blizzard of Ozz*, qu'il affirme avoir écrite en référence aux effets de l'abus d'alcool. Bien que l'affaire soit finalement classée sans suite, Osbourne se forge une fois de plus une réputation redoutable. Il redresse son image en 1987 avec *Tribute*, un album enregistré en concert en 1981 et dédié à la mémoire de Randy Rhoads. Lee quitte le groupe et est remplacé par **Zakk Wylde** pour l'album *No Rest for the Wicked*, qui sort en 1988. Cet album s'avère être l'un des plus puissants de sa carrière, notamment grâce à la chanson « Miracle Man », dans laquelle Osbourne ridiculise l'évangéliste (et ennemi de longue date) **Jimmy Swaggart**.

Just Say Ozzy, un mini-album enregistré en concert lors de la tournée qui suit *No Rest for the Wicked*, sort en 1990. Après avoir enregistré un nouvel album studio en 1991, Osbourne perd son enthousiasme habituel pour se produire sur scène, à cause de son désir de passer plus de temps avec sa famille. Lorsque *No More Tears* sort à l'automne, il est confirmé que la tournée qui suivrait serait la dernière d'Osbourne avant sa retraite. Le disque connaît beaucoup de succès grâce à la ballade émotive « Mama, I'm Coming Home », « Road to Nowhere » et la chanson-titre mettant de l'avant l'incroyable talent de guitariste de Zakk Wylde. On y trouve aussi une reprise de **Motörhead**, « Hellraiser ».

Un double album en concert, *Live & Loud*, sort en 1993 pour commémorer la carrière d'Osbourne. Mais la retraite n'est pas pour tout de suite : Osbourne refait surface en 1995 avec *Ozzmosis*, qui, malgré des critiques mitigées, se vend à trois millions d'exemplaires dans l'année qui suit sa sortie. Après une tournée qui s'avère l'une des plus lucratives de l'été, Osbourne crée l'*Ozzfest*, une tournée qui le met en vedette aux côtés de nombreux autres groupes de métal. Bien qu'il n'y ait que deux concerts en 1996, un album en concert est néanmoins lancé, simplement intitulé *The Ozzfest*.

La tournée de 1997 de l'*Ozzfest* comprend des groupes tels que **Pantera**, **Marilyn Manson** et une réunion de Black Sabbath dont seul Bill Ward est absent. À l'exception du *Lilith Fair* de **Sarah McLachlan**, l'*Ozzfest* 1997 est la tournée la plus réussie de l'année. Osbourne présente une compilation en novembre, *The Ozzman Cometh*, puis réunit tous les membres originaux de Black Sabbath pour enregistrer l'album en concert *Reunion*, qui sort en 1998. Il trouve également le temps de faire un duo avec le rappeur **Busta Rhymes** pour une reprise du classique de Sabbath « Iron Man », rebaptisé « This Means War », qui figure sur l'album de Rhymes sorti en 1998, *Extinction Level Event (The Final World Front)*.

Black Sabbath continue de tourner jusqu'en 1999, où il est à nouveau en tête d'affiche de l'*Ozzfest*, présenté comme sa dernière tournée. La même année, une figurine macabre d'Ozzy est commercialisée dans les magasins de jouets, accompagnée de petites chauves-souris décapitées. Osbourne commence enfin à travailler sur la suite de son album solo *Ozzmosis*. Il est rejoint par le guitariste Wylde, qui fait son retour dans le groupe, ainsi que par l'ancien batteur de **Faith No More**, **Mike Bordin**, et l'ancien bassiste de **Suicidal Tendencies** et **Infectious Grooves**, **Robert Trujillo**.

L'année 2001 est marquée par l'annonce non seulement de la réunion de Black Sabbath pour l'édition estivale de l'*Ozzfest*, mais aussi de l'entrée en studio du quatuor à l'automne avec le réalisateur **Rick Rubin** pour travailler sur le premier album de la formation originale depuis *Never Say Die* en 1978. Malheureusement, Epic Records a vent des projets d'Osbourne et annule la tournée post-*Ozzfest* avec **Disturbed**, ainsi que l'album lui-même jusqu'à ce qu'il termine son album solo. Les fans d'Ozzy reçoivent le double album *Ozzfest: Second Stage Live* pour patienter, qui comprend des morceaux de la plupart des groupes ayant participé au festival de 2000, ainsi que des pièces de la première édition de 1996.

Finalement, le nouvel album solo *Down to Earth* est présenté à l'automne 2001, suivi de quelques simples à succès (dont la chanson-titre) et d'une grande tournée de Noël avec **Rob Zombie** en co-tête d'affiche. Entre-temps, inspirés par un épisode de l'émission *Cribs* de MTV, Osbourne et les producteurs de la chaîne tentent leur chance en créant une émission de téléréalité autour du célèbre chanteur et de sa famille. Après avoir suivi les Osbourne pendant plusieurs mois à la fin de l'année 2001, le résultat final est *The Osbournes*, l'une des émissions les plus réussies de l'histoire de la chaîne. À mi-chemin entre le documentaire et la sitcom, l'émission réinvente Osbourne en tant que père déconcerté, doté d'un esprit vif et d'une famille aimante. Elle remporte également un franc succès auprès de la critique, et Osbourne se retrouve invité à un dîner à la Maison Blanche pour promouvoir son activisme en faveur de la protection des animaux, une activité qui n'est révélée qu'après un épisode de l'émission consacré aux nombreux animaux de compagnie de la famille.

Une série de compilations suit *Down to Earth*, dont *Under Cover* en 2005, un recueil de reprises. Ozzy retourne en studio l'année suivante pour commencer à travailler sur un nouvel album. Le résultat, *Black Rain*, sort en mai 2007, suivi de son dixième album studio, *Scream*, en 2010.

En 2012, Ozzy retrouve la plupart des membres originaux de Black Sabbath pour enregistrer un album composé de titres inédits qui rappellent la lourdeur de leurs débuts. L'album *13* est lancé en 2013 et Ozzy passe une grande partie de l'année en tournée avec Sabbath pour le promouvoir. L'année suivante, il se recentre sur sa carrière solo avec la sortie de *Memoirs of a Madman*, une compilation de ses plus grands succès qui regroupe des titres phares de presque tous ses albums solos.

En 2019, Osbourne collabore avec les rappeurs **Post Malone** et **Travis Scott** sur la chanson « Take What You Want » de l'album *Hollywood's Bleeding* de Post Malone. La chanson entre au Billboard, permettant à Ozzy de revenir dans le top 10 pour la première fois en plus de trois décennies.

En février 2020, Osbourne fait son grand retour avec son premier album solo en dix ans, *Ordinary Man*. Réalisé et coécrit avec **Andrew Watt** (qui a déjà travaillé avec **Cardi B** et Post Malone), l'album est précédé par les simples « Under the Graveyard », « Straight to Hell » et la chanson-titre, une ballade puissante mettant en vedette **Elton John**. **Slash** et **Duff McKagan**, anciens membres de **Guns N' Roses**, contribuent également à l'album, tout comme **Chad Smith**, batteur des **Red Hot Chili Peppers**, et **Charlie Puth**, pop star américaine. Peu avant la sortie de l'album, Osbourne révèle qu'il a été diagnostiqué avec la maladie de Parkinson dès 2003 et qu'il lutte discrètement contre la maladie depuis lors.

Bien que dix ans se soient écoulés entre *Scream* et *Ordinary Man*, il se met rapidement au travail sur son 13ᵉ album solo, *Patient Number 9*. En juin 2022, il sort le titre éponyme en simple. L'album met en vedette le guitariste de longue date Zakk Wylde sur presque tous les morceaux après une absence remarquée sur *Ordinary Man*, ainsi que des contributions de **Jeff Beck**, **Eric Clapton** et Tony Iommi. *Patient Number 9* sort en septembre 2022 et est acclamé par la critique, valant à Ozzy deux Grammy Awards dans les catégories « Meilleur album rock » et « Meilleure performance métal ».

Discographie d'Ozzy Osbourne :

1980 – Blizzard of Ozz ★★★½

1981 – Diary of a Madman ★★★½

1982 – Speak of the Devil (en concert) ★★½

1983 – Bark at the Moon ★★★

1986 – The Ultimate Sin ★★

1987 – Tribute (en concert) ★★★★

1988 – No Rest for the Wicked ★★★½

1990 – Just Say Ozzy EP (en concert) ★½

1991 – No More Tears ★★★½

1993 – Live & Loud ★★★

1995 – Ozzmosis ★½

1997 – OzzFest, Vol. 1: Live ★★½

2001 – Down to Earth ★★★

2002 – Live at Budokan ★★★

2002 – The Ozzman Cometh: Greatest Hits
    ★★★★

2003 – The Essential Ozzy Osbourne ★★★½

2005 – Under Cover ★★

2007 – Black Rain ★★★

2010 – Scream ★★★

2014 – Memoirs of a Madman (compilation)

2020 – Ordinary Man ★★★½

2022 – Patient Number 9 ★★★½

Chansons inoubliables :

1980 – Crazy Train

1980 – Mr. Crowley

1980 – Goodbye to Romance

1980 – I Don't Know

1980 – Suicide Solution

1981 – Over the Mountain

1981 – Flying High Again

1981 – Diary of a Madman

1983 – Bark at the Moon

1983 – So Tired

1986 – Shot in the Dark

1986 – The Ultimate Sin

1988 – Miracle Man

1988 – Breakin' All the Rules

1988 – Crazy Babies

1991 – No More Tears

1991 – Mama, I'm Coming Home

1991 – Hellraiser

1991 – Road to Nowhere

1991 – Mr. Tinkertrain

1995 – Perry Mason

1995 – I Just Want You

1995 – See You on the Other Side

2001 – Dreamer

2001 – Gets Me Through

2005 – Working Class Hero

2005 – Woman

2005 – In My Life

2007 – I Don't Wanna Stop

2010 – Let Me Hear You Scream

2010 – Let It Die

2020 – Take What You Want
    (avec **Post Malone** et **Travis Scott**)

2020 – Under the Graveyard

2020 – Ordinary Man (avec **Elton John**)

2020 – Straight to Hell

2020 – It's a Raid (avec **Post Malone**)

2022 – Patient Number 9 (avec **Jeff Beck**)

2022 – One of Those Days (avec **Eric Clapton**)

POISON

Poison en bref :

Formation : 1983

Provenance : Mechanicsburg, Pennsylvanie, États-Unis

Styles : Hard Rock, Pop Rock

Anciennement connu sous le nom de **Paris**, Poison a été formé en 1983 par **Bret Michaels** (chant), **Bobby Dall** (basse) et **Rikki Rockett** (batterie). Après avoir quitté leur ville natale de Harrisburg, en Pennsylvanie, pour s'installer à Los Angeles, ils commencent à organiser des auditions pour trouver un quatrième membre. C'est le guitariste **C.C. Deville** qui décroche le poste, battant au passage le futur membre de **Guns N' Roses**, **Slash**.

Poison adopte une image glam androgyne et commence à se produire à Los Angeles, devenant ainsi les maîtres de l'autopromotion. Leurs efforts leur valent un contrat avec Enigma Records en 1986, et ils sortent leur premier album, *Look What the Cat Dragged In*, cet été-là. L'album contient deux succès classés dans le top 40, « Talk Dirty to Me » et la ballade « I Won't Forget You », et se vend à plus de deux millions d'exemplaires dans l'année qui suit sa sortie.

Le groupe est déjà très populaire à la fin de l'année 1987, mais c'est en 1988 que Poison connaît son véritable succès commercial avec l'album *Open Up & Say...Ahhh!*, grâce aux succès radios « Fallen Angel », « Nothin' But a Good Time » et la ballade « Every Rose Has Its Thorn », le premier simple du groupe à se classer en tête des palmarès.

Après une tournée fructueuse aux côtés de **David Lee Roth**, le groupe retourne en studio pour enregistrer *Flesh and Blood* en 1990. L'album, qui comprend le *hit* « Unskinny Bop », classé #3, et la ballade « Something to Believe In », classée # 4, est un nouveau succès multi-platine, mais il marque également la fin de l'âge d'or de Poison.

Alors qu'ils sont en tournée pour promouvoir *Flesh and Blood* (documentée dans l'album double *Swallow This Live*), le groupe commence à se désagréger, et une apparition tristement célèbre sur MTV montre Deville interprétant « Talk Dirty to Me » avec sa guitare débranchée. Le groupe se bat en coulisses après cette performance désastreuse.

Peu après la sortie de *Swallow This Live*, Poison licencie Deville en raison de sa dépendance croissante à la drogue et à l'alcool. Son remplaçant, **Richie Kotzen**, âgé de 21 ans, fait ses débuts commerciaux avec le groupe en 1993 sur l'album *Native Tongue*. Malgré des critiques élogieuses et un simple à succès, « Stand », l'album s'avère être un échec commercial.

Kotzen est renvoyé pendant la tournée qui suit, après avoir entretenu une relation illicite avec la fiancée de Rikki Rockett. Le guitariste solo et musicien de studio **Blues Saraceno** devient alors le troisième guitariste de Poison. Le groupe enregistre son cinquième album, *Crack a Smile*, dont la sortie est prévue pour 1996, mais le disque est mis de côté et remplacé par l'album *Greatest Hits: 1986-1996*.

Vers la fin de cette année-là, Saraceno quitte le groupe et Deville revient, ce qui aboutit à une tournée de retrouvailles couronnée de succès pendant l'été 1999. Les enregistrements de *Crack a Smile* sont finalement publiés au printemps suivant, suivis de *Power to the People*, qui regroupe cinq nouvelles chansons et 12 titres enregistrés en concert lors de la tournée de retour du groupe. Cependant, une autre tournée est interrompue par un accident qui oblige Dall à subir une grave chirurgie au dos.

Après la longue convalescence de Dall, le groupe retourne en studio et enregistre *Hollyweird*, qui sortira à l'été 2002. La tournée qui suit est présentée comme une expérience nostalgique et est financée par VH1, jetant les bases d'une relation lucrative entre le groupe et la chaîne de télévision. Deville apparaîtra plus tard dans la sixième saison de l'émission *The Surreal Life*, tandis que Michaels se verra offrir sa propre émission de rencontres, *Rock of Love with Bret Michaels*. L'accueil réservé à *Hollyweird* est mitigé et Poison passe quelque temps loin des projecteurs tandis que Michaels et Rockett sortent des albums en solo.

Poison se réunit à nouveau en 2006 pour célébrer son 20e anniversaire avec une tournée nationale et un autre album de leurs plus grands succès. Porté par le nouveau statut de star de téléréalité de Michaels, *The Best of Poison: 20 Years of Rock* fait son entrée dans le top 20 du Billboard, un exploit que le groupe n'avait pas accompli depuis *Native Tongue*.

L'année suivante, la chance leur sourit à nouveau, avec leur septième album, un disque de reprises intitulé *Poison'd!*, qui se vend à plus de 20 000 exemplaires dès la première semaine.

Discographie de Poison :

1986 – Look What the Cat Dragged In ★★★½

1988 – Open Up and Say… Ahh! ★★★★

1990 – Flesh & Blood ★★★

1991 – Swallow This Live ★★★

1993 – Native Tongue ★½

1996 – Poison's Greatest Hits 1986-96 ★★★★

2000 – Crack a Smile… And More ★★½

2000 – Power to the People ★½

2002 – Hollyweird ★★★

2006 – The Best of Poison: 20 Years of Rock

2007 – Poison'd! (reprises)

2011 – Double Dose: Ultimate Hits

2013 – Icon ★★★½

2014 – 20th Century Masters – The Millennium Collection: 10 Great Songs of Poison

Chansons inoubliables :

1986 – Talk Dirty to Me

1986 – I Won't Forget You

1986 – Look What the Cat Dragged In

1986 – I Want Action

1986 – Cry Tough

1988 – Nothin' But a Good Time

1988 – Fallen Angel

1988 – Every Rose Has Its Thorn

1988 – Your Mama Don't Dance

1988 – Look But You Can't Touch

1990 – Unskinny Bop

1990 – (Flesh & Blood) Sacrifice

1990 – Life Goes On

1990 – Ride the Wind

1990 – Something to Believe In

1993 – Stand

1993 – Until You Suffer Some (Fire and Ice)

THE POLICE

The Police en bref :
Formation : 1977-2008
Provenance : Londres, Angleterre, Royaume-Uni
Styles : Rock, New Wave, Pop Rock

Sting, un professeur né **Gordon Sumner**, rencontre **Stewart Copeland**, qui est le batteur du groupe de rock progressif **Curved Air**. Sting joue alors de la basse dans **Last Exit**, un groupe de jazz fusion qui sort le simple « Whispering Voices » sur le label indépendant Wudwink en 1975. Le simple attire l'attention de Virgin Records et le groupe déménage à Londres, mais il se sépare peu de temps après. Alors que certains de ses camarades retournent à Newcastle, Sting reste à Londres et cherche à rencontrer Copeland dans l'espoir d'une collaboration. Curved Air venant de se séparer, les deux compères unissent leurs forces dans l'intention de percer sur la scène punk londonienne en plein essor.

Avec le guitariste **Henri Padovani**, Sting et Copeland forment une version naissante de The Police. Le 1ᵉʳ mars 1977, ils donnent leur premier concert et en mai, ils lancent le simple « Fall Out »/« Nothing Achieving » sur Illegal Records, un label cofondé par **Miles**, le frère de Stewart Copeland. Les deux faces du 45 tours sont écrites par Stewart. **Mike Howlett**, bassiste du groupe de rock progressif **Gong**, invite Sting à se joindre à lui et au guitariste **Andy Summers**, un vétéran d'une dernière incarnation des **Animals** et d'une première version de **Soft Machine**, pour jouer dans un groupe appelé **Strontium 90**. Sting recrute Copeland comme batteur du groupe. Au début de l'été 1977, Strontium 90 enregistre une démo et donne deux concerts, mais il se dissout rapidement. Sting demande alors à Summers de joindre The Police, qui existe brièvement en tant que quatuor avec Summers et Padovani aux guitares. Mais en août, la nouvelle recrue insiste pour être le seul guitariste du groupe. Padovani est donc renvoyé et The Police devient le trio qu'on connaît.

The Police commence à se produire sérieusement à la fin de 1977. À court d'argent, le trio accepte de jouer dans une publicité pour la gomme Wrigley's, se teignant les cheveux en blond pour respecter l'entente. Bien que la publicité ne sera jamais diffusée, elle donne au groupe son look blond décoloré caractéristique. Peu de temps après, Miles, le frère de Copeland, finance l'enregistrement du premier album du groupe, *Outlandos d'Amour*. Voyant le potentiel de « Roxanne », Miles Copeland devient le gérant du groupe et leur obtient un contrat avec A&M Records.

Miles réussit à susciter une certaine controverse au sujet de la sortie du simple « Roxanne » et de son successeur « Can't Stand Losing You ». Lors de sa sortie en avril 1978, « Roxanne » ne se retrouve jamais sur les listes d'écoute de la BBC, et Miles en fait un simple étiqueté comme « banni de la BBC » sur les premières impressions, étirant quelque peu la vérité. Le simple ne se classe pas malgré tout dans les palmarès. Quant à « Can't Stand Losing You », elle finit par être vraiment bannie de la BBC à cause de sa pochette, une représentation humoristique du suicide par pendaison. The Police en fait une modeste 42ᵉ place dans les palmarès britanniques à la fin de l'été 1978. « So Lonely », le troisième simple du groupe, ne se classe pas du tout.

La Grande-Bretagne ne prête peut-être pas attention au groupe, mais il gagne du terrain en Amérique du Nord. Au début de 1979, « Roxanne » entre dans le top 40 aux États-Unis et au Canada, ce qui, à l'époque, est une rareté pour un groupe aux influences punks. Le succès aux États-Unis est suffisant pour que « Roxanne » soit rééditée au Royaume-Uni, où la chanson atteint la 12e place, suivie d'une deuxième place pour la réédition de « Can't Stand Losing You ». The Police deviennent assez populaires pour qu'une réédition de « Fall Out » frôle le classement des simples au Royaume-Uni, puis le groupe s'embarque dans une longue tournée américaine après avoir terminé un nouvel album.

Intitulé *Reggatta de Blanc*, leur deuxième album devient #1 à sa sortie en octobre 1979, en partie grâce aux extraits « Message in a Bottle » et « Walking on the Moon ». Aucun des deux ne se classe dans le top 40 américain, mais *Regatta de Blanc* se hisse tout de même à la 25e place du Billboard 200, tandis que la chanson-titre vaut au groupe son premier Grammy pour la meilleure performance instrumentale rock. The Police obtient un autre succès au Royaume-Uni en février

1980 lorsque « So Lonely » atteint le #6 lors de sa réédition.

À la suite de la sortie de *Zenyatta Mondatta* en octobre 1980, le groupe connaît une percée internationale. Le disque atteint la première place au Royaume-Uni et la cinquième aux États-Unis, son premier extrait, « De Do Do Do, De Da Da Da Da », devenant le premier succès du groupe dans le top 10 américain. Au Royaume-Uni, il s'agit du deuxième extrait du disque et il atteint la cinquième place. « Don't Stand So Close to Me », atteint le #1 au Royaume-Uni, alors que « Behind My Camel » vaudra au trio le Grammy de la meilleure performance instrumentale rock cette année-là.

Forts de leur succès, les Police se rendent à Montserrat pour enregistrer leur quatrième album avec le réalisateur **Hugh Padgham**. L'album *Ghost in the Machine* paraît à l'automne 1981, se classant en tête des palmarès britanniques et se hissant au #2 aux États-Unis. L'ascension de l'album est alimentée par « Every Little Thing She Does Is Magic », qui figure au top 10 dans le monde entier et qui est également un élément essentiel de MTV. « Spirits in the Material World » est un autre succès mondial, atteignant le #11 aux États-Unis et le #12 au Royaume-Uni, tandis que « Invisible Sun » se classe #2 au Royaume-Uni. La présence du groupe est renforcée sur les radios rock, notamment avec « Secret Journey », #46 aux États-Unis.

Chaque membre du groupe saisit les opportunités offertes par le succès. Sting reprend la carrière d'acteur qu'il avait tenté de lancer en 1979, lorsqu'il apparaît dans l'adaptation cinématographique de **Franc Roddam** de l'opéra rock de **The Who**, *Quadrophenia*. Il apparaît dans le film *Brimstone and Treacle*, dont la bande originale contient trois nouvelles chansons de The Police, incluant l'émouvante « I Burn for You », et joue un rôle clé dans l'adaptation de *Dune* de **Frank Herbert** par **David Lynch** en 1984. Copeland est également attiré par Hollywood et compose la musique du film *Rumble Fish* de **Francis Ford Coppola**. Pendant ce temps, Summers collabore avec **Robert Fripp** pour l'album *I Advance Masked*, sorti en 1982.

Tout ce succès est éclipsé en 1983 par *Synchronicity*, leur cinquième et dernier album qui devient une superproduction, enregistré en partie à Montserrat et en partie à Morin Heights au nord de Montréal. Une grande part de ce succès est due à « Every Breath You Take », une ballade inquiétante qui arrive en tête des palmarès aux États-Unis et au Royaume-Uni. « Every Breath You Take » devient un standard instantané, remportant le Grammy de la chanson de l'année, ainsi que celui de la meilleure performance pop par un duo ou un groupe avec voix. Plus tard, BMI désignera « Every Breath You Take » comme sa chanson la plus jouée, avec plus de 15 millions d'écoutes à la radio. « Wrapped Around Your Finger » et « King of Pain » atteindront aussi le top 10 aux États-Unis, le premier

n'atteignant toutefois que le 17ᵉ rang au Royaume-Uni. « Synchronicity II » devient un succès sur MTV et à la radio, atteignant la 16ᵉ place, et remportant le Grammy de la meilleure performance rock par un duo ou un groupe.

Synchronicity domine l'année 1983, passant 17 semaines en tête des palmarès américains, en concurrence avec *Thriller* de **Michael Jackson**. The Police soutient l'album avec une tournée d'arénas qui se prolonge en 1984, mais Sting commence à s'impatienter. Après la fin de la tournée en mars 1984, le groupe se met en pause. Sting se consacre alors à l'enregistrement de son premier album, *The Dream of the Blue Turtles*, avec un groupe de musiciens de jazz composé de **Branford Marsalis**, **Kenny Kirkland** et **Omar Hakim**. En Amérique, « If You Love Somebody Set Them Free » et « Fortress Around Your Heart » permettent à Sting de figurer deux fois dans le top 10, tandis que « Love Is the Seventh Wave » et « Russians » se classent respectivement à la 17ᵉ et à la 16ᵉ place du top 40.

Sting chante le refrain « I want my MTV » sur le grand succès de **Dire Straits**, « Money for Nothing », il apparaît sur des disques de **Phil Collins**, **Miles Davis** et **Arcadia**, ainsi que sur l'album *Lost in the Stars: The Music of Kurt Weill* de **Hal Willner**. Il transporte finalement son album sur la route pour une tournée qui sera immortalisée par le documentaire *Bring on the Night* de **Michael Apted**, sorti vers la fin de 1985.

The Police se reforme en juin 1986 pour donner trois concerts dans le cadre de la tournée *Amnesty International: A Conspiracy of Hope*, ce qui conduit le groupe à tenter d'enregistrer un nouvel album en juillet. Avant d'entrer en studio, Copeland se casse la clavicule lors d'un accident d'équitation. La blessure exacerbe les tensions qui couvent au sein du groupe et le trio ne termine qu'un seul morceau : une nouvelle version de « Don't Stand So Close to Me ». La chanson est ajoutée en tant que nouveau titre sur la compilation de 1986 *Every Breath You Take: The Singles*. Le groupe se sépare ensuite.

Au cours des deux décennies suivantes, les chemins du trio se croisent occasionnellement. Andy Summers joue avec Sting sur disque et sur scène, tandis que le trio entier se réunit pour une performance impromptue lors du mariage de Sting avec **Trudie Styler** en 1992. Le groupe se reforme en 2003, lorsqu'il est intronisé au Temple de la renommée du rock 'n' roll, ce qui ouvre la voie à la véritable tournée de reformation de The Police en 2007-2008. La réunion, qui s'avèrera la tournée la plus lucrative de 2008, comporte une apparition de leur guitariste d'origine Henri Padovani et culmine lors d'un concert en août 2008 au Madison Square Garden de New York. *Certifiable : Live in Buenos Aires*, un coffret vidéo et CD retraçant la tournée de reformation du groupe, paraît en novembre 2008, mettant officiellement un terme à la carrière de The Police.

Discographie de The Police :

1978 – Outlandos d'Amour ★★★½

1979 – Reggatta de Blanc ★★★½

1980 – Zenyatta Mondatta ★★★½

1981 – Ghost in the Machine ★★★

1982 – Around the World (en concert) ★★★

1983 – Synchronicity ★★★★½

1986 – Every Breath You Take: The Singles
★★★★

1995 – Every Breath You Take: The Classics
★★★★

1997 – The Very Best of Sting & the Police
★★★½

2007 – The Police (compilation) ★★★★½

Chansons inoubliables :

1977 – Fall Out

1978 – Roxanne

1978 – Can't Stand Losing You

1978 – So Lonely

1978 – Next to You

1979 – Message in a Bottle

1979 – Walking On the Moon

1979 – Reggatta de Blanc

1980 – De Do Do Do, De Da Da Da

1980 – Don't Stand So Close to Me

1980 – Behind My Camel

1981 – Spirits in the Material World

1981 – Every Little Thing She Does Is Magic

1981 – Invisible Sun

1981 – Secret Journey

1983 – Every Breath You Take

1983 – Wrapped Around Your Finger

1983 – King of Pain

1983 – Synchronicity II

1983 – Walking in Your Footsteps

Vidéographie intéressante :

1986 – Every Breath You Take: The Videos
★★★★

R.E.M.

> **R.E.M. en bref :**
>
> Formation : 1980-2011
>
> Provenance : Athens, Géorgie, États-Unis
>
> Styles : Rock alternatif, Pop Rock, Folk Rock

Mike Mills (né le 17 décembre 1958) et **Bill Berry** (né le 31 juillet 1958) sont les sudistes de R.E.M., ayant fréquenté la même école secondaire à Macon. Ils jouent dans plusieurs groupes pendant leur adolescence. **Michael Stipe** (né le 4 janvier 1960) est un fils de militaire qui déménage dans tout le pays pendant son enfance. À l'adolescence, il découvre le punk rock grâce à **Patti Smith**, **Television** et **Wire**, puis il commence à jouer dans des groupes de reprises. En 1978, il étudie l'art à l'Université de Géorgie à Athens, où il fréquente le magasin de disques Wuxtry. **Peter Buck** (né le 6 décembre 1956), originaire de Californie, est commis chez Wuxtry. Collectionneur de disques fanatique, Buck consomme de tout, du rock classique au punk en passant par le free jazz, et il commence tout juste à apprendre à jouer de la guitare. Ayant découvert qu'ils avaient les mêmes goûts, Buck et Stipe commencent à travailler ensemble, puis ils rencontrent Berry et Mills par l'intermédiaire d'un ami commun.

En avril 1980, le groupe se forme pour jouer à une fête pour un ami, répétant un certain nombre de reprises de rock garage, de pop psychédélique et de punk dans une église épiscopalienne reconvertie. Le groupe joue alors sous le nom de **Twisted Kites**. Au cours de l'été, ils changent de nom pour R.E.M. après avoir feuilleté le dictionnaire au hasard. Le groupe rencontre **Jefferson Holt**, qui devient leur gérant après avoir assisté au premier concert du groupe en dehors de l'état, en Caroline du Nord.

Au cours de l'année et demie qui suit, R.E.M. tourne dans tout le sud, jouant une variété de reprises de rock garage et d'originaux folk rock. À l'époque, les membres du groupe apprennent encore à jouer, tandis que Buck commence à développer son style arpégé caractéristique et que Stipe peaufine ses paroles énigmatiques. Au cours de l'été 1981, R.E.M. enregistre son premier simple, « Radio Free Europe », aux Drive-In Studios de **Mitch Easter**. Sorti sur le label indépendant local Hib-Tone, « Radio Free Europe » n'est pressé qu'à 1 000 exemplaires, mais la plupart tombent entre de bonnes mains. Grâce au bouche-à-oreille, le simple devient un succès sur les radios universitaires et arrive en tête du sondage de fin d'année du Village Voice sur les meilleurs simples indépendants.

La chanson attire également l'attention de labels indépendants plus importants, et au début de l'année 1982, le groupe signe avec I.R.S. Records, sortant le mini-album *Chronic Town* au printemps. Il est bien accueilli, ouvrant la voie au premier album complet du groupe, *Murmur*, en 1983. Avec son atmosphère feutrée et obsédante et sa production discrète, *Murmur* est sensiblement différent de *Chronic Town* et est accueilli par des critiques enthousiastes (parfois exagérées) lors de sa sortie au printemps. Rolling Stone le nomme même « meilleur album de 1983 », devançant *Synchronicity* de **The Police**. *Murmur* entre dans le top 40 américain.

R.E.M. revient à un son plus brut sur *Reckoning* (1984), qui contient le succès universitaire « So. Central Rain (I'm Sorry) ». Au moment où le groupe prend la route pour soutenir l'album, il est déjà bien connu dans l'underground américain pour ses tournées incessantes, son aversion pour les vidéoclips, son soutien aux radios universitaires, la voix marmonnée de Stipe et sa présence détachée sur scène, la guitare sonnante de Buck et la pochette volontairement énigmatique. Les groupes qui imitent ces mêmes critères se multiplient dans l'underground américain au début des années 1980, et R.E.M. leur apporte son soutien, en les faisant jouer en première partie de ses concerts et en les mentionnant dans ses entrevues. En 1985, le paysage underground est inondé de sosies de R.E.M. qui partagent une esthétique et des sons similaires.

Le groupe entre dans un territoire plus sombre avec son troisième album. Enregistré à Londres avec le réalisateur **Joe Boyd** (**Richard Thompson**, **Fairport Convention**, **Nick Drake**), *Fables of the Reconstruction* (1985) arrive à une période difficile de l'histoire de R.E.M., alors que le groupe est en proie à des tensions dues à des tournées continues. L'album reflète les humeurs sombres du groupe, ainsi que son obsession pour le sud rural, et ces deux fascinations transparaissent lors de la tournée de soutien. Stipe, dont le comportement sur scène a toujours été légèrement étrange, entre dans sa phase la plus bizarre : il prend du poids, se teint les cheveux en blond décoloré et porte d'innombrables couches de vêtements. Aucune de ces nouvelles bizarreries dans la personnalité de R.E.M. n'empêche *Fables of the Reconstruction* de devenir leur album le plus réussi à ce jour, se vendant à près de 300 000 exemplaires aux États-Unis.

R.E.M. décide d'enregistrer son prochain album avec **Don Gehman**, qui a déjà travaillé avec **John Mellencamp**. Gehman demande au groupe d'épurer son son et à Stipe d'énoncer sa voix, faisant de *Lifes Rich Pageant* leur album le plus accessible à ce jour. À sa sortie à la fin de l'été 1986, l'album est accueilli par des critiques positives, devenues habituelles pour chaque nouvel album de R.E.M., et il dépasse les ventes de son prédécesseur. Plusieurs mois après *Lifes Rich Pageant*, le groupe présente la collection de faces B et de raretés *Dead Letter Office* au printemps de 1987.

Les bases sont jetées pour un succès grand public, mais le groupe ne courtise pas encore explicitement la célébrité. Néanmoins, leur public s'élargit et il n'est pas surprenant que le cinquième album du groupe, *Document*, devienne un succès peu après sa sortie à l'automne 1987. Réalisé par **Scott Litt** (qui réalisera tous les albums du groupe au cours de la décennie suivante), *Document* se hisse dans le top 10 américain et devient disque de platine grâce au simple à succès « The One I Love », qui se classe aussi dans le top 10, en plus de devenir leur plus grand succès au Royaume-Uni, atteignant le top 40.

L'année suivante, le groupe quitte I.R.S. et signe avec Warner Bros. pour un montant annoncé de six millions $. Le premier album sous ce nouveau contrat est *Green*, qui sort le jour de l'élection américaine de 1988. *Green* poursuit le succès de *Document*, devenant double disque de platine et générant le simple « Stand » qui se classe dans le top 10. R.E.M. soutient *Green* par une tournée mondiale exhaustive, au cours de laquelle ils jouent pour la première fois dans des arénas aux États-Unis.

La tournée *Green* s'avère épuisante pour le groupe, qui prend un repos prolongé bien mérité en 1989. Pendant cette pause, chaque membre poursuit des projets parallèles, et *Hindu Love Gods*, un album que Buck, Berry et Mills enregistrent avec **Warren Zevon**, sort en 1986.

R.E.M. se réunit à nouveau en 1990 pour enregistrer son septième album, *Out of Time*, qui sortira au printemps 1991. Entré en première position des palmarès américains et britanniques, *Out of Time* est un album pop et folk luxuriant, offrant un éventail de sons plus large que les précédents efforts du groupe. Son simple principal, « Losing My Religion », devient le plus grand succès du groupe, atteignant le #4 aux États-Unis, faisant d'*Out of Time* l'album le plus populaire de R.E.M., qui se vendra à plus de quatre millions d'exemplaires aux États-Unis et passera deux semaines en tête des palmarès.

À l'automne 1992, R.E.M. sort l'album sombre et méditatif *Automatic for the People*. Bien que le groupe ait promis un album rock après les textures plus douces de *Out of Time*, *Automatic for the People* est lent, calme et réfléchi, de nombreuses chansons étant agrémentées d'arrangements de cordes réalisés par l'ex-bassiste de **Led Zeppelin, John Paul Jones.** Comme son prédécesseur, *Automatic for the People* atteint le statut de quadruple disque de platine et génère les succès « Drive », « Man on the Moon » et « Everybody Hurts », qui figurent tous dans le top 40.

R.E.M. décide de redevenir un groupe de rock avec *Monster* en 1994. Bien que l'album ait été conçu comme un retour aux sources, l'enregistrement de *Monster* est difficile et marqué par des tensions. Néanmoins, l'album est un énorme succès à sa sortie à l'automne, entrant dans les palmarès américains et britanniques au #1. De plus, l'album reçoit les éloges de plusieurs critiques de la vieille école qui avaient été réticents vis-à-vis le groupe ces dernières années puisqu'il ne faisait pas de « rock » selon les termes conventionnels. Connaissant des ventes et des critiques parmi les plus fortes de sa carrière, R.E.M. entame sa première tournée depuis *Green* au début de l'année 1995.

Deux mois après le début de la tournée, Bill Berry est victime d'un anévrisme cérébral pendant un concert. Il est immédiatement opéré et se rétablit complètement en l'espace d'un mois. R.E.M. reprend sa tournée deux mois après l'anévrisme de Berry, mais sa maladie n'est que le début d'une série de problèmes qui affecteront la tournée *Monster*. Mills doit subir une opération abdominale pour retirer une tumeur intestinale en juillet. Un mois plus tard, Stipe doit être opéré d'urgence pour une hernie. Malgré tous ces problèmes, la tournée est un énorme succès financier et le groupe enregistre l'essentiel d'un nouvel album. Avant la sortie du disque, à l'automne 1996, R.E.M. se sépare de son gérant de longue date, Jefferson Holt, prétendument en raison d'accusations de harcèlement sexuel portées contre lui. L'avocat du groupe, **Bertis Downs,** assume désormais les fonctions de gérant.

New Adventures in Hi-Fi est présenté en septembre 1996, juste avant l'annonce de la resignature du groupe avec Warner Bros. pour une somme record de

80 millions \$. À la lumière d'un tel chiffre, l'échec commercial de *New Adventures in Hi-Fi* est ironique. Bien qu'il reçoive de bonnes critiques et qu'il débute au #2 aux États-Unis et au #1 au Royaume-Uni, l'album ne réussit pas à générer un simple à succès et n'est certifié que disque de platine, donc quatre fois moins de ventes que ses trois prédécesseurs. Au début de l'année 1997, l'album est déjà dans une descente sur les palmarès. Cependant, les membres de R.E.M. poursuivent de nouveaux projets : Stipe travaille avec sa société cinématographique, Single Cell Pictures, et Buck coécrit des chansons avec **Mark Eitzel** et travaille avec un groupe de free jazz, **Tuatara**.

En octobre 1997, R.E.M. choque les fans et les médias en annonçant que Berry quitte le groupe à l'amiable pour se retirer dans sa ferme. Les membres restants continuent en tant que trio, se réunissant bientôt à Hawaï pour commencer le travail préliminaire sur leur prochain album. Remplaçant Berry par une boîte à rythmes, les séances d'enregistrement aboutissent à *Up* en 1998, largement considéré comme l'enregistrement le plus expérimental du groupe depuis des années. Ce n'est qu'un bref changement de direction, puisque l'album suivant, *Reveal*, sorti en 2001, marque un retour à leur son classique.

Around the Sun suivra en 2004, puis une tournée mondiale est organisée en 2005, avec notamment une participation à la branche londonienne du *Live 8*. En 2007, R.E.M. est intronisé au Temple de la renommée du rock 'n' roll et commence à travailler sur son prochain album, *Accelerate*, qui sera lancé en 2008. L'album présente un son plus rapide et plus axé sur les guitares qu'*Around the Sun*, qui avait reçu des critiques mitigées et s'était mal vendu, en particulier aux

États-Unis. Quant à *Accelerate*, il reçoit des critiques dithyrambiques et se classe en tête des palmarès dans le monde entier (bien qu'il s'arrête au #2 aux États-Unis).

Pour *Collapse Into Now*, paru en 2011, le groupe privilégie un son plus expansif, combinant les chansons rock d'*Accelerate* avec des ballades plus lentes et des atmosphères moroses. Les critiques sont majoritairement positives, et l'album fait ses débuts dans le top 5 aux États-Unis. De manière inattendue, en septembre 2011, R.E.M. annonce sa séparation après 31 ans de carrière. Immédiatement après la séparation, le groupe publie une compilation de deux disques intitulée *Part Lies Part Heart Part Truth Part Garbage : 1982-2011*.

En 2015, le groupe signe un accord avec Concord Bicycle pour distribuer ses enregistrements Warner, et les premiers fruits de ce partenariat apparaissent en 2016, lorsqu'une édition 25e anniversaire d'*Out of Time* est publiée en novembre. *Automatic for the People* et *Monster* bénéficieront aussi de ce traitement plus tard. En 2018, le groupe sort *R.E.M. at the BBC*, un coffret contenant huit CD et un DVD retraçant l'ensemble de leurs performances à la BBC.

Discographie de R.E.M. :

1983 – Murmur ★★★½

1984 – Reckoning ★★★½

1985 – Fables of the Reconstruction ★★★½

1986 – Lifes Rich Pageant ★★★½

1987 – Document ★★★★½

1988 – Green ★★★½

1988 – Eponymous (compilation) ★★★★

1991 – Out of Time ★★★

1991 – The Best of R.E.M. ★★★½

1992 – Automatic for the People ★★★★½

1994 – Monster ★★★½

1994 – R.E.M. Singles Collected ★★★½

1996 – New Adventures in Hi-Fi ★★★½

1998 – Up ★★

2001 – Reveal ★★½

2003 – In Time: The Best of R.E.M. 1988-2003

2004 – Around the Sun ★½

2006 – And I Feel Fine…: The Best of the I.R.S. Years 1982-1987 ★★★★

2007 – R.E.M. Live ★★½

2008 – Accelerate ★★★★

2009 – Live at the Olympia ★★★½

2011 – Collapse into Now ★★★½

2011 – Part Lies, Part Heart, Part Truth, Part Garbage: 1982-2011 ★★★★

2014 – Complete Rarities I.R.S. 1982-1987

2014 – Complete Rarities Warner Bros 1988-2011

2014 – MTV Unplugged, 1991 ★★★½

2018 – R.E.M. at the BBC ★★★½

Chansons inoubliables :

1981 – Radio Free Europe

1984 – So. Central Rain (I'm Sorry)

1987 – The One I Love

1987 – It's the End of the World As We Know It

1987 – Finest Worksong

1988 – Stand

1988 – Pop Song 89

1988 – Orange Crush

1991 – Losing My Religion

1991 – Shiny Happy People

1991 – Radio Song

1992 – Drive

1992 – Man on the Moon

1992 – Everybody Hurts

1994 – What's the Frequency, Kenneth?

1994 – Crush With Eyeliner

1994 – Star 69

1996 – E-Bow the Letter

1998 – Daysleeper

2001 – Imitation of Life

2008 – Supernatural Superserious

Vidéographie intéressante :

2010 – Live from Austin, TX

2015 – R.E.M. by MTV

JOE SATRIANI

> **Joe Satriani en bref :**
>
> Naissance : 15 juillet 1956
>
> Provenance : Westbury, New York, États-Unis
>
> Styles : Hard Rock, Rock instrumental
>
> Groupe parallèle : G3

Originaire de Long Island, New York, Joe Satriani commence à jouer de la guitare à 14 ans. Il s'inspire d'abord de **Jimi Hendrix** et, quelques années plus tard, il commence à prendre des leçons avec les musiciens de jazz **Lennie Tristano** et **Billy Bauer**. Satriani s'inscrit au Five Towns College et commence également à enseigner la guitare, prenant comme premier élève notable **Steve Vai**, un musicien qui sera bientôt crédité comme « guitariste cascadeur » sur les disques de **Frank Zappa**.

En 1978, Satriani s'installe à Berkeley, en Californie, où il subvient à ses besoins en enseignant et en se produisant avec des groupes locaux. Au cours des années suivantes, il se constitue une liste impressionnante d'élèves, enseignant à **Kirk Hammett** (qui rejoindra **Metallica**), au guitariste de jazz fusion **Charlie Hunter**, à **Larry LaLonde (Primus)**, à **Kevin Cadogan (Third Eye Blind)** et à **David Bryson (Counting Crows)**. Peu à peu, « Satch » gagne en notoriété en tant que musicien, décroche ses premiers concerts réguliers au sein des **Squares**, sort un mini-album en 1984 et rejoint le **Greg Kihn Band** en 1986.

Les concerts avec Kihn arrivent à point nommé pour Satriani, lui permettant de financer son premier album solo, *Not of This Earth*, qui sortira sur l'étiquette Relativity. Il revient ensuite à l'automne 1987 avec *Surfing with the Alien*, l'album qui fait de Satch une star. Le disque reçoit des critiques dithyrambiques de la part des publications consacrées à la guitare. Au cours de l'année suivante, « Satch Boogie » et « Surfing with the Alien » se classent dans le palmarès Mainstream Rock du Billboard et l'album se hisse jusqu'au #29 du Billboard 200. À sa sortie, il est certifié or par la RIAA et sera certifié disque de platine par la suite, ce qui est inhabituel pour un album instrumental.

Le succès soudain de Satriani lui vaut une attention considérable, y compris une offre de **Mick Jagger** pour jouer de la guitare lors de la tournée solo du chanteur des **Rolling Stones** au Japon en 1988. Le guitariste accepte et, après avoir sorti le mini-album *Dreaming #11*, en grande partie enregistré en concert, il se met à travailler sur son prochain album.

Sorti en 1989, *Flying in a Blue Dream* contient quelques titres où Satriani chante, une concession pour rejoindre un plus grand auditoire qui aidera peut-être l'album à grimper plus haut dans les palmarès : il atteindra le #23, soutenu par les simples « One Big Rush » et « Big Bad Moon », qui allaient atteindre tous deux le #17 du classement Mainstream Rock du Billboard.

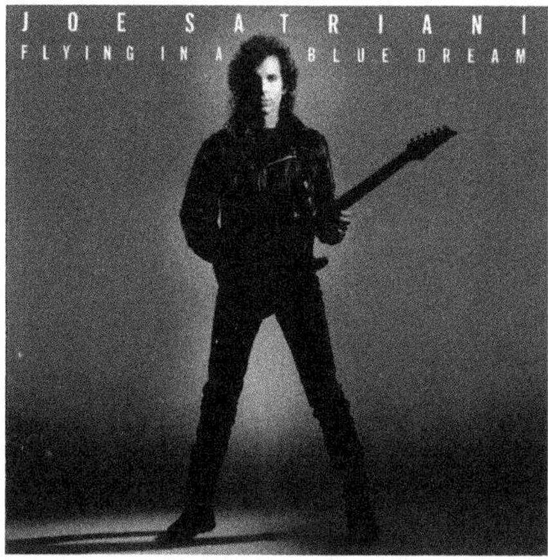

Satriani travaille ensuite sur son album suivant, *The Extremist*, qui sortira en 1992. Porté par la lyrique « Summer Song », son plus grand succès qui se rendra au #5 du palmarès Mainstream Rock, *The Extremist* atteint le #22, la plus haute position jamais atteinte par Satriani au Billboard. Le disque est ensuite certifié or par la RIAA.

Un an plus tard sort l'album *Time Machine*, un double disque incluant le mini-album de 1984, quelques morceaux en concert et de nouvelles chansons. Satriani rejoint ensuite **Deep Purple**, pour prendre la place de **Ritchie Blackmore** à la guitare solo.

En 1995, Satriani revient avec un nouvel album éponyme réalisé par **Glyn Johns**. L'année suivante, il s'associe à Steve Vai et **Eric Johnson** pour **G3**, une tournée destinée à mettre en valeur les trois virtuoses de la guitare. Cette première tournée, enregistrée en 1997 sur le CD/DVD *G3: Live in Concert*, est un succès et Satriani en fait une sorte d'institution, tournant avec un groupe de guitaristes au cours de la décennie suivante. Pour le passage du G3 à Montréal en 1997, c'est le Québécois **Michel Cusson (UZEB)** qui remplace avec brio Eric Johnson, alors que **Robert Fripp (King Crimson)** assure la première partie.

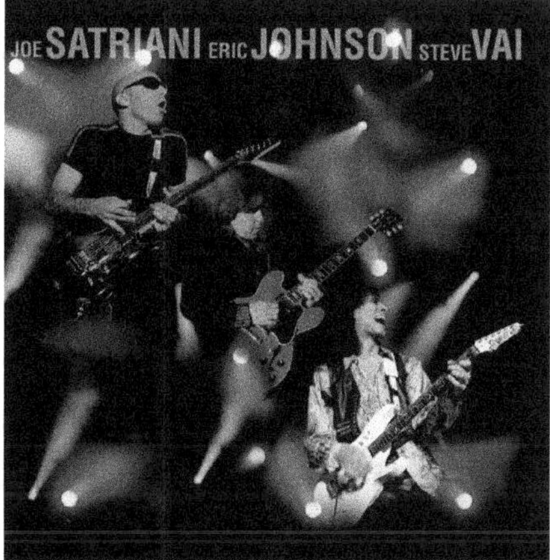

Crystal Planet, son septième album studio, paraît en 1998. Il atteint le #50 du Billboard 200 et est certifié disque d'or au Royaume-Uni. En 2000, Satriani revient avec *Engines of Creation*, un album aux accents électroniques. Le double disque *Live in San Francisco* est lancé en 2001, puis *Strange Beautiful Music* en 2002.

Une compilation intitulée *The Electric Joe Satriani: An Anthology* paraît en 2003, puis il entre dans une période de productivité extrême, publiant *Is There Love in Space?* en 2004, suivi d'un autre album en concert de G3, de la collection studio *Super Colossal* en 2006 et d'un autre album en concert, judicieusement intitulé *Satriani Live!*.

Il livre par la suite *Professor Satchafunkilus and the Musterion of Rock* en 2008. À la fin de l'année, il intente une action en justice contre **Coldplay**, affirmant que leur succès « Viva la Vida » contient des « parties originales substantielles » de sa composition de 2004 « If I Could Fly ». L'action est réglée à l'amiable.

Satriani rejoint ensuite les anciens de Van Halen, **Sammy Hagar** et **Michael Anthony**, ainsi que le batteur des **Red Hot Chili Peppers**, **Chad Smith**, pour former le supergroupe **Chickenfoot**. Le groupe sort un premier album éponyme en 2009 et part en tournée, mais Satriani préfère entretenir sa carrière solo et sort *Black Swans and Wormhole Wizards* en 2010. Un an plus tard, Chickenfoot lance son deuxième album, *Chickenfoot III*, puis le guitariste propose un autre album en concert en 2012, *Satchurated: Live in Montreal*.

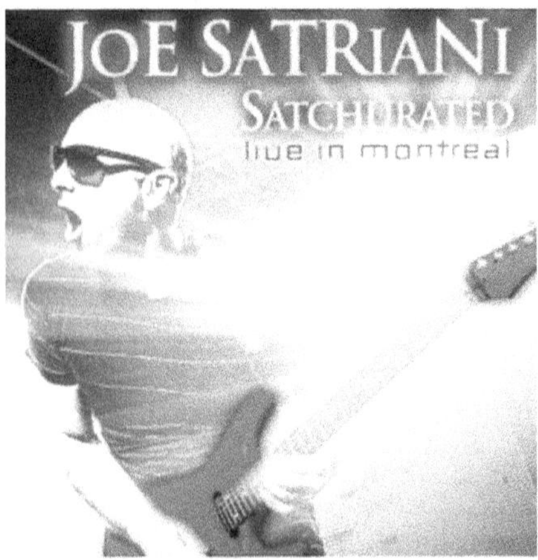

Satriani présente *Unstoppable Momentum* en 2013, suivi du coffret *The Complete Studio Recordings* en 2014, puis de *Shockwave Supernova* en 2015.

En janvier 2018, Satriani revient avec *What Happens Next*, enregistré avec son coéquipier de Chickenfoot Chad Smith à la batterie et le bassiste de Deep Purple **Glenn Hughes**.

Satriani fait ensuite équipe avec le réalisateur/ingénieur **Jim Scott** (**Wilco, Tedeschi Trucks Band, Widespread Panic**) pour *Shapeshifting*, le 18e album complet du guitariste paru en 2020. Il est alors accompagné du bassiste **Chris Chaney**, du batteur **Kenny Aronoff** et du claviériste **Eric Caudieux**. Parmi les invités figurent la pianiste **Lisa Coleman** de **Wendy & Lisa** et le scénariste, acteur, réalisateur et musicien **Christopher Guest** à la mandoline.

Satriani demeure productif pendant la pandémie de COVID-19, écrivant plusieurs albums alors que les concerts sont interrompus. Le premier de ces albums est *The Elephants of Mars*, qui est précédé par le premier simple « Sahara ». *The Elephants of Mars* sort en avril 2022 sur le label indépendant earMUSIC, marquant le premier album de Satriani à ne pas être sorti sur un label majeur depuis son album éponyme de 1995. L'album se vend bien, gagnant les fans et les critiques et faisant des apparitions dans plusieurs palmarès internationaux.

La même année, Satriani poursuit son projet de tournée G3, aux côtés de **Peter Frampton** et d'autres guitaristes techniquement très compétents. En 2024, la formation originale de G3, Satriani, Steve Vai et Eric Johnson, se réunit pour une tournée et pour écrire leur première chanson ensemble après des décennies d'amitié, d'échange et de collaboration. Cette chanson, « The Sea of Emotion, Pt. 1 », est lancée en mars 2024. En 2025, des séquences audios de la tournée de 2024 sont publiées sous la forme de l'album *G3 Reunion Live*.

Discographie de Joe Satriani :

1984 – Joe Satriani (EP) ★★½

1986 – Not of This Earth ★★★½

1987 – Surfing with the Alien ★★★★

1988 – Dreaming #11 (EP) ★★

1989 – Flying in a Blue Dream ★★★★

1992 – The Extremist ★★★½

1993 – Time Machine (compilation) ★★★½

1995 – Joe Satriani ★★

1997 – G3: Live in Concert (avec **Eric Johnson** et **Steve Vai**) ★★★½

1998 – Crystal Planet ★★★½

2000 – Engines of Creation ★★½

2001 – Live in San Francisco ★★★½

2002 – Strange Beautiful Music ★★½

2003 – The Electric Joe Satriani: An Anthology ★★★★

2004 – G3 Live: Rockin' in the Free World (avec **Steve Vai** et **Yngwie Malmsteen**) ★★½

2004 – Is There Love in Space? ★★★

2005 – Live in Tokyo ★★★

2006 – Super Colossal ★★★

2006 – Satriani Live! ★★★½

2008 – Professor Satchafunkilus and the Musterion of Rock ★★½

2009 – Chickenfoot (par **Chickenfoot**) ★★

2010 – Black Swans and Wormhole Wizards ★★½

2010 – Playlist: The Very Best of Joe Satriani

2010 – The Essential Joe Satriani ★★★★

2011 – Chickenfoot III (par **Chickenfoot**) ★★★

2012 – Satchurated: Live in Montreal ★★★

2013 – Unstoppable Momentum ★★★

2014 – The Complete Studio Recordings ★★★½

2015 – Shockwave Supernova ★★★½

2018 – What Happens Next ★★★

2018 – The Broadcast Archives

2020 – Shapeshifting ★★★½

2022 – The Elephants of Mars ★★★

2025 – G3 Reunion Live (avec **Eric Johnson** et **Steve Vai**)

Chansons inoubliables :

1986 – Rubina

1986 – Not of This Earth

1987 – Surfing with the Alien

1987 – Always with Me, Always with You

1987 – Satch Boogie

1989 – Flying in a Blue Dream

1989 – The Forgotten, Pt. 2

1989 – Big Bad Moon

1989 – I Believe

1989 – The Mystical Potato Head Groove Thing

1992 – Summer Song

1992 – Cryin'

1992 – The Extremist

1992 – Friends

1992 – Tears in the Rain

1992 – Why

1993 – Time Machine

1995 – Cool #9

1998 – Love Thing

1998 – Crystal Planet

1998 – Ceremony

2000 – Until We Say Goodbye

2002 – Sleep Walk

2002 – Starry Night

2002 – Mind Storm

2004 – If I Could Fly

2004 – Just Look Up

2006 – Ten Words

2006 – Made of Tears

2008 – Revelation

2010 – Dream Song

2010 – Premonition

2013 – Unstoppable Momentum

2013 – Can't Go Back

2015 – Shockwave Supernova

2018 – Thunder High on the Mountain

2018 – Cherry Blossoms

2018 – What Happens Next

2020 – Nineteen Eighty

2022 – Sahara

TWISTED SISTER

Twisted Sister en bref :

Formation : 1972-2016

Provenance : Long Island, New York, États-Unis

Styles : Hard Rock, Heavy Metal

Fondé en 1972 par le guitariste **John Segal** (alias **Jay Jay French**), Twisted Sister s'inspire des **New York Dolls**. Leur apprentissage sur la scène locale des clubs s'avère plutôt lent. Pourtant, dès la fin de 1975, un groupe assez stable est formé autour de French, de son collègue guitariste et camarade de classe **Eddie « Fingers » Ojeda**, du bassiste **Kenneth Harrison Neil** et du batteur **Kevin John Grace**.

Plusieurs chanteurs passent par leurs rangs, mais ce n'est qu'avec l'arrivée de **Dee Snider** au début de 1976 que le groupe trouve son véritable leader. Snider apporte au groupe une voix puissante et une forte influence d'**Alice Cooper**, ce qui donne à leur son glamour un coup de pied au cul qui est le bienvenu. Snider devient rapidement le principal auteur-compositeur du groupe et, avec le nouveau batteur **A.J. Pero**, Twisted Sister commence à se faire un nom à New York et aux alentours.

Twisted Sister lance finalement son premier album, *Under the Blade*, sur Secret Records en septembre 1982. Avec des titres comme « What You Don't Know (Sure Can Hurt You) », « Shoot 'Em Down » et la chanson-titre, le groupe prend d'assaut la scène métal des années 1980.

Arrivé en 1983, l'album *You Can't Stop Rock 'n' Roll* jette les bases de leurs futurs projets. Malgré sa production soignée et son matériel cohérent, l'album ne produit qu'un seul simple, la chanson-titre (pour laquelle le groupe tourne son premier vidéoclip), mais acquiert une sérieuse crédibilité auprès du public métal et hard rock.

Plus tard dans l'année, **Quiet Riot** arrive en tête des palmarès avec son album *Metal Health* (le premier album de heavy metal à y parvenir), et Twisted Sister profite de ce climat musical favorable pour sortir *Stay Hungry*, en 1984, qui deviendra son album phare. Sur cet album, Snider puise dans ses racines pop rock et punks pour insuffler un attrait commercial massif à l'assaut hard rock du groupe. Soutenu par les hymnes « We're Not Gonna Take It » et « I Wanna Rock », Stay Hungry sera certifié disque de platine dans cinq pays (triple disque de platine aux États-Unis et quintuple disque de platine au Canada) et il propulse Twisted Sister sur le devant de la scène hard rock. Les vidéoclips qui accompagnent les chansons, dans lesquels l'acteur **Mark Metcalf** reprend son rôle de Douglas C. Neidermeyer, chef du ROTC dans le film *National Lampoon's Animal House*, sont largement diffusés sur MTV. La grande tournée qui suit permet à l'album de demeurer en tête des palmarès pendant de nombreux mois et, contre toute attente, contribue à faire de Twisted Sister un groupe célèbre aux États-Unis.

En 1985, *Come Out and Play* reçoit des critiques mitigées, tentant de satisfaire à la fois les fans de la première heure et sa nouvelle clientèle pop, en introduisant une image excessivement glamour. Snider reste sous les feux de la rampe, comparaissant devant une commission sénatoriale plus tard dans l'année (aux côtés de **Frank Zappa** et **John Denver**) pour témoigner contre les demandes du Parents Music Resource Center en faveur d'une législation sur la censure de la musique.

Le batteur Pero présente sa démission à la fin de la tournée, ouvrant la porte à une année 1986 très troublée pour Twisted Sister alors que les rumeurs courent sur un désaccord irréparable entre Snider et French à propos de la direction du groupe. Ils finissent par réapparaître avec *Love Is for Suckers* en 1987, qui débute par le puissant « Wake Up (The Sleeping Giant) » et met en vedette le nouveau batteur **Joey « Seven » Franco**. Cependant, même les services du réalisateur de pop metal **Beau Hill** ne peuvent sauver l'album des ventes décevantes, et Twisted Sister se désintègre peu de temps après.

Dee Snider poursuit sa route avec un nouveau groupe de hard rock nommé

Desperado (rebaptisé plus tard **Widowmaker**) et composé du guitariste **Bernie Tormé** et du batteur Franco. Des sorties comme *Big Hits and Nasty Cuts* en 1992 et *Live at Hammersmith* en 1994 démontrent l'importance de Twisted Sister dans le paysage hard rock.

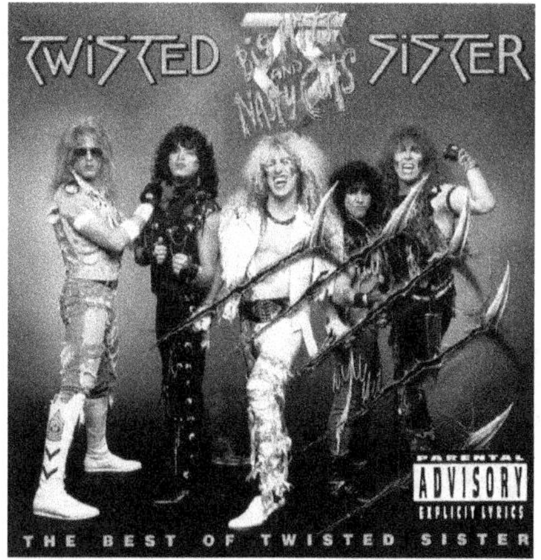

Au fil des années 1990, Snider devient un DJ de radio très respecté et même parfois, producteur de films. Il écrit et joue dans le film d'horreur *Strangeland* en 1998, pour lequel il réussit à réunir la dernière formation de Twisted Sister pour enregistrer une toute nouvelle chanson intitulée « Heroes Are Hard to Find ». Sa réconciliation avec le fondateur de Twisted Sister, Jay Jay French, qui gère d'autres groupes (notamment **Sevendust**), ouvre finalement la voie à une réunion de la formation classique.

Le groupe se produit pour la première fois en public depuis près de 15 ans lors d'un concert bénéfice pour la ville de New York après les attentats du 11 septembre 2001. Entre-temps, Spitfire Records réédite une grande partie du catalogue original du groupe, ainsi que deux collections, *Club Daze,* documentant leurs enregistrements perdus des années 1970 et, en 2004, un

Stay Hungry réenregistré (rebaptisé *Still Hungry*) à l'occasion de son 20ᵉ anniversaire. Ces sorties favorisent la demande d'un retour plus permanent, ce qui donne lieu à la sortie en 2006 d'un enregistrement sympathique pour Noël, *A Twisted Christmas*.

Le groupe continue à tourner, tant chez lui qu'à l'étranger, se produisant dans des festivals européens devant un public nombreux, et sortant de temps à autre un album en concert. En mars 2015, le groupe annonce le décès du batteur A.J. Pero, âgé de 55 ans, d'une crise cardiaque.

Twisted Sister entame une tournée d'adieu l'année suivante, **Mike Portnoy** remplaçant Pero. Le groupe donne son dernier concert le 12 novembre 2016 au *Corona Northside Rock Park Meeting Fest* à Monterrey au Mexique. Une nouvelle compilation paraît en 2016, *The Best of the Atlantic Years*.

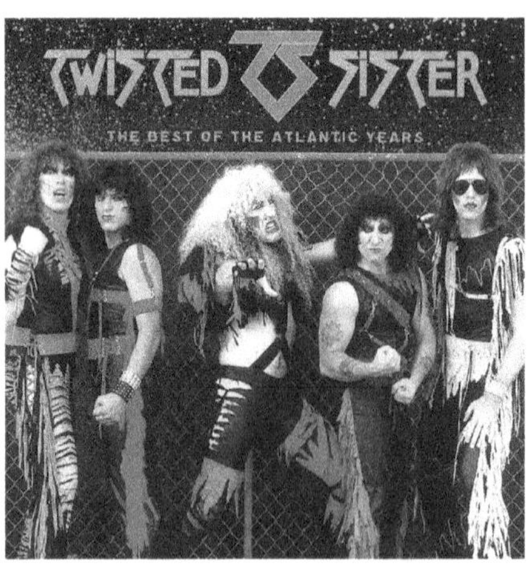

Discographie de Twisted Sister :

1982 – Under the Blade ★★★½

1983 – You Can't Stop Rock 'N' Roll ★★★½

1984 – Stay Hungry ★★★★

1985 – Come Out and Play ★★½

1987 – Love Is for Suckers ★★

1992 – Big Hits and Nasty Cuts: The Best of Twisted Sister ★★★★

1994 – Live at Hammersmith '84

1999 – Club Daze: The Studio Sessions, Vol. 1

2001 – Club Daze, Vol. 2 (Live in the Bars)

2002 – The Essentials ★★★½

2004 – Still Hungry ★★★

2006 – A Twisted Christmas ★★★

2008 – Live at the Astoria

2009 – Live at Wacken: The Reunion

2011 – Live at the Marquee Club

2012 – A Twisted X-Mas: Live in Las Vegas

2016 – Rock 'N' Roll Saviors: The Early Years

2016 – The Best of the Atlantic Years

Chansons inoubliables :

1982 – What You Don't Know (Sure Can Hurt You)

1982 – Under the Blade

1982 – Shoot 'Em Down

1983 – You Can't Stop Rock 'N' Roll

1983 – The Kids Are Back

1983 – I Am (I'm Me)

1984 – We're Not Gonna Take It

1984 – I Wanna Rock

1984 – The Price

1984 – Stay Hungry

1985 – Come Out and Play

1985 – Leader of the Pack

1985 – Be Chrool to Your Scuel

1987 – Wake Up (The Sleeping Giant)

1987 – Love Is for Suckers

Vidéographie intéressante :

2005 – Live at Wacken: The Reunion

U2

<table><tr><td>

U2 en bref :

Formation : 1976

Provenance : Dublin, Irlande

Styles : Pop Rock, New Wave, Post-Punk

</td></tr></table>

Les débuts (1976–1979)

À l'automne 1976, **Larry Mullen Jr.** place une annonce à son école secondaire de Dublin disant qu'il recherche des musiciens pour former un groupe. Un quintet allait alors être formé et nommé **Feedback**. Le groupe est composé de Mullen à la batterie, **Adam Clayton** à la basse, **Paul Hewson** (surnommé plus tard **Bono Vox**, puis seulement **Bono**) aux voix et **Dave Evans** (surnommé plus tard **The Edge**) à la guitare. **Dick**, le frère de Dave, complète le groupe à la guitare, mais il allait quitter peu de temps après.

Feedback change de nom peu après sa formation pour **The Hype** et redouble d'efforts aux répétitions pendant 18 mois avant d'avoir sa première chance. C'est sous le nom de U2 que le groupe participe à un spectacle de jeunes talents à Limerick en Irlande et il remporte le premier prix, impressionnant du même coup l'un des juges, **Jackie Hayden** de CBS Records. Il leur offre du temps en studio pour enregistrer leur première démo. Peu de temps après, U2 réussit à convaincre **Paul McGuinness**, un homme d'affaires de Dublin, de devenir leur gérant. Le groupe joue le plus souvent possible autour de Dublin, se créant ainsi une base de fans.

En septembre 1979, U2 lance son premier simple en Irlande intitulé « U2:3 », qui atteint le sommet des palmarès. En décembre, ils jouent à Londres, une première hors de l'Irlande.

Le succès mondial (1980–1985)

À la suite du succès de leur deuxième simple en Irlande (« Another Day »), ils décrochent un contrat international avec Island Records en mars 1980. Leur premier album, *Boy*, est lancé en octobre et leur permet de se faire connaître ailleurs en Europe et aux États-Unis, surtout grâce à « I Will Follow ».

Un an plus tard, les gars de U2 récidivent avec *October*, qui aborde notamment la chrétienté (comme le succès « Gloria »), pendant que la mode est à la musique new wave et à la pop légère. Seul Clayton n'est pas chrétien au sein du groupe, les trois autres joignant le groupe religieux Shalom. Après s'être questionnés sur la possibilité de fusionner les croyances religieuses avec le style de vie rock 'n' roll, ils passent bien près d'abandonner le groupe, mais décident finalement de continuer en se disant que c'est possible de concilier les deux. Leur manque de concentration à cette période n'allait pas permettre à *October* de connaître le succès attendu.

Avec son troisième album en 1983, *War*, U2 connaît son plus gros succès radio. Alors que « New Year's Day » allait devenir leur premier véritable succès en atteignant le #10 en Angleterre et le top 50 aux États-Unis, c'est le méga succès « Sunday Bloody Sunday » qui transporte le groupe pour les années à venir. Pendant la tournée qui suit, les nombreux concerts complets amènent le groupe à lancer un mini-album en concert, *Under a Blood Red Sky*.

Malgré l'immense succès de *War*, U2 décide de changer de direction avec son quatrième album en allant chercher **Brian Eno** et **Daniel Lanois** pour le réaliser. C'est donc un style plus ambiant et expérimental que l'on découvre sur *The Unforgettable Fire*. La chanson

« Pride (In the Name of Love) », écrite pour **Martin Luther King Jr.**, atteint le top 5 en Angleterre et le top 50 aux États-Unis. La tournée qui allait suivre les amènerait dans plus de pays qu'auparavant et ils joueraient pour la première fois dans des arénas à guichet fermé aux États-Unis. Le magazine Rolling Stone nomme alors U2 « le groupe des années 1980 ».

La gloire et la fortune (1986–1989)

Au milieu des années 1980, U2 participe à différents concerts bénéfices avant d'offrir leur cinquième album en 1987, l'excellent *The Joshua Tree*. Il débute au #1 en Angleterre et atteint rapidement le sommet du Billboard américain. Les succès « With or Without You » et « I Still Haven't Found What I'm Looking For » donnent au groupe ses premiers #1 aux États-Unis. Même le magazine Time présente le groupe en page frontispice, leur permettant de devenir seulement le troisième groupe rock de l'histoire après **The Beatles** et **The Who** à mériter cet honneur. La tournée qui suit la parution de l'album remplit des arénas à travers le monde. U2 mérite définitivement le titre de plus grand groupe au monde.

Un an après *The Joshua Tree*, le groupe décide de lancer un documentaire sur leur célébrité et l'accompagne d'un album, *Rattle and Hum*. On y trouve quelques-uns de leurs plus grands succès en concert en plus de certaines reprises et de quelques nouvelles pièces ou chansons inédites. Ils y jouent avec **B.B. King**, enregistrent au studio Sun de Memphis, chantent au sujet de **Billie Holiday** et reprennent une chanson des **Beatles**, « Helter Skelter ». Pour la majorité des critiques, le groupe est allé trop loin et son projet est prétentieux. Le choix des chansons est douteux et sur certains enregistrements en concert, la voix de Bono fait carrément défaut. U2 fait une courte tournée de quatre mois sans venir en Amérique du Nord et disparaît ensuite de l'œil du public.

Une nouvelle direction (1990–1995)

Les membres de U2 se retrouvent à Berlin à la fin de 1990 pour travailler sur leur prochain album avec Eno et Lanois. Les séances d'enregistrement ne sont pas très confortables puisqu'on désire donner un nouveau son au groupe sans y parvenir. En novembre 1991 paraît enfin *Achtung Baby*, l'un des albums les plus aventureux et éclectiques du groupe, avec de nouvelles sonorités. Malgré de bonnes critiques et un grand succès commercial, on est bien loin du succès de *The Joshua Tree*. La tournée *Zoo TV* présente U2 sur de nombreux écrans géants avec des costumes élaborés, ce qui en fait leur tournée la plus grandiose.

En 1993, ils se retrouvent en studio pour travailler sur des idées lancées lors de la tournée. L'album *Zooropa* est lancé en juillet. Il représente le côté expérimental de *Achtung Baby* exagéré de façon exponentielle. On n'a qu'à penser au premier succès, « Numb », qui permet d'entendre The Edge réciter des textes sur un ton monocorde sur un fond de guitare répétitive.

En 1995, le groupe réapparaît avec Brian Eno, mais cette fois sous le nom de **Passengers**. Ce collectif entouré de nombreux collaborateurs lance l'album *Original Soundtracks 1* qui est totalement ignoré des critiques et du public. Le moment fort de l'album est la collaboration avec **Luciano Pavarotti** sur le succès « Miss Sarajevo ».

Plus d'expérimentation (1996–1999)

U2 débute le travail sur son prochain album au début de 1996. Ils désirent incorporer des sons électroniques à la **Prodigy** et **Chemical Brothers** à travers leur vision du rock de la fin des années 1990. Des rumeurs, renforcées par une première version de « Discothèque » diffusée sur Internet, laissent croire que le groupe fera paraître un album de *dance music*. À la sortie de *Pop* au début de 1997, on découvre que les influences électroniques et dansantes n'y sont pas aussi présentes qu'attendu (par exemple sur le succès « Staring at the Sun »). L'album fait son entrée au #1 des palmarès dans 28 pays et les critiques sont excellentes. Les opinions sont tout de même partagées à son sujet.

La tournée qui suit, le *PopMart Tour*, est la plus imposante de leur carrière en termes d'équipements et d'effets spéciaux. La scène comprend une arche jaune de 100 pieds de hauteur, le plus grand écran au monde (150 X 50 pieds), une olive de 12 pieds perchée sur un cure-dents de 100 pieds et une boule miroir motorisée en forme de citron de 35 pieds de hauteur. Même s'ils ne jouent pas à guichet fermé dans toutes les villes où ils passent, ils font quand même le délice de leurs fans. Le *PopMart Tour* est la deuxième tournée la plus payante de 1997 avec des revenus de près de 80 millions $US. Ils jouent sur tous les continents habités et devant plus de deux millions de spectateurs.

À la fin de 1998, U2 met sur le marché sa première compilation pour les 10 premières années de sa carrière, *The Best of 1980-1990*. En plus des succès, l'album contient une nouvelle version de « Sweetest Thing », enregistrée lors des séances de *The Joshua Tree*. Dès le début de 1999, le groupe retourne en studio pour son prochain album, retrouvant Brian Eno et Daniel Lanois pour la première fois depuis 1991.

Le groupe collabore avec l'auteur **Salman Rushdie** qui fournit les textes pour la chanson « The Ground Beneath Her Feet » basée sur son livre du même titre. Cette pièce allait paraître sur la bande originale du film *The Million Dollar Hotel*, un film basé sur une histoire écrite par Bono. En 1999, Bono fait différentes apparitions en appui à diverses causes. Il se rend au sommet du G8 en Allemagne, en plus de rencontrer le pape Jean-Paul II au Vatican.

Le plus grand groupe (2000–2009)

À la suite de l'accueil mitigé réservé à *Pop*, U2 déclare en plusieurs occasions son désir de reprendre son poste de meilleur groupe au monde. Le groupe puise dans ses influences musicales antérieures et son nouvel album paraît en octobre 2000. *All That You Can't Leave Behind* se rapproche plus du son classique de U2. Le disque débute au #1 dans 22 pays et le premier extrait, « Beautiful Day », allait se mériter trois prix Grammys. Un bon nombre d'admirateurs, qui avaient renié U2 depuis 10 ans, retrouvent enfin le groupe qu'ils ont tant aimé.

L'*Elevation Tour* allait ramener le groupe dans des arénas pour la première fois depuis 1992, même si le spectacle est plutôt dénudé. Un des moments forts de la tournée est une présence de deux soirs à Slane Castle près de Dublin, alors que le premier spectacle a lieu quelques jours après le décès du père de Bono. Les attaques terroristes du 11 septembre 2001 contre les États-Unis font réfléchir U2 sur la pertinence de continuer sa tournée. Mais finalement, le quatuor présente d'autres concerts en octobre et novembre, modifiant les chansons présentées en fonction de l'atmosphère du moment. La tournée *Elevation* est presque entièrement jouée à guichet fermé et les 80 concerts présentés en Amérique du Nord (sur un total de 113) amassent 110 millions $US, la deuxième plus haute recette depuis la tournée *Voodoo Lounge* des **Rolling Stones**.

Après une présence remarquée à la mi-temps du Super Bowl XXXVI de la NFL en 2002, le groupe revient aux États-Unis pour recevoir quatre Grammys pour *All That You Can't Leave Behind*. Bono poursuit ses campagnes pour la diminution de la dette et la guérison du sida, ce qui inclut une rencontre avec le président américain **George W. Bush** et une tournée de 11 jours en Afrique avec le secrétaire du trésor **Paul O'Neill**.

Une deuxième compilation du groupe couvrant la décennie 1990 est lancée le 5 novembre 2002. *The Best of 1990-2000* comprend deux nouveaux titres (« Electrical Storm » et « The Hands That Built America ») en plus de certains remixes de leurs succès. En édition limitée, on peut y trouver un deuxième CD de faces B (*The Best of the B-Sides*) ainsi qu'un DVD (*History Mix of U2 in the 90's*). Un autre DVD, *The Best of 1990-2000*, est lancé le 3 décembre 2002 et contient leurs principaux vidéoclips.

En 2004, U2 est de retour avec *How to Dismantle an Atomic Bomb*, plus rock que l'album précédent et contenant le succès « Vertigo ». L'album débute au #1 aux États-Unis et double les ventes du précédent à sa première semaine, établissant un record pour le groupe et en faisant l'un des meilleurs albums de U2. Une autre tournée d'envergure s'ensuit et un concert à Chicago est capté pour un DVD à être mis sur le marché en 2005.

Bono est en lice pour le Prix Nobel de la paix en 2003 et en 2005, et il fait la promotion d'Amnesty International en concert. Les autres membres deviennent « ambassadeurs de conscience » pour l'organisation. Bono est nommé Personnalité de l'année 2005 par Time Magazine pour son combat pour l'Afrique. U2 est introduit au Temple de la renommée du rock 'n' roll en 2005.

En 2006, U2 se joint à **Green Day** pour enregistrer « The Saints Are Coming » de **The Skids**, dont les profits seront versés à Music Rising. Une nouvelle compilation est lancée en novembre, *U218 Singles*, qui fait un survol complet de la carrière du groupe.

À la fin de 2007, une réédition du classique *The Joshua Tree* est mise sur le marché pour souligner ses 20 ans. Le repiquage numérique et un deuxième CD de raretés et versions alternatives sont offerts dans un magnifique boîtier. Le film-concert *U2 3D*, capté pendant la tournée *Vertigo*, paraît en janvier 2008.

Le groupe se tourne ensuite vers ses amis de longue date, Brian Eno, Daniel Lanois et **Steve Lillywhite**, pour façonner le son du 12e opus de U2. Prévu initialement pour octobre 2008, *No Line on the Horizon* sort finalement en mars 2009. Il reçoit des critiques enthousiastes, mais sans grand succès radio. Le groupe entame malgré tout une nouvelle tournée lucrative cet été-là. Une deuxième étape, prévue pour 2010, est reportée lorsque Bono souffre d'une hernie discale nécessitant une chirurgie urgente. La tournée reprend l'année suivante, et le *360 Tour* est désigné comme la tournée la plus lucrative de l'histoire. Pendant ce temps, Bono et The Edge travaillent sur la musique de la comédie musicale de Broadway *Spider-Man: Turn Off the Dark*, qui débutera en juin 2011.

« En juillet 2011, j'ai pu assister à l'un des deux concerts de U2 à l'Hippodrome de Montréal dans le cadre du 360 Tour, un moment mémorable, malgré ma vue obstruée! »
– Richard Dion

Les années 2010

Peu de temps après avoir terminé le *360 Tour*, U2 enregistre son 13e album, un processus complexe. Au départ, le groupe travaille avec des réalisateurs orientés vers la danse comme **Will.i.am** et **David Guetta**, mais au fur et à mesure que les séances progressent, le concept change. Le groupe essaie **Ryan Tedder**

et **Flood** avant de s'installer durablement avec **Danger Mouse**. Les premiers fruits de ces enregistrements apparaissent à la fin de 2013, lorsque « Ordinary Love » est présenté sur la bande originale du film *Mandela: Long Walk to Freedom*. La chanson est nommée pour un Oscar et remporte un Golden Globe.

La chanson suivante, « Invisible », sert de bande sonore à une publicité pour le Super Bowl XLVIII. La réponse est tiède et le groupe se retire en studio pendant plusieurs mois supplémentaires. Il émerge de manière inattendue avec *Songs of Innocence* le 9 septembre 2014, d'abord en téléchargement gratuit, suivi d'une sortie physique en octobre. L'album débute au #9 du Billboard 200.

U2 part en tournée tout au long de 2015 et commence à travailler sur son prochain disque, *Songs of Experience*, en 2016. Ils mettent l'album de côté en 2017 pour célébrer le 30e anniversaire de *The Joshua Tree* en faisant une tournée de cet album et en sortant une réédition de luxe du disque de 1987. À la fin août 2017, la première musique de *Songs of Experience* fait surface via une vidéo de « The Blackout », suivie au début de septembre par « You're the Best Thing About Me », le premier extrait officiel de l'album. *Songs of Experience* est lancé en décembre 2017 et le groupe le soutient par une tournée mondiale qui se déroule tout au long de 2018.

En 2021, « Your Song Saved My Life », extrait de la bande originale de *Sing 2*, marque la première nouvelle musique de U2 de la décennie. *Songs of Surrender* paraît au début de 2023, un ensemble tentaculaire de versions réenregistrées et intimes de chansons de leur répertoire, chaque membre choisissant dix titres représentatifs.

Discographie de U2 :

1980 – Boy ★★★½

1981 – October ★★★

1983 – War ★★★★

1983 – Under a Blood Red Sky (live) ★★★½

1984 – The Unforgettable Fire ★★★½

1987 – The Joshua Tree ★★★★★

1988 – Rattle and Hum ★★★

1991 – Achtung Baby ★★★★

1993 – Zooropa ★★★½

1997 – Pop ★★½

1998 – The Best of 1980-1990 ★★★★

2000 – All That You Can't Leave Behind
 ★★★★★

2000 – Hasta La Vista Baby!:
 Live from Mexico City ★★★

2002 – The Best of 1990-2000 ★★★½

2004 – How to Dismantle an Atomic Bomb
 ★★★★

2004 – The Complete U2 ★★★½

2006 – Zoo TV Live ★★★½

2006 – U218 Singles ★★★½

2007 – U2 Go Home: Live from Slane Castle

2008 – Live from Paris ★★★

2009 – No Line on the Horizon ★★★½

2009 – Medium, Rare & Remastered ★★★

2014 – Songs of Innocence ★★★

2017 – Songs of Experience ★★★

2023 – Songs of Surrender ★★½

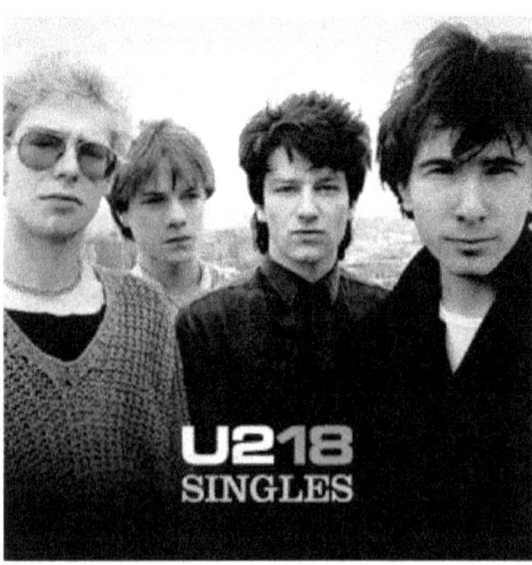

Chansons inoubliables :

1980 – I Will Follow

1980 – The Electric Co.

1981 – Gloria

1983 – Sunday Bloody Sunday

1983 – New Year's Day

1984 – Pride (In the Name of Love)

1987 – Where the Streets Have No Name

1987 – I Still Haven't Found What I'm Looking
 For

1987 – With or Without You

1987 – Bullet the Blue Sky

1987 – In God's Country

1988 – Desire

1988 – Angel of Harlem

1988 – When Love Comes to Town

1991 – Even Better Than the Real Thing

1991 – One

1991 – Mysterious Ways

1993 – Numb

1997 – Discothèque

1997 – Staring at the Sun

2000 – Beautiful Day

2000 – Elevation

2000 – Walk On

2000 – Stuck in a Moment You Can't Get Out of

2004 – Vertigo

2004 – City of Blinding Lights

2004 – Sometimes You Can't Make It on Your
 Own

2006 – The Saints Are Coming (avec **Green Day**)

2009 – Magnificent

2009 – Get on Your Boots

2014 – The Miracle (of Joey Ramone)

2017 – Get Out of Your Own Way

Vidéographie intéressante :

1994 – Zoo TV: Live from Sydney ★★★★

2001 – Elevation Tour 2001: Live from Boston
 ★★★★

2003 – Go Home: Live from Slane Castle
 ★★★★½

2005 – Vertigo 2005: Live from Chicago
 ★★★★

VAN HALEN

Van Halen en bref :

Formation : 1974-2020

Provenance : Pasadena, Californie, États-Unis

Styles : Hard Rock, Pop Rock

Les débuts (1974-1977)

Fils d'un chef d'orchestre néerlandais, **Eddie Van Halen** déménage avec sa famille des Pays-Bas à Pasadena, en Californie, en 1962, alors qu'il a sept ans et que son frère aîné, **Alex**, en a neuf. Leur père subvient aux besoins de la famille en jouant dans des orchestres de mariage, pendant qu'Eddie et Alex poursuivent leur formation en piano classique. Rapidement, les deux garçons se laissent séduire par le rock 'n' roll. Eddie apprend à jouer de la batterie et Alex se met à la guitare, avant de s'échanger les instruments.

Les frères fondent un groupe de hard rock appelé **Mammoth** et commencent à jouer dans la région de Pasadena, rencontrant finalement **David Lee Roth**. À l'époque, Roth, qui a été élevé dans une famille californienne aisée, chante dans **Redball Jet**. Impressionné par les frères Van Halen, il se joint au groupe. Peu après, le bassiste **Michael Anthony**, qui chante avec **Snake**, devient membre de Mammoth. En 1974, après avoir découvert qu'un autre groupe possède les droits sur le nom Mammoth, le groupe doit changer de nom. Après avoir rejeté **Rat Salad** en hommage à un instrumental de **Black Sabbath**, le groupe se renomme simplement Van Halen, à la suggestion de David Lee Roth qui trouve ce nom plus accrocheur et original.

Pendant les trois années suivantes, Van Halen se produit à Pasadena, Santa Barbara et Los Angeles, dans des clubs et des bars d'hôtel. Leur répertoire couvre tout, de la pop au rock en passant par le disco, mais ils finissent par intégrer leurs propres compositions. En quelques années, ils deviennent le groupe local le plus populaire de Los Angeles, et Eddie devient célèbre pour sa technique révolutionnaire à la guitare. En 1977, **Gene Simmons** de **KISS** finance une séance d'enregistrement de démos pour Van Halen après les avoir vus performer au Starwood Club. Sur la base de la recommandation de Simmons, **Mo Ostin** et **Ted Templeman** signent un contrat avec Van Halen pour Warner Bros., leur permettant de sortir leur premier album l'année suivante.

Le succès avec David Lee Roth (1978-1985)

Leur premier album éponyme devient un succès grâce au bouche-à-oreille, aux tournées constantes et au soutien des radios. En trois mois, il est certifié or, et cinq mois plus tard, il sera certifié platine. Il se vendra finalement à plus de six millions d'exemplaires, grâce aux incontournables « You Really Got Me » (reprise de **The Kinks**), « Jamie's Cryin' » et « Runnin' with the Devil ».

Van Halen II, sorti en 1979, poursuit le succès du groupe, avec « Dance the Night Away » qui devient leur premier simple à figurer dans le top 20. *Women and Children First* (1980) n'a pas de simples classés, mais est un succès dans le palmarès des albums, atteignant la sixième place. Le groupe soutient l'album avec sa première tournée mondiale des arénas en tête d'affiche.

Fair Warning, paru en 1981, n'est pas aussi populaire que les précédents albums du groupe, mais il réussit tout de même à atteindre la sixième place. Un an plus tard, *Diver Down* est un énorme succès atteignant la troisième place, grâce notamment à une reprise de la chanson « (Oh) Pretty Woman » de **Roy Orbison** (#12).

Malgré les succès précédents, c'est en 1984 avec l'album *1984* que Van Halen deviennent des superstars. *1984* se hisse à la deuxième place grâce au simple #1 « Jump ». Comme de nombreuses chansons de l'album, « Jump » est porté par le nouveau synthétiseur d'Eddie, et bien que Roth soit réticent à son utilisation, l'expansion de leur son est largement saluée. « I'll Wait » et « Panama » se classeront dans le top 15 et « Hot for Teacher » deviendra un incontournable de la radio et de MTV.

Malgré la célébrité du groupe, les choses ne vont pas bien au sein de Van Halen. Lors de leur tournée pour *1984*, chaque membre joue des sets solos séparés et est physiquement séparé sur la scène. Roth n'avait pas apprécié l'apparition d'Eddie sur le succès « Beat It » de **Michael Jackson** en 1982, et de son côté, Eddie en a assez des pitreries de Roth. En 1985, Roth sort un mini-album en solo, *Crazy from the Heat*, contenant des reprises à succès de « California Girls » (des **Beach Boys)** et « Just a Gigolo/I Ain't Got Nobody » (de **Louis Prima**). Lorsque Roth retarde l'enregistrement de la suite de *1984*, il est renvoyé de Van Halen.

Le succès avec Sammy Hagar (1986-1995)

La plupart des observateurs sont pris par surprise lorsque **Sammy Hagar** est nommé pour remplacer Roth. L'ancien chanteur de **Montrose**, Hagar a connu une carrière solo sporadique, marquée par quelques succès de hard rock comme « Three-Lock Box » et « I Can't Drive 55 ». Bien que de nombreuses critiques soupçonnent Hagar de ne pas être en mesure de maintenir le succès remarquable de Van Halen, son premier album avec le groupe, *5150*, sorti en 1986, est un énorme succès, atteignant la première place et donnant naissance aux simples « Why Can't This Be Love », « Dreams » et « Love Walks In ». Le son du groupe prend même un peu plus d'expansion avec l'arrivée de Hagar.

Sorti en 1988, *OU812* connaît lui aussi beaucoup de succès, obtenant de meilleures critiques que son prédécesseur et générant les simples « When It's Love » et « Finish What Ya Started ».

For Unlawful Carnal Knowledge, paru en 1991, est un autre succès #1, en partie grâce à la vidéo à succès de « Right Now » sur MTV. Van Halen suit avec son premier album en concert, le disque double *Live: Right Here, Right Now* en 1993, qui paraîtra aussi en DVD.

Au printemps 1995, lors de la sortie de *Balance*, les tensions entre Eddie Van Halen et Sammy Hagar se sont considérablement accrues. Eddie vient de suivre une cure pour son alcoolisme, qui a fait l'objet d'une grande publicité, et Hagar est reconnu pour ses façons de faire la fête, écrivant même un hymne aux bars à hash d'Amsterdam avec la pièce « Amsterdam » sur *Balance*. En outre, le groupe fait l'objet de critiques selon lesquelles il ne fait que répéter une formule. Bien que *Balance* s'avère un succès, entrant dans les palmarès au #1 et se vendant à deux millions d'exemplaires peu après sa sortie, il est de courte durée.

Le groupe veut sortir une collection de ses plus grands succès, mais Hagar s'y oppose, ce qui fait monter encore plus la tension. Après une escarmouche en 1996 au sujet de l'enregistrement d'une chanson pour la bande originale de *Twister*, Eddie décide de changer de chanteur. Van Halen commence à enregistrer de nouveaux titres avec Roth sans en informer Hagar, qui devient fou de rage en apprenant la réunion du groupe original. Selon Hagar, Eddie l'a renvoyé, mais selon Eddie c'est Hagar qui aurait démissionné.

Le déclin (1996-2006)

Roth enregistre deux nouvelles chansons pour le *Best of Van Halen, Vol. 1*, et une fois la réunion rendue publique, les médias rock réagissent positivement à la nouvelle. MTV commence même à diffuser une publicité de bienvenue quelques jours après l'annonce. Cependant, la réunion ne se fera pas. Après une apparition aux MTV Music Awards, Eddie Van Halen renvoie Roth du groupe, affirmant qu'il n'était là que pour enregistrer deux nouvelles chansons. Roth déclare qu'il a été dupé pour enregistrer les chansons, croyant que la réunion était permanente.

L'ancien chanteur d'**Extreme**, **Gary Cherone**, est annoncé comme le nouveau chanteur du groupe. Bien que le *Best of Van Halen, Vol. 1* soit un succès, la réputation de gentil d'Eddie est ternie une fois l'affaire terminée. Les débuts tant attendus de Cherone avec Van Halen se font sur *Van Halen III*, qui sort finalement en mars 1998. Bien que l'album débute au sommet des palmarès, il chute rapidement par la suite, l'accueil des fans, des critiques et de la radio étant mitigé.

Après que *Van Halen III* se soit avéré être l'album le moins vendu de la longue et illustre carrière de Van Halen (la tournée mondiale qui s'ensuit est également un échec), Cherone est renvoyé de Van Halen en 1999. Les rumeurs d'une réunion imminente entre David Lee Roth et Van Halen reprennent de plus belle. Les choses sont gardées secrètes dans le camp de Van Halen jusqu'au début de 2001, lorsque David Lee Roth rend publique sur son site Internet une mise à jour, confirmant qu'il a enregistré plusieurs nouvelles chansons avec le groupe, mais qu'il n'a pas eu de nouvelles depuis l'été précédent.

Quelques jours seulement après la nouvelle de Roth, Eddie Van Halen admet au public qu'il se bat contre un cancer, mais ses médecins lui disent qu'il a de bonnes chances de se rétablir complètement. Au cours de l'été 2001, Eddie déclare à MTV News que les membres restants du groupe ont écrit un total de trois albums de nouvelles chansons et qu'ils ne savent toujours pas qui serait leur prochain chanteur. Quelques mois plus tard, le groupe se sépare de Warner Bros, son label depuis 1977. Les membres du groupe reprochent au label de promouvoir des groupes plus jeunes, tout en admettant qu'ils n'ont pas encore trouvé le remplaçant de Cherone et qu'ils n'envisagent plus une réunion avec Roth.

Au cours des trois années suivantes, les membres du groupe doivent faire face à des situations personnelles et professionnelles difficiles. Eddie et sa femme de longue date, **Valerie Bertinelli**, se séparent, Michael Anthony commence à faire des apparitions régulières avec les **Warboritas** de Hagar, et de façon surprenante, David Lee Roth et Sammy Hagar prennent la route ensemble pour le populaire *Heavyweight Champs of Rock & Roll Tour*. En 2004, le groupe annonce que Hagar revient au bercail pour une tournée américaine en faveur d'une nouvelle collection de grands succès, *The Best of Both Worlds*. Les concerts connaissent un succès indéniable, mais les tensions sont fortes. Hagar et Anthony retournent aux Warboritas l'année suivante.

Les derniers succès (2007-2013)

En 2007, Van Halen est intronisé au Temple de la renommée du rock 'n' roll et les rumeurs d'une tournée de retrouvailles avec Roth recommencent à circuler. Ces rumeurs seront confirmées le 17 août lorsque le groupe annonce des dates officielles, ainsi qu'un changement de composition controversé, remplaçant Michael Anthony par **Wolfgang**, le fils d'Eddie, à la basse. La tournée démarre en septembre et rapporte plus de 93 millions $, ce qui en fait la tournée la plus lucrative de l'histoire du groupe.

Fort de ce succès, Van Halen décide d'entrer en studio pour enregistrer son premier album depuis 1998. En collaboration avec le réalisateur **John Shanks**, le groupe enregistre l'album en 2011, puis lance son retour en force dans les premiers jours de 2012, en donnant un concert de démonstration au Café Wha? le 5 janvier, avec le simple « Tattoo » qui arrivera cinq jours plus tard. L'album complet, *A Different Kind of Truth*, suit en février 2012, accueilli par des critiques généralement positives. L'album débute à la deuxième place du Billboard 200 et connaît une position élevée similaire dans le monde entier. Il sera plus tard certifié or au Canada. Van Halen soutient l'album avec une tournée mondiale, qui comprend un concert le 21 juin 2013 au Tokyo Dome, qui sera ensuite publié en 2015 sous forme de double album. *Tokyo Dome Live in Concert* est le tout premier album en concert de Van Halen avec David Lee Roth.

La fin (2016-2020)

À la fin des années 2010, Eddie Van Halen se bat à nouveau contre un cancer, cette fois de la gorge. Eddie décède finalement le 6 octobre 2020, à l'âge de 65 ans, ce qui confirme la fin définitive pour Van Halen après plus de 45 ans de carrière.

Son fils Wolfgang fait ensuite revivre Mammoth (**Mammoth WVH**) dans lequel il joue tous les instruments. Un album éponyme est lancé en 2021, suivi en 2023 par *Mammoth II*.

Discographie de Van Halen :

1978 – Van Halen ★★★★★

1979 – Van Halen II ★★★

1980 – Women and Children First ★★★ ½

1981 – Fair Warning ★★★ ½

1982 – Diver Down ★★★

1984 – 1984 ★★★★ ½

1986 – 5150 ★★★★

1988 – OU812 ★★★

1991 – For Unlawful Carnal Knowledge ★★★ ½

1995 – Balance ★★ ½

1996 – Best of Van Halen, Vol. 1 ★★★★

1998 – Van Halen III ★ ½

2004 – The Best of Both Worlds ★★★★

2012 – A Different Kind of Truth ★★★ ½

2015 – Tokyo Dome: Live in Concert

2023 – The Collection II

Chansons inoubliables :

1978 – Runnin' with the Devil

1978 – You Really Got Me

1978 – Ain't Talkin' 'Bout Love

1978 – Jamie's Cryin'

1979 – Dance the Night Away

1980 – And the Cradle Will Rock…

1980 – Everybody Wants Some!!

1981 – Unchained

1982 – Where Have All the Good Times Gone!

1982 – (Oh) Pretty Woman

1982 – Dancing in the Street

1984 – Jump

1984 – Panama

1984 – Hot For Teacher

1984 – I'll Wait

1986 – Why Can't This Be Love

1986 – Dreams

1986 – Best of Both Worlds

1986 – Love Walks In

1988 – When It's Love

1988 – Finish What Ya Started

1991 – Poundcake

1991 – Runaround

1991 – Right Now

1991 – Top of the World

1995 – Can't Stop Lovin' You

1995 – Don't Tell Me (What Love Can Do)

2012 – Tattoo

Vidéographie intéressante :

1993 – Live: Right Here, Right Now ★★★

1996 – Video Hits, Vol. 1 ★★★

2003 – The Van Halen Story: The Early Years

VOIVOD ⚜

> **Voivod en bref :**
>
> Formation : 1982
>
> Provenance : Jonquière, Québec, Canada
>
> Styles : Heavy Metal, Métal progressif, Métal avant-gardiste, Thrash Metal

Voivod se forme en 1982 à Jonquière (aujourd'hui Ville de Saguenay), au Québec. La formation originale comprend le chanteur **Denis « Snake » Bélanger**, le guitariste **Denis « Piggy » D'Amour**, le bassiste **Jean-Yves « Blacky » Thériault** et le batteur **Michel « Away » Langevin**. Profondément influencé par l'émergence du punk hardcore, du rock progressif des années 1970 et de la nouvelle vague de heavy metal britannique, Voivod cherche à créer un son vraiment original. À cette fin, ils se forgent une marque distinctive de musique lourde dont les thèmes des paroles reflètent la politique de la guerre froide, la littérature post-apocalyptique et la science-fiction de l'époque.

Leur première cassette autoéditée, *Anachronism*, propose 22 reprises de morceaux de **Venom**, **Motörhead** (leurs deux plus grandes influences), **Judas Priest**, **Budgie**, etc. Voivod présente ensuite *War & Pain*, son premier album sur l'étiquette Metal Blade, en 1984. La pochette est une création d'Away, et il créera les pochettes de chaque album par la suite, ce qui ajoutera à l'image de marque de Voivod. Réalisé par le groupe, l'album offre une introduction rugissante et lo-fi à la vision kaléidoscopique des débuts du groupe en matière de lourdeur.

Voivod introduit un style plus orienté vers le thrash metal sur *Rrröööaaarrr* en 1986, sûrement influencé par l'émergence des groupes de la côte-ouest américaine comme **Metallica**. Ils s'affirment ensuite sur *Killing Technology* (1987), où ils révèlent à quel point ils peuvent jouer vite, de manière agressive et technique, développant ainsi un modèle précoce de death metal technique. Le son de l'album conserve le thrash metal et le punk hardcore, mais s'élargit pour embrasser le rock progressif par une approche rythmique syncopée dissonante de Piggy à la guitare et une attaque vocale grinçante de Snake. Il est intéressant de noter qu'alors que la presse underground célèbre l'originalité et l'agressivité du groupe, la presse rock grand public, profondément éprise du phénomène hard rock de cette décennie, tourne le groupe en dérision, et il faudra des années pour qu'elle rattrape ce retard.

L'album *Dimension Hatröss* de 1988 marque la première modification architecturale significative du son du groupe. D'abord, la section rythmique offre des grooves améliorés, souvent syncopés, qui dépendent moins du speed/thrash, ne s'en servant que pour soulager la pression générée par le jeu de guitare jazz de Piggy, qui brouille de manière impossible les rôles traditionnels de la guitare lead et de la guitare rythmique. Leur écriture est dense et décousue, pleine d'apartés, d'introductions, d'intermèdes et de transitions en dents de scie, ce qui constitue un défi constant pour les auditeurs. *Dimension Hatröss* est considéré comme l'un des meilleurs enregistrements du groupe, le premier à mettre en valeur toutes les complexités de leur son, et un modèle pour le métal progressif du 21ᵉ siècle.

Voivod signe chez MCA pour *Nothingface* en 1989. Ils perfectionnent leur style fusionnel caractéristique après des centaines de concerts dans des grandes salles et dans des clubs, ce qui donne lieu à l'album le plus réussi de leur carrière sur le plan commercial, avec comme locomotive leur reprise très efficace de « Astronomy Domine » de **Pink Floyd** (et du vidéoclip qui l'accompagne diffusé dans l'émission *Headbangers Ball* de MTV). Le groupe part dans une tournée en tête d'affiche avec deux groupes qui allaient changer le paysage du rock au début des années 1990, **Soundgarden** et **Faith No More**.

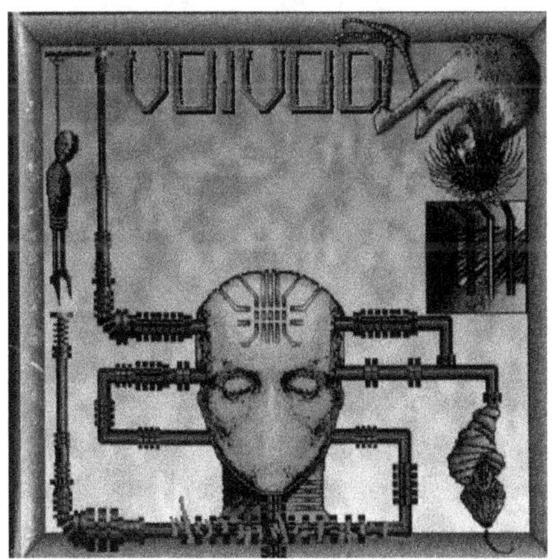

Plutôt que de capitaliser sur le succès commercial de leur précédent album, *Angel Rat* (1991) devient l'un des albums les plus incompris du groupe. Il laisse de côté le thrash, le speed et, en grande partie, le progressif, pour plutôt explorer une approche rock plus accessible avec du garage et du post-punk qui allait contribuer au développement du métal alternatif. Les fans et la presse indépendante accueillent d'abord l'album avec confusion et une certaine hostilité. Avec des écoutes répétées, cependant, la plupart d'entre eux se rallient à l'idée derrière la création de l'album. Malgré sa valeur artistique, l'échec d'*Angel Rat* à égaler le succès commercial de *Nothingface* conduit à l'ingérence de MCA et crée un conflit interne entre les membres du groupe, ce qui allait entraîner le départ de Blacky. Le groupe se met ensuite en pause, le temps de trouver un nouveau bassiste.

Après une longue recherche, le groupe choisit le bassiste de studio **Pierre St-Jean**, et commence à écrire et enregistrer *The Outer Limits* qui paraîtra en 1993 pour Geffen Records. L'album présente le niveau de production le plus élevé du groupe, avec le son très texturé des guitares de Piggy au milieu de l'approche chargée de groove de la section rythmique. Cependant, la plus grande amélioration est dans la présentation de la superbe performance vocale de Snake. Bien que la majorité des chansons continuent à suivre la trajectoire offerte sur *Angel Rat*, la musique sonne plus cinétique et moins clinique. Ils proposent une autre reprise de Pink Floyd, « The Nile Song », et incluent le labyrinthique « Jack the Luminous », long de 17 minutes, l'une des compositions les plus complexes du groupe. Malheureusement, après une tournée de soutien, le chanteur Snake décide de quitter Voivod.

Au milieu des années 1990, Voivod est réduit à un trio. Le nouveau venu, **Éric Forrest**, assure à la fois le chant et la basse. *Negatron*, en 1995, est un album extrêmement sombre, aux sonorités industrielles, puis *Phobos*, en 1997, est un album punitif, bruyant, dissonant, doom, qui obtient de meilleures critiques et de meilleures ventes que son prédécesseur, en plus de se terminer par une reprise fascinante de « 21st Century Schizoid Man » de **King Crimson**. La compilation *Kronik* et l'album en concert *Lives* sont lancés en 2000.

Forrest quitte Voivod au début de 2001, et les autres membres décident de s'arrêter. Le groupe se reformera plus tard avec Snake de retour au chant et l'arrivée de l'ex-bassiste de Metallica, **Jason Newsted**. Ce quatuor présente l'album éponyme *Voivod* en 2003, avec des critiques mitigées. Après la tournée de l'album, Piggy commence à écrire sérieusement. Le groupe prévoit plusieurs séances d'enregistrement pour le printemps et l'été 2005. En juin, on lui diagnostique un cancer du côlon. Après qu'une opération de routine ait été programmée, plusieurs complications apparaissent, amenant les médecins à diagnostiquer un cancer métastatique, rendant l'opération non viable. Le 25 août 2005, Denis « Piggy » D'Amour tombe dans le coma à l'unité de soins palliatifs d'un hôpital de Montréal. Il meurt le lendemain, entouré de sa famille, de ses amis et des membres de son groupe.

Sur son lit de mort, Piggy explique à ses coéquipiers comment compléter ses contributions à l'album *Katorz*, qui allait sortir en 2006. L'album est accueilli favorablement par la critique, car il présente l'hybride hard rock/death metal/post-punk développé avec Newsted, mais plus enraciné. Piggy laisse également plusieurs chansons et arrangements sur son ordinateur pour un autre album. En 2009, Voivod utilise ses démos, ses parties de guitare et ses arrangements pour construire l'album *Infini*, coréalisé avec **Glenn Robinson**. Toutes les parties de guitare originales de Piggy sont ajoutées sans édition, réenregistrement ou *overdubbing*. *Infini* se présente comme le dernier album de Voivod.

En guise d'adieu, le groupe effectue une tournée en Europe, au Japon et en Amérique du Nord, avec **Daniel « Chewy » Mongrain** de **Martyr** à la guitare, un ami et un fan de Piggy. La tournée voit également le retour de Blacky à la basse. Un spectacle donné en 2009 au Club Soda de Montréal est enregistré et publié sous le titre *Warriors of Ice* sur l'étiquette Sonic Unyon Metal en 2011.

Voivod est finalement de retour à temps plein, avec Chewy qui devient le remplaçant permanent de Piggy, et le groupe lance un nouvel album studio, *Target Earth*, en janvier 2013. L'extrait « Kluskap O'Kom » suit, ainsi qu'une tournée mondiale. Après la tournée en 2014, Blacky repart et il sera remplacé par **Dominique « Rocky » Laroche**.

Voivod tourne pendant l'année suivante pour intégrer son nouveau bassiste. Ils reviennent en février 2016 avec le mini-album *Post Society* incluant une reprise largement acclamée de « Silver Machine » de **Hawkwind**. Deux ans plus tard, l'album *The Wake* voit le jour. Enregistré et mixé par **Francis Perron** au studio RadicArt, il se compose de rock progressif/thrash metal futuriste et de psychédélisme mutant. Il fait même appel à un quatuor à cordes. L'album est acclamé par la critique et connaît un certain succès commercial. Voivod se mérite le prix Juno de l'album heavy metal de l'année.

L'année suivante, Century Media publie *Lost Machine: Live*, enregistré à Québec lors de la tournée de soutien à *The Wake* en 2019, où le groupe interprète des morceaux de l'ensemble de sa carrière.

Bien que mis en quarantaine pendant la pandémie de COVID-19, Voivod passe une grande partie de la dernière moitié de 2021 en studio, Perron réalisant, mixant et masterisant l'album *Synchro Anarchy* à paraître en février 2022.

En juillet 2023 sort *Morgöth Tales*. Réalisé par le groupe, il est enregistré et mixé par Perron. Pour célébrer leur 40e anniversaire, les membres actuels de Voivod réenregistrent des morceaux peu évidents de leur catalogue, ainsi qu'un nouveau morceau, la chanson-titre.

Discographie de Voivod :

1984 – War and Pain ★★½

1986 – Rrröööaaarrr ★½

1987 – Killing Technology ★★★

1988 – Dimension Hatröss ★★★½

1989 – Nothingface ★★★★

1991 – Angel Rat ★★★½

1992 – The Best of Voivod ★★★½

1993 – The Outer Limits ★★★

1995 – Negatron ★★

1997 – Phobos ★½

2000 – Lives ★★★

2000 – Kronik ★★★

2003 – Voivod ★★★½

2006 – Katorz ★★★½

2009 – Infini ★★★½

2011 – Warriors of Ice ★★★

2013 – Target Earth ★★★½

2018 – The Wake ★★★½

2022 – Synchro Anarchy ★★★½

2023 – Morgöth Tales

Chansons inoubliables :

1984 – Voivod

1986 – Korgüll the Exterminator

1987 – Killing Technology

1988 – Tribal Convictions

1989 – Astronomy Domine

1989 – The Unknown Knows

1991 – Clouds in My House

1993 – Fix My Heart

1993 – Le Pont Noir

1993 – The Nile Song

Vidéographie intéressante :

2005 – D-V-O-D-1

2009 – Tatsumaki: Voivod Japan 2008 ★★★★

WHITESNAKE

Originaire du Yorkshire, **David Coverdale** a perfectionné sa voix puissante dans des groupes locaux à la fin des années 1960 et au début des années 1970. Lorsqu'il a appris que **Deep Purple** cherchait un remplaçant pour **Ian Gillan**, qui venait de quitter le groupe, il a sauté sur l'occasion pour passer une audition. Il a officiellement rejoint le groupe en 1973 et a fait sa première apparition en studio sur l'album *Burn*, certifié disque d'or en 1974. Avec Deep Purple, il a aussi enregistré *Stormbringer* (1974) et *Come Taste the Band* (1975), avant une pause de huit ans pour le groupe et l'aube d'une nouvelle ère pour Coverdale.

En 1977, il présente son premier album solo, *White Snake*, suivi l'année suivante par *Northwinds*. Les deux disques sont enregistrés avec un groupe de musiciens composé de **Mick Moody** (guitare), **Bernie Marsden** (guitare), **Neil Murray** (basse) et **Dave Dowle** (batterie), sous le nom de **The White Snake Band**. Coverdale raccourcit officiellement le nom en Whitesnake pour le mini-album *Snakebite* sorti en 1978. Le disque inclut une reprise sombre de « Ain't No Love in the Heart of the City » de **Bobby « Blue » Bland**, qui deviendra le premier succès du nouveau groupe.

Poursuivant dans le style blues rock, l'album *Trouble* sort plus tard en 1978 et voit Coverdale retrouver son ancien compagnon de Deep Purple, le claviériste **Jon Lord**. En 1979, *Lovehunter* suscite la controverse avec sa pochette provocante créée par l'artiste fantastique **Chris Achilleos**, mais réussit tout de même à se hisser au #29 des palmarès britanniques. Cet album marque la fin de l'aventure pour le batteur Dave Dowle, remplacé par un autre ancien membre de Deep Purple, **Ian Paice**.

Paice fait ses débuts en studio en 1980 sur *Ready an' Willing*. Album le plus réussi du groupe à ce jour, il atteint le #6 au Royaume-Uni et entre dans le Billboard Hot 100 américain grâce au simple énergique « Fool for Your Loving ». *Come an' Get It* sort en 1981 et rapproche Whitesnake du grand public, se classant deuxième des ventes d'albums au Royaume-Uni et séduisant également l'auditoire européen. L'année suivante, Coverdale prend une pause pour s'occuper de sa fille, atteinte d'une méningite bactérienne.

Le groupe se reforme en 1982 avec Marsden, Paice et Murray remplacés par le guitariste **Mel Galley** de **Trapeze**, le bassiste **Colin Hodgkinson** et le batteur **Cozy Powell**. La nouvelle mouture de Whitesnake présente l'album *Saints & Sinners* la même année, donnant naissance aux succès britanniques « Guilty of Love » et « Here I Go Again ». Ce dernier connaîtra une nouvelle vie en 1987 lorsqu'il sera réenregistré pour l'album éponyme du groupe, tout comme « Crying in the Rain ».

Whitesnake renforce son son pour l'album *Slide It In* en 1984, qui contient les *hits* « Slow an' Easy » et « Love Ain't No Stranger ». Il devient leur quatrième album à se classer dans le top 10 au Royaume-Uni et remporte également un grand succès aux États-Unis grâce à un remix plus musclé du réalisateur **David Geffen** et à la participation du guitariste **John Sykes**. Il sera finalement certifié double disque de platine à la suite de l'énorme succès du prochain album du groupe qui paraîtra trois ans plus tard.

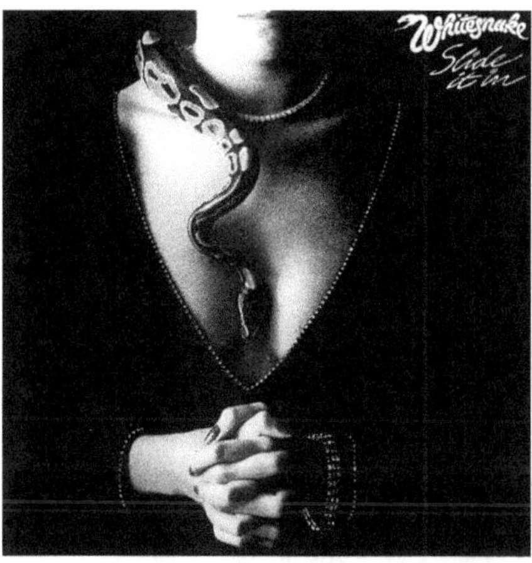

Après avoir largement ignoré le marché américain par le passé, Coverdale décide de s'installer aux États-Unis, où il forme une nouvelle version du groupe avec Sykes à la guitare rythmique et solo, Murray, le batteur **Aynsley Dunbar** et le claviériste **Don Airey**, tous issus du groupe d'**Ozzy Osbourne** et de **Rainbow**. Après avoir passé beaucoup de temps en studio, le groupe sort en 1987 l'album *Whitesnake*, qui marque un tournant dans sa carrière. Ce véritable succès commercial trouve un équilibre entre des morceaux rock puissants

(« Here I Go Again », « Still of the Night ») et des ballades sensuelles (« Is This Love »). L'album est certifié huit fois disque de platine aux États-Unis. Leurs vidéoclips deviennent omniprésents et mettent en scène l'actrice **Tawny Kitaen** (brièvement mariée à Coverdale) et les guitaristes **Vivian Campbell** et **Adrian Vandenberg** mimant les parties de guitare de Sykes, renvoyé avec le reste du groupe avant le tournage.

Désormais tête d'affiche des salles de concert, Whitesnake se retrouve aux prises avec des divergences créatives qui conduisent au départ de Vivian Campbell, pendant qu'une grave blessure au poignet oblige Adrian Vandenberg à se retirer temporairement, laissant Coverdale une fois de plus sans équipe. Il parvient à recruter le guitariste virtuose **Steve Vai** qui, avec Vandenberg remis sur pied, forment un duo de guitaristes redoutable. Renforcé par l'arrivée du bassiste **Rudy Sarzo (Quiet Riot)** et du batteur **Tommy Aldridge** (Ozzy Osbourne), le groupe fait paraître *Slip of the Tongue* en 1989, qui atteint le statut de disque de platine et comprend les succès « The Deeper the Love » et une nouvelle version de « Fool for Your Loving ».

À l'issue de la tournée promotionnelle de l'album, Coverdale annonce que Whitesnake a fait son temps et qu'il fera une pause dans sa carrière musicale. Pendant ce temps, Vandenberg, Sarzo et Aldridge forment un nouveau groupe, **Manic Eden**, tandis que Coverdale commence à travailler avec l'ancien guitariste de **Led Zeppelin**, **Jimmy Page**, ce qui aboutit à la sortie de l'album *Coverdale-Page* en 1993. Une nouvelle formation de Whitesnake voit le jour en 1994 pour assurer la tournée promotionnelle de la compilation *Whitesnake's Greatest Hits*.

En 1997, Coverdale s'associe à Vandenberg pour un projet solo, mais la maison de disques persuade le duo de sortir *Restless Heart*, un album aux influences blues et R&B, sous le nom de Whitesnake. Pendant leur tournée, Coverdale et Vandenberg donnent un concert acoustique intimiste au Japon, qui sera ensuite publié sous le titre *Starkers in Tokyo*. À la fin de l'année 1997, Coverdale met à nouveau le groupe en hibernation, et il y restera pendant les cinq années suivantes.

Whitesnake se reforme en 2003 en tant que groupe de tournée pour célébrer son 25ᵉ anniversaire, avec une formation composée de Coverdale, des guitaristes **Doug Aldrich (Dio)** et **Reb Beach (Winger)**, du bassiste **Marco Mendoza**, du batteur Tommy Aldridge et du claviériste **Timothy Drury**. En 2006, le groupe signe un contrat avec Steamhammer/SPV Records et sort un double album en concert, *Live: In the Shadow of the Blues*, suivi deux ans plus tard d'un tout nouvel album studio, *Good to Be Bad*, qui voit Mendoza remplacé par le bassiste **Uriah Duffy** et Aldridge par le batteur **Chris Frazier**.

Souffrant de problèmes vocaux dus à un œdème grave des cordes vocales et à une lésion vasculaire de la corde vocale gauche, Coverdale passe les années suivantes à se remettre. Il revient en 2011 pour enregistrer le 11ᵉ album studio de Whitesnake, *Forevermore*, qui sort chez Frontiers et est bien accueilli. En 2015, *The Purple Album* voit le groupe réenregistrer une série de chansons de Deep Purple de l'époque de Coverdale.

Puisant dans son catalogue, Whitesnake sort *Unzipped* en 2018, un album regroupant des performances acoustiques rares et inédites enregistrées au cours de deux décennies. Il est suivi au début de 2019 par le 13ᵉ album du groupe, *Flesh & Blood*, qui se classe au #7 du palmarès britannique et fait son entrée dans le Billboard 200. Le groupe lance également une trilogie d'anthologies rétrospectives thématiques comprenant *Love Songs* et *The Rock Album* en 2020, puis *The Blues Album* en 2021.

Discographie de Whitesnake :

1978 – Snakebite (EP) ★½

1978 – Trouble ★★½

1979 – Lovehunter ★★½

1980 – Live at Hammersmith ★½

1980 – Live in the Heart of the City ★★½

1980 – Ready an' Willing ★★½

1981 – Come an' Get It ★★

1982 – Saints & Sinners ★★★½

1984 – Slide It In ★★★½

1987 – Whitesnake ★★★★

1989 – Slip of the Tongue ★★★

1994 – Whitesnake's Greatest Hits ★★★★

1998 – Restless Heart ★★½

1998 – Starkers in Tokyo ★★½

2000 – 20th Century Masters – The Millennium
       Collection: The Best of Whitesnake

2002 – Here I Go Again:
       The Whitesnake Collection ★★★

2003 – Best of Whitesnake

2003 – The Silver Anniversary Collection

2004 – The Early Years

2005 – Chronicles

2006 – Live… In the Shadow of the Blues ★★½

2006 – The Definitive Collection ★★★½

2006 – Gold ★★★½

2008 – Good to Be Bad ★★★½

2008 – 30th Anniversary Collection

2011 – Forevermore ★★★

2011 – Box 'O' Snakes: Sunburst Years 1978-82

2013 – Made in Japan ★★★

2015 – The Purple Album

2015 – Icon

2017 – The Purple Tour

2019 – Flesh & Blood

2020 – Love Songs

2020 – The Rock Album

2021 – The Blues Album

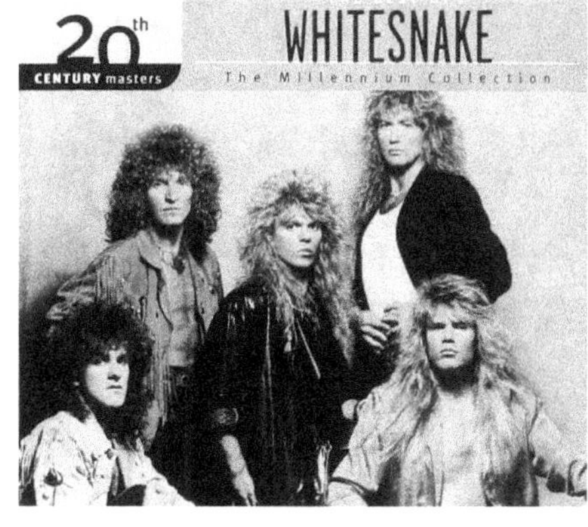

Chansons inoubliables :

1978 – Ain't No Love in the Heart of the City

1978 – Day Tripper

1979 – Walking in the Shadow of the Blues

1980 – Blindman

1981 – Don't Break My Heart Again

1982 – Young Blood

1984 – Love Ain't No Stranger

1984 – Slide It In

1984 – Slow an' Easy

1984 – Guilty of Love

1987 – Here I Go Again

1987 – Is This Love

1987 – Still of the Night

1987 – Give Me All Your Love

1987 – Crying in the Rain

1989 – Fool for Your Loving

1989 – The Deeper the Love

1989 – Now You're Gone

1989 – Judgment Day

1989 – Sailing Ships

1998 – Too Many Tears

2019 – Trouble is Your Middle Name

2019 – Shut Up & Kiss Me

AUTRES – EN BREF

LEE AARON 

Nom véritable : Karen Lynn Greening

Naissance : 21 juillet 1962

Provenance : Belleville, Ontario, Canada

Styles : Hard Rock, Pop Rock, Jazz Rock

Discographie :

1984 – Metal Queen ★★

1984 – Lee Aaron Project

1986 – Call of the Wild ★ ½

1987 – Lee Aaron ★★★

1989 – Bodyrock ★★★ ½

1992 – Some Girls Do ★★

1992 – The Best of Lee Aaron ★★★ ½

1994 – Emotional Rain

2000 – Slick Chick

2003 – Powerline: The Best of Lee Aaron ★★★ ½

2006 – Beautiful Things

2021 – Radio On!

ACCEPT

Formation : 1976

Provenance : Solingen, Allemagne

Styles : Heavy Metal, Hard Rock, Power Metal

Discographie :

1979 – Accept ★

1980 – I'm a Rebel ★ ½

1981 – Breaker ★★

1983 – Restless and Wild ★★★ ½

1984 – Balls to the Wall ★★★ ½

1985 – Metal Heart ★★★★

1986 – Kaizoku-Ban: Live in Japan ★★★

1986 – Russian Roulette ★★

1989 – Eat the Heat ★★★

1990 – Staying a Life ★★★

1993 – Objection Overruled ★★ ½

1994 – Death Row ★

1995 – Collection (compilation) ★★★ ½

1997 – Predator ★ ½

1998 – All Areas: Worldwide ★★★

2010 – Blood of the Nations ★★★

2012 – Stalingrad ★★★

2013 – Playlist: The Very Best of Accept ★★★

2014 – Blind Rage ★★★

2017 – The Rise of Chaos ★★★

2021 – Too Mean to Die

2024 – Humanoid

ANTHRAX

Formation : 1981

Provenance : New York, New York, États-Unis

Styles : Thrash Metal, Rap Metal

Discographie :

1984 – Fistful of Metal ★½

1985 – Spreading the Disease ★★★½

1985 – Armed and Dangerous ★★½

1987 – Among the Living ★★★★

1987 – I'm the Man (EP) ★★★½

1988 – State of Euphoria ★★★

1990 – Persistence of Time ★★★½

1991 – Attack of the Killer B's (raretés) ★★★½

1993 – Sound of White Noise ★★½

1994 – Anthrax Live: The Island Years ★★½

1995 – Stomp 442 ★½

1998 – Volume 8: The Threat is Real ★★

1999 – Return of the Killer A's:
   The Best of Anthrax ★★★½

2001 – Madhouse: The Very Best of Anthrax
   ★★★½

2003 – We've Come for You All ★★★½

2004 – Music of Mass Destruction:
   Live from Chicago ★★★½

2005 – Alive 2: The Music ★★★½

2005 – Anthrology: No Hit Wonders (1985-1991)
   ★★★½

2007 – Caught in a Mosh: BBC Live in Concert
   ★★★½

2010 – The Big 4 Live from Sofia, Bulgaria
   (avec **Metallica**, **Slayer** et **Megadeth**)
   ★★★½

2011 – Worship Music ★★★

2016 – For All Kings ★★★

2018 – Kings Among Scotland (Live)

2022 – XL

THE B-52'S

Formation : 1976

Provenance : Athens, Géorgie, États-Unis

Styles : New Wave, Pop Rock, Rock alternatif

Discographie :

1979 – The B-52's ★★★★½

1980 – Wild Planet ★★★½

1981 – Party Mix! ★★½

1983 – Whammy! ★★★

1986 – Bouncing Off the Satellites ★½

1989 – Cosmic Thing ★★★½

1990 – The Best of the B-52's:
   Dance This Mess Around ★★★½

1992 – Good Stuff ★½

1998 – Time Capsule: Songs for a Future
   Generation ★★★★

2002 – Nude on the Moon: The B-52's Anthology

2008 – Funplex ★★★

2012 – Original Album Series ★★★★

THE BOX 

Formation : 1981-1992

Provenance : Montréal, Québec, Canada

Styles : Pop Rock, New Wave

Leader : Jean-Marc Pisapia

Discographie :

1984 – The Box ★★★

1985 – All the Time, All the Time, All the Time…
   ★★★½

1987 – Closer Together ★★★½

1990 – The Pleasure and the Pain ★★

1992 – A Decade of Box Music ★★★½

2003 – Always in Touch with You:
   The Best of the Box ★★★½

2005 – Black Dog There

2007 – The Best of the Box

2009 – La Horla

CROWDED HOUSE

Formation : 1985

Provenance : Melbourne, Australie

Styles : Pop Rock, Rock alternatif

Discographie :

1986 – Crowded House ★★★

1988 – Temple of Low Men ★★★½

1991 – Woodface ★★★½

1993 – Together Alone ★★½

1996 – Recurring Dream: The Very Best of Crowded House ★★★★

1999 – Live at CBGB's ★★★½

2006 – Farewell to the World ★★★½

2007 – Time on Earth ★★★½

2010 – Intriguer ★★★½

2010 – The Very Very Best of Crowded House ★★★★

2021 – Dreamers Are Waiting ★★★½

CUTTING CREW

Formation : 1985

Provenance : Londres, Angleterre, Royaume-Uni

Style : Pop Rock

Discographie :

1986 – Broadcast ★★★½

1989 – The Scattering ★★½

1992 – Compus Mentus

1994 – The Best of Cutting Crew ★★★

2006 – Grinning Souls

2015 – Add to Favourites

2020 – Ransomed Healed Restored Forgiven

2024 – All for You: The Virgin Years 1986-1992

DEPECHE MODE

Formation : 1980

Provenance : Basildon, Essex, Angleterre, Royaume-Uni

Styles : Pop Rock, New Wave

Discographie :

1981 – Speak & Spell ★★★½

1982 – A Broken Frame ★★½

1983 – Construction Time Again ★★½

1984 – Some Great Reward ★★★½

1985 – Catching Up with Depeche Mode (compilation) ★★★★

1986 – Black Celebration ★★★½

1987 – Music for the Masses ★★★★

1989 – 101 (en concert) ★★★½

1990 – Violator ★★★★ ½

1993 – Songs of Faith and Devotion ★★★½

1997 – Ultra ★★★½

1998 – The Singles 86-98 ★★★★ ½

1998 – The Singles 81-85 ★★★★

2001 – Exciter ★★

2005 – Playing the Angel ★★★½

2006 – Touring the Angel: Live in Milan ★★★½

2006 – The Best of, Vol. 1 ★★★★

2009 – Sounds of the Universe ★★★

2013 – Delta Machine ★★½

2017 – Spirit ★★★½

2020 – MODE (compilation) ★★★★ ½

2020 – LIVE SPiRiTS Soundtrack ★★★ ½

2023 – Memento Mori ★★★½

DIO

Formation : 1982-2010

Provenance : Cortland, New York, États-Unis

Styles : Hard Rock, Heavy Metal

Leader : Ronnie James Dio

Groupes précédents : Elf, Rainbow, Black Sabbath

Autre groupe : Heaven & Hell

Discographie :

1983 – Holy Diver ★★★½

1984 – The Last in Line ★★★

1985 – Sacred Heart ★★½

1986 – Intermission ★★

1987 – Dream Evil ★★★½

1990 – Lock Up the Wolves ★★½

1994 – Strange Highways ★★½

1994 – Diamonds: The Best of Dio ★★★½

1996 – Angry Machines ★★

1998 – Inferno: Last in Live ★★★½

2000 – Magica ★★★

2000 – The Very Beast of Dio ★★★★

2002 – Killing the Dragon ★★½

2003 – Stand Up and Shout: The Anthology

2004 – Master of the Moon ★★½

2005 – Evil or Divine: Live in New York City

2006 – Holy Diver (Live)

2012 – The Singles Box Set (1983-1993)

2012 – The Very Beast of Dio, Vol. 2 ★★★

2025 – Complete Albums 1983-1993

DURAN DURAN

Formation : 1978

Provenance : Birmingham, Angleterre, Royaume-Uni

Styles : Pop Rock, New Wave

Discographie :

1981 – Duran Duran ★★★½

1982 – Rio ★★★★

1983 – Seven and the Ragged Tiger ★★★½

1986 – Notorious ★★½

1988 – Big Thing ★★

1989 – Decade: Greatest Hits ★★★★

1990 – Liberty ★

1993 – Duran Duran (The Wedding Album) ★★★½

1995 – Thank You ★

1997 – Medazzaland ★★

1998 – Greatest ★★★★

2000 – Pop Trash ★½

2000 – The Essential Collection

2003 – The Singles 81-85 ★★★½

2004 – The Singles 1986-1995

2004 – Astronaut ★★½

2007 – Red Carpet Massacre ★★★

2011 – All You Need Is Now ★★★½

2012 – A Diamond in the Mind: Live 2011 ★★★

2012 – The Biggest and the Best ★★★½

2015 – Paper Gods ★★★

2021 – Future Past ★★★½

2023 – Danse Macabre ★★★½

EXTREME

Formation : 1985

Provenance : Boston, Massachusetts, États-Unis

Styles : Hard Rock, Pop Rock

Discographie :

1989 – Extreme ★★½

1990 – Extreme II: Pornograffitti ★★★½

1992 – III Sides to Every Story ★★½

1995 – Waiting for the Punchline ★½

1998 – Running Gag

2000 – An Accidental Collication of Atoms (compilation) ★★★½

2010 – Take Us Alive

2016 – Pornograffitti Live 25: Metal Meltdown

2023 – Six ★★★

GLASS TIGER 

Formation : 1983

Provenance : Newmarket, Ontario, Canada

Style : Pop Rock

Leader : Alan Frew

Discographie :

1986 – Thin Red Line ★★★½

1988 – Diamond Sun ★★★

1993 – Simple Mission

1993 – The Best of Glass Tiger: Air Time ★★★

2001 – Premium Gold Collection ★★½

2005 – No Turning Back: 1985-2005 ★★★

2012 – Then…Now…Next ★★★½

2018 – 31

2020 – Songs for a Winter's Night

THE GO-GO'S

Formation : 1978-2001

Provenance : Los Angeles, Californie, États-Unis

Styles : New Wave, Pop Rock, Rock alternatif

Leader : Belinda Carlisle

Discographie :

1981 – Beauty and the Beat ★★★★

1982 – Vacation ★★★

1984 – Talk Show ★★½

1990 – Greatest ★★★½

1994 – Return to the Valley of the Go-Go's ★★★★

2000 – VH1 Behind the Music: Go-Go's Collection ★★★½

2001 – God Bless the Go-Go's ★★

GOWAN 

Nom complet : Lawrence Gowan

Naissance : 22 novembre 1956

Provenance : Glasgow, Écosse, Royaume-Uni

Styles : Pop Rock, Rock progressif

Autre groupe : Styx

Discographie :

1982 – Gowan

1982 – Home Field ★★★½

1985 – Strange Animal ★★★½

1987 – Great Dirty World ★★½

1990 – Lost Brotherhood ★★★½

1993 – …But You Can Call Me Larry ★★½

1995 – The Good Catches Up ★★

1997 – Sololive: No Kilt Tonight ★½

1997 – Au Québec ★★

1997 – Best of Gowan ★★★

2010 – Return of the Strange Animal

COREY HART

Nom complet : Corey Mitchell Hart

Naissance : 31 mai 1962

Provenance : Montréal, Québec, Canada

Style : Pop Rock

Discographie :

1983 – First Offense ★★★½

1985 – Boy in the Box ★★★½

1986 – Fields of Fire ★½

1988 – Young Man Running ★★½

1990 – Bang! ★★

1992 – Attitude & Virtue ★½

1992 – The Singles ★★★★

1996 – Corey Hart

1998 – Part One

1998 – Jade

2014 – Ten Thousand Horses

HAYWIRE 

Formation : 1982-1994

Provenance : Charlottetown,
Île-du-Prince-Édouard, Canada

Styles : Pop Rock, Hard Rock

Discographie :

1986 – Bad Boys

1987 – Don't Just Stand There ★★★

1993 – Get Off

1994 – Wired: The Best of Haywire ★★★

1995 – Abominations

2003 – Nuthouse

2025 – For Beter or for Worse

HELIX

Formation : 1974

Provenance : Kitchener, Ontario, Canada

Style : Hard Rock

Discographie :

1979 – Breaking Loose ★★½

1981 – White Lace & Black Leather ★★½

1983 – No Rest for the Wicked ★★★

1984 – Walkin' the Razor's Edge ★★★

1985 – Live at the Marquee ★★★½

1985 – Long Way to Heaven ★★½

1987 – Wild in the Streets ★★½

1993 – Back for Another Taste ★★★½

1993 – It's a Business Doing Pleasure ★★½

1998 – Over 60 Minutes with…
(compilation) ★★★½

1998 – Half Alive ★★★

1999 – The Best of Helix: Deep Cuts ★★★★

2004 – Rockin' in My Outer Space

2004 – Never Trust Anyone Over 30

2007 – The Power of Rock N Roll ★★½

2009 – Vagabond Bones

2019 – Old School

HELLOWEEN

Formation : 1982

Provenance : Hambourg, Allemagne

Styles : Speed Metal, Power Metal

Discographie :

1985 – Walls of Jericho ★★★

1987 – Keeper of the Seven Keys, Vol. 1
★★★★

1988 – Keeper of the Seven Keys, Vol. 2 ★★★

1989 – I Want Out: Live ★★½

1991 – Pink Bubbles Go Ape ★★

1991 – The Best, the Rest, the Rare ★★★½

1994 – Chameleon ★★

1994 – Master of the Rings ★★★

1996 – The Time of the Oath ★★★

1996 – High Live ★★★½

1998 – Better Than Raw ★★★½

1999 – Metal Jukebox ★★½

2000 – I Can ★★½

2000 – The Dark Ride ★★★½

2002 – Treasure Chest (compilation) ★★★★

2003 – Rabbit Don't Come Easy ★★★½

2005 – Keeper of the Seven Keys: The Legacy

2006 – The Singles Box, Vol. 1: 1985-92 ★★★

2007 – Keeper of the Seven Keys: The Legacy
World Tour 2005/2006 ★★★

2007 – Gambling with the Devil ★½

2010 – 7 Sinners ★★½

2013 – Straight Out of Hell ★★½

2015 – My God Given Right ★★½

2016 – Ride the Sky: The Very Best of 1985-1998

2019 – United Alive (en concert)

2021 – Helloween ★★★½

2024 – Live at Budokan

INDOCHINE

Formation : 1981

Provenance : Paris, France

Styles : Pop Rock, Rock français, New Wave

Discographie :

1982 – L'aventurier
1983 – Le péril jaune ★★★½
1985 – 3 ★★★½
1987 – 7000 danses ★★★
1990 – Le baiser ★★★
1993 – Un jour dans notre vie
1996 – Wax
1999 – Dancetaria
2002 – Paradize ★★★
2005 – Alice et June
2009 – La République des Meteors ★★★
2013 – Black City Parade
2017 – 13
2020 – Singles Collection 1981-2001 / 2001-2021
2023 – Central Tour

INXS

Formation : 1979-2012

Provenance : Sydney, Australie

Styles : Pop Rock, New Wave

Leader : Michael Hutchence

Discographie :

1980 – INXS ★½
1981 – Underneath the Colours ★★
1982 – Shabooh Shoobah ★★½
1984 – The Swing ★★½
1985 – Listen Like Thieves ★★★½
1987 – Kick ★★★★
1990 – X ★★★½
1991 – Live Baby Live ★
1992 – Welcome to Wherever You Are ★★★
1993 – Full Moon, Dirty Hearts ★½
1994 – The Greatest Hits ★★★★
1997 – Elegantly Wasted ★½
2001 – Shine Like It Does: The Anthology (1979-1997) ★★★★
2002 – The Best of INXS ★★★½
2002 – Definitive INXS ★★★½
2004 – I'm Only Looking: The Best of INXS ★★★½
2005 – Switch ★★½
2011 – Original Sin ★★½
2011 – The Very Best of INXS

THE J. GEILS BAND

Formation : 1967-2015

Provenance : Worcester, Massachusetts, États-Unis

Styles : Pop Rock, Blues Rock, Hard Rock

Discographie :

1970 – The J. Geils Band ★★★½

1971 – The Morning After ★★★½

1972 – Live: Full House ★★★½

1973 – Bloodshot ★★★½

1973 – Ladies Invited ★★★

1974 – Nightmares… and Other Tales from the Vinyl Jungle ★★★½

1975 – Hotline ★★★

1976 – Blow Your Face Out ★★★½

1977 – Monkey Island ★★½

1978 – Sanctuary ★★★½

1979 – Best of the J. Geils Band ★★★½

1980 – Love Stinks ★★★

1981 – Freeze Frame ★★★½

1982 – Showtime! ★★½

1984 – You're Gettin' Even While I'm Gettin' Odd ★½

1988 – Flashback: The Best of the J. Geils Band ★★★

1992 – Houseparty: Anthology ★★★★

2006 – Best of the J. Geils Band ★★★½

HUEY LEWIS & THE NEWS

Formation : 1979

Provenance : San Francisco, Californie, États-Unis

Style : Pop Rock

Discographie :

1980 – Huey Lewis and the News ★★★½

1982 – Picture This ★★★½

1983 – Sports ★★★★

1986 – Fore! ★★½

1988 – Small World ★½

1991 – Hard at Play ★★½

1992 – The Heart of Rock & Roll: The Best of Huey Lewis & the News ★★★★

1994 – Four Chords & Several Years Ago ★½

2001 – Plan B ★★★½

2006 – Greatest Hits ★★★★

2010 – Soulsville ★★★

2020 – Weather ★★★½

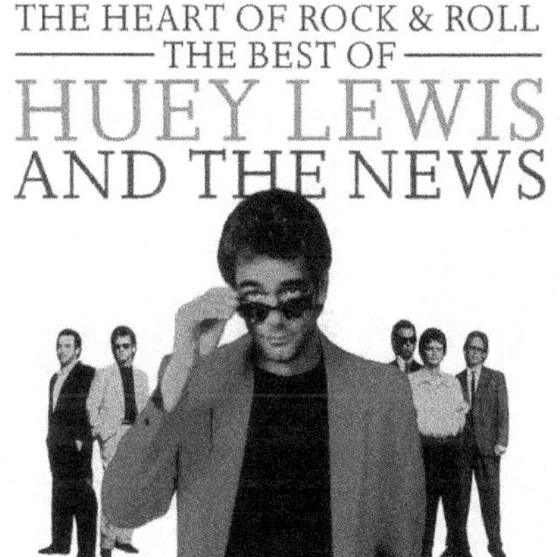

YNGWIE MALMSTEEN

Naissance : 30 juin 1963

Provenance : Stockholm, Suède

Styles : Hard Rock, Métal néoclassique

Groupes précédents : Steeler, Alcatrazz

Discographie :

1983 – Steeler (par **Steeler**) ★★★½

1983 – No Parole from Rock 'N' Roll
    (par **Alcatrazz**) ★★★½

1984 – Rising Force ★★★½

1985 – Marching Out ★★★

1986 – Trilogy ★★★½

1988 – Odyssey ★★½

1989 – Trial by Fire: Live in Leningrad ★★

1990 – Eclipse ★★★

1992 – Fire & Ice ★★½

1992 – The Collection ★★★½

1994 – The Seventh Sign ★★½

1994 – Power and Glory ★½

1995 – Magnum Opus ★★½

1996 – Inspiration ★

1998 – Facing the Animal ★★½

1998 – Yngwie Johann Malmsteen:
    Concerto Suite ★★½

1998 – Live!!

1999 – Alchemy ★★

2000 – Young Person's Guide to the Classics,
    Vol. 2 ★★½

2000 – War to End All Wars ★★

2002 – Concerto Suite for Electric Guitar and
    Orchestra in E Flat Minor Live ★★★

2002 – Attack!! ★★½

2004 – G3 Live: Rockin' in the Free World
    (avec **Joe Satriani** et Steve Vai) ★★½

2005 – Unleash the Fury ★

2008 – Perpetual Flame ★★★½

2009 – Angels of Love ★★

2010 – Relentless ★★★

2012 – Spellbound

2016 – World on Fire

2019 – Blue Lightning

2021 – Parabellum

MEN AT WORK

Formation : 1978

Provenance : Melbourne, Australie

Styles : Pop Rock, New Wave

Discographie :

1982 – Business as Usual ★★★½

1983 – Cargo ★★★½

1985 – Two Hearts ★½

1996 – Contraband: The Best of Men at Work
    ★★★½

1998 – Brazil ★★★½

2000 – Definitive Collection ★★★½

2003 – The Essential Men at Work ★★★½

2009 – Playlist: The Very Best of Men at Work
    ★★★½

MEN WITHOUT HATS 

Formation : 1977

Provenance : Montréal, Québec, Canada

Styles : New Wave, Pop Rock

Leader : Ivan Doroschuk

Discographie :

1982 – Rhythm of Youth ★★★★

1984 – Folk of the '80s (Part III) ★★½

1987 – Pop Goes the World ★★★½

1989 – The Adventures of Women & Men
    Without Hate in the 21st Century ★½

1991 – Sideways ★½

1997 – Greatest Hats ★★★★

2003 – No Hats Beyond This Point ★

2012 – Love in the Age of War ★★★

2022 – Again, Pt. 2 ★★★

MIDNIGHT OIL

Formation : 1976

Provenance : Sydney, Australie

Styles : Rock, Rock alternatif

Discographie :

1978 – Midnight Oil ★★½
1979 – Head Injuries ★★★½
1981 – Place Without a Postcard ★★½
1983 – 10, 9, 8, 7, 6, 5, 4, 3, 2, 1 ★★★½
1984 – Red Sails in the Sunset ★★★½
1987 – Diesel and Dust ★★★½
1990 – Blue Sky Mining ★★★½
1992 – Scream in Blue Live ★★★
1993 – Earth and Sun and Moon ★★★½
1996 – Breathe ★★½
1997 – 20,000 Watt R.S.L. : Greatest Hits ★★★
1998 – Redneck Wonderland ★★½
2000 – The Real Thing ★★★½
2002 – Capricornia ★★½
2004 – Best of Both Worlds: Oils on the Water
2004 – Les indispensables
2006 – Flat Chat (compilation) ★★★½
2012 – Essential Oils ★★★½
2018 – Armistice Day
        (Live at the Domain, Sydney)
2020 – The Makarrata Project ★★★½
2022 – Resist
2024 – 20000 Watt R.S.L.: The Best of

EDDIE MONEY

Nom véritable : Edward Joseph Mahoney

Naissance : 21 mars 1949

Décès : 13 septembre 2019

Provenance : Brooklyn, New York, États-Unis

Styles : Rock, Pop Rock

Discographie :

1977 – Eddie Money ★★★½
1978 – Life for the Taking ★★½
1980 – Playing for Keeps ★½
1982 – No Control ★★★
1983 – Where's the Party ★½
1986 – Can't Hold Back ★★★½
1988 – Nothing to Lose ★★½
1991 – Right Here ★★
1992 – Unplug It In ★½
1995 – Love and Money ★½
1997 – Shakin' with the Money Man ★½
1999 – Ready Eddie ★★
2003 – The Essential Eddie Money ★★★½
2007 – Wanna Go Back ★★★
2016 – The Complete Hits and More! ★★★★
2019 – Brand New Day

MR. BIG

Formation : 1988

Provenance : Los Angeles, Californie, États-Unis

Style : Hard Rock

Discographie :

1989 – Mr. Big ★★★½

1991 – Lean Into It ★★★½

1992 – Mr. Big Live ★★

1993 – Bump Ahead ★★½

1994 – Japandemonium ★★½

1994 – Raw Like Sushi / Raw Like Sushi II

1996 – Hey Man ★½

1996 – Big, Bigger, Biggest!: The Best of Mr. Big ★★★½

1998 – Live at the Hard Rock Cafe ★½

2000 – Get Over It ★★½

2000 – Deep Cuts: The Very Best of Mr. Big ★★★½

2001 – Actual Size ★★½

2002 – In Japan ★★½

2004 – Greatest Hits ★★★½

2009 – Budokan: Reunion Tour 2009

2010 – What If… ★★

2014 – The Stories We Could Tell

2017 – Defying Gravity

2024 – Ten

2024 – The Big Finish Live

MR. MISTER

Formation : 1982

Provenance : Phoenix, Arizona, États-Unis

Style : Pop Rock

Discographie :

1984 – I Wear the Face ★★½

1985 – Welcome to the Real World ★★★½

1987 – Go On… ★½

2001 – Best of Mr. Mister ★★★½

2011 – Playlist: The Very Best of Mr. Mister ★★★½

NEW ORDER

Formation : 1980

Provenance : Salford, Lancashire, Angleterre, Royaume-Uni

Styles : Pop Rock, Rock alternatif

Groupe précédent : Joy Division

Discographie :

1979 – Unknown Pleasures (par **Joy Division**) ★★★½

1980 – Closer (par **Joy Division**) ★★★½

1981 – Movement ★★★

1983 – Power, Corruption & Lies ★★★½

1985 – Low-Life ★★★★

1986 – Brotherhood ★★★½

1987 – Substance (compilation) ★★★★ ½

1989 – Technique ★★★½

1990 – The Peel Sessions ★★★½

1992 – BBC Radio 1 Live in Concert ★★★

1993 – Republic ★★★½

1994 – The Best of New Order ★★★★ ½

1995 – The Rest of New Order ★★½

2001 – Get Ready ★★★½

2002 – International (compilation) ★★★½

2005 – Waiting for the Sirens' Call ★★½

2005 – Singles ★★★½

2015 – Music Complete ★★½

NIAGARA

Formation : 1982-1993

Provenance : Rennes, France

Styles : Pop Rock, New Wave, Rock français

Discographie :

1986 – Encore un dernier baiser ★★★

1988 – Quel enfer! ★★★½

1990 – Religion ★★★½

1992 – La vérité ★★★

2002 – Flammes (compilation) ★★★★

NIGHT RANGER

Formation : 1982

Provenance : San Francisco, Californie, États-Unis

Styles : Rock, Pop Rock, Hard Rock

Discographie :

1982 – Dawn Patrol ★★★½

1983 – Midnight Madness ★★★½

1985 – 7 Wishes ★★★½

1987 – Big Life ★½

1988 – Man in Motion ★½

1989 – Night Ranger's Greatest Hits ★★★½

1990 – Live in Japan ★½

1991 – I Did It for Love ★★

1995 – Feeding Off the Mojo ★½

1997 – Neverland ★½

1998 – Rock in Japan: Greatest Hits Live ★★★

1998 – Seven ★★

2005 – Hits, Acoustic and Rarities ★★★

2007 – Hole in the Sun

2011 – Somewhere in California ★★★

2012 – 24 Strings & a Drummer: Live & Acoustic

2014 – High Road

2016 – 35 Years and a Night in Chicago

2017 – Don't Let Up

2023 – 40 Years and a Night with Cyo

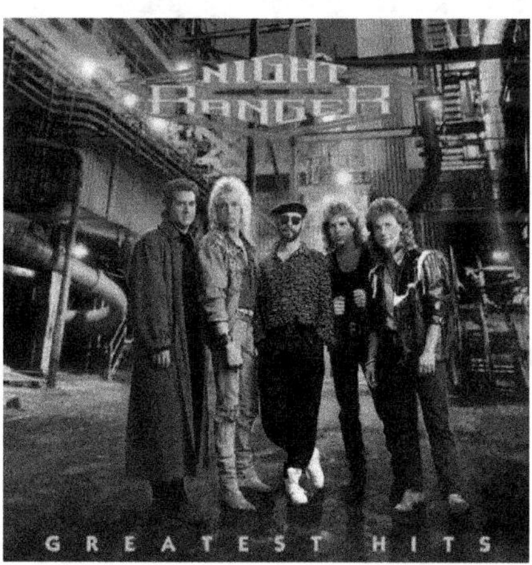

ALDO NOVA 

Nom véritable : Aldo Caporuscio

Naissance : 13 novembre 1956

Provenance : Montréal, Québec, Canada

Style : Hard Rock

Discographie :

1982 – Aldo Nova ★★★½

1983 – Subject… Aldo Nova ★★½

1985 – Twitch ★★

1991 – Blood on the Bricks ★★★

1992 – A Portrait of Aldo Nova ★★★★

1997 – Nova's Dream ★★½

2006 – The Best of Aldo Nova: Greatest Hits Series ★★★★

2007 – Under the Gun… A Portrait of Aldo Nova

2018 – 2.0

2022 – The Life and Times of Eddie Gage

2022 – Reloaded

PIXIES

Formation : 1986

Provenance : Boston, Massachusetts, États-Unis

Style : Rock alternatif

Leader : Black Francis

Discographie :

1988 – Surfer Rosa ★★★★

1989 – Doolittle ★★★★

1990 – Bossanova ★★★★

1991 – Trompe le Monde ★★★½

1997 – Death to the Pixies 1987-1991 ★★★★

1998 – Pixies at the BBC ★★★

2001 – Complete B-Sides ★★★

2002 – Pixies (compilation) ★★★

2004 – Wave of Mutilation: The Best of Pixies ★★★★ ½

2004 – Live in Minneapolis, MN ★★★½

2014 – Indie Cindy ★★½

2016 – Head Carrier ★★½

2019 – Beneath the Eyrie ★★★½

2022 – Doggerel ★★★

2024 – The Night the Zombies Came ★★★

2025 – Bossanova/Trompe le Monde: Live

PLATINUM BLONDE 

Formation : 1982-1989

Provenance : Toronto, Ontario, Canada

Styles : Pop Rock, New Wave, Hard Rock

Leader : Mark Holmes

Discographie :

1983 – Standing in the Dark ★★★

1985 – Alien Shores ★★★½

1987 – Contact ★★★

1999 – Seven Year Itch: 1982-1989 ★★★½

2012 – Now & Never ★★½

QUIET RIOT

Formation : 1975

Provenance : Los Angeles, Californie, États-Unis

Style : Hard Rock

Leader : Kevin DuBrow

Discographie :

1977 – Quiet Riot ★

1978 – Quiet Riot II ★★

1983 – Metal Health ★★★½

1984 – Condition Critical ★★½

1986 – QR III ★★

1988 – QR ★

1993 – Terrified ★½

1993 – The Randy Rhoads Years ★★★½

1995 – Down to the Bone ★½

1999 – Alive and Well ★½

2001 – Guilty Pleasures ★★★

2006 – Rehab ★★★

2008 – Playlist: The Very Best of ★★★½

2017 – Road Rage ★½

2019 – Hollywood Cowboys

RATT

Formation : 1983

Provenance : Los Angeles, Californie, États-Unis

Style : Hard Rock

Leader : Stephen Pearcy

Groupe précédent : Mickey Ratt

Discographie :

1984 – Out of the Cellar ★★★½

1985 – Invasion of Your Privacy ★★★½

1986 – Dancing Undercover ★★★

1988 – Reach for the Sky ★★½

1990 – Detonator ★★★

1991 – Ratt & Roll 8191 (compilation) ★★★★

1997 – Collage ★★

1999 – Ratt ★½

2002 – The Essentials ★★★

2005 – Ratt Era: The Best of Mickey Ratt
    (par **Mickey Ratt**)

2007 – Tell the World: The Very Best of Ratt

2010 – Infestation ★★

2020 – The Atlantic Years 1984-1990

LES RITA MITSOUKO

Formation : 1979-2007

Provenance : Paris, France

Styles : New Wave, Pop Rock, Rock français, Rock alternatif, Rock expérimental

Leader : Catherine Ringer

Discographie :

1984 – Rita Mitsouko ★★★½

1986 – The No Comprendo ★★★½

1988 – Marc et Robert ★★½

1990 – Re (Remixes) ★★★

1993 – Système D ★★★

1996 – Acoustiques ★★★½

2000 – Cool frénésie

2001 – Bestov ★★★½

2002 – La femme trombone

2004 – En concert avec l'Orchestre Lamoureux

2007 – Variéty ★★

THE ROMANTICS

Formation : 1977

Provenance : Détroit, Michigan, États-Unis

Styles : Pop Rock, New Wave

Discographie :

1980 – The Romantics ★★★½

1980 – National Breakout ★★½

1981 – Strictly Personal ★★

1983 – In Heat ★★★

1985 – Rhythm Romance ★½

1990 – What I Like About You
    (And Other Romantic Hits) ★★★★

1993 – Made in Detroit ★½

1996 – King Biscuit Flower Hour ★★★★

1998 – Super Hits ★★★½

2003 – 61/49 ★★★½

SIMPLE MINDS

Formation : 1977

Provenance : Glasgow, Écosse, Royaume-Uni

Styles : Pop Rock, New Wave, Rock alternatif

Leader : Jim Kerr

Discographie :

1979 – Life in a Day ★★

1979 – Real to Real Cacophony ★★★½

1980 – Empires and Dance ★★★½

1981 – Sister Feelings Call ★★½

1981 – Sons and Fascination ★★½

1982 – New Gold Dream (81-82-83-84) ★★★½

1984 – Sparkle in the Rain ★★½

1985 – Once Upon a Time ★★★★

1987 – Live in the City of Light ★★

1989 – Street Fighting Years ★★★½

1991 – Real Life ★½

1995 – Good News from the Next World ★½

1998 – Néapolis ★★½

2001 – Neon Lights ★

2002 – Cry ★★

2002 – The Best of Simple Minds ★★★½

2003 – Early Gold (compilation) ★★★½

2005 – Black & White ★★½

2006 – Platinum Collection

2009 – Graffiti Soul ★★★

2012 – X5 (compilation) ★★★★

2013 – Celebrate: Greatest Hits ★★★½

2014 – Big Music ★★★½

2016 – Acoustic ★★½

2017 – Acoustic in Concert

2018 – Walk Between Worlds ★★★

2019 – 40: The Best of 1979-2019

2022 – Direction of the Heart ★★★½

2025 – Live in the City of Diamonds

SLAYER

Formation : 1981-2019

Provenance : Huntington Park, Californie, États-Unis

Styles : Thrash Metal, Speed Metal

Discographie :

1983 – Show No Mercy ★½

1985 – Hell Awaits ★★★½

1985 – Live Undead ★★

1986 – Reign in Blood ★★★★

1988 – South of Heaven ★★★½

1990 – Seasons in the Abyss ★★★½

1991 – Decade of Aggression: Live ★★★

1994 – Divine Intervention ★★½

1996 – Undisputed Attitude ★★

1998 – Diabolus in Musica ★★½

2001 – God Hates Us All ★★★

2003 – Soundtrack to the Apocalypse ★★★½

2006 – Christ Illusion ★★★½

2009 – World Painted Blood ★★★

2010 – The Big 4 Live from Sofia, Bulgaria (avec **Metallica**, **Megadeth** et **Anthrax**) ★★★½

2015 – Repentless ★★½

THE SMITHS

Formation : 1982-1987

Provenance : Manchester, Angleterre, Royaume-Uni

Styles : Rock alternatif, Pop Rock

Leader : Morrissey

Discographie :

1984 – The Smiths ★★★½

1985 – Meat Is Murder ★★★½

1986 – The Queen Is Dead ★★★★

1987 – Strangeways, Here We Come ★★★½

1988 – Rank ★★★

1995 – Singles ★★★★½

2001 – The Very Best of the Smiths ★★★

2008 – The Sound of the Smiths ★★★★½

2011 – Complete ★★★★½

SONIC YOUTH

Formation : 1981-2011

Provenance : New York, New York, États-Unis

Styles : Rock alternatif, Rock expérimental

Leader : Thurston Moore

Autre groupe : Ciccone Youth

Discographie :

1982 – Sonic Youth ★★

1983 – Confusion Is Sex ★½

1985 – Bad Moon Rising ★★½

1986 – EVOL ★★★½

1986 – Walls Have Ears ★★★★

1987 – Sister ★★★½

1988 – Daydream Nation ★★★★

1988 – The Whitey Album (par **Ciccone Youth**) ★★★½

1990 – Goo ★★★½

1992 – Dirty ★★★½

1992 – Live at the Continental Club ★★★½

1994 – Experimental Jet Set, Trash and No Star ★★½

1995 – Made in USA (bande originale) ★½

1995 – Washing Machine ★★★½

1997 – Hold That Tiger ★★½

1998 – SYR 3: Invito Al Cielo ★★★½

1998 – A Thousand Leaves ★★★½

1999 – SYR 4: Goodbye 20th Century ★

2000 – NYC Ghosts & Flowers ★★

2002 – Murray St. ★★★½

2004 – Sonic Nurse ★★★½

2004 – Hidros 3 (To Patti Smith) ★★★

2005 – SYR 6: Koncertas Stan Brakhage Prisiminimui ★★½

2006 – Rather Ripped ★★★½

2008 – SYR 7: J'accuse Ted Hughes ★★½

2008 – SYR 8: Andre Sider Af Sonic Youth

2009 – The Eternal ★★★½

2011 – SYR 9: Simon Werner a Disparu (bande originale) ★★★½

2012 – Smart Bar: Chicago 1985 ★★★★

2023 – Live in Brooklyn 2011 ★★★★

STARSHIP

Formation : 1984

Provenance : San Francisco, Californie, États-Unis

Style : Pop Rock

Leader : Grace Slick

Groupes précédents : Jefferson Airplane, Jefferson Starship

Discographie :

1985 – Knee Deep in the Hoopla ★★

1987 – No Protection ★★★

1989 – Love Among the Cannibals ★★½

1991 – Greatest Hits: Ten Years & Change 1979-1991 ★★★½

1997 – We Built This City: The Very Best of Starship ★★★½

2004 – Platinum & Gold Collection ★★★½

2012 – Playlist: The Very Best of Starship ★★★

2012 – The Essential ★★★½

2013 – Loveless Fascination

2024 – Starship's Greatest Hits

STRAY CATS

Formation : 1979

Provenance : Massapequa, New York, États-Unis

Styles : Rockabilly, Rock 'n' Roll, New Wave

Leader : Brian Setzer

Discographie :

1981 – Stray Cats ★★★½

1981 – Gonna Ball ★★★½

1982 – Built for Speed ★★★½

1983 – Rant N Rave with the Stray Cats

1986 – Rock Therapy ★★½

1989 – Blast Off ★½

1990 – The Best of the Stray Cats: Rock This Town ★★★½

1992 – Choo Choo Hot Fish ★

1992 – Greatest Hits ★★★★

1997 – Runaway Boys: A Retrospective '81-'92 ★★★★

2000 – Greatest Hits ★★★★ ½

2001 – The Best of Stray Cats ★★★★

2019 – 40 ★★★

TEARS FOR FEARS

Formation : 1981

Provenance : Bath, Somerset, Angleterre, Royaume-Uni

Styles : Pop Rock, New Wave, Rock alternatif

Discographie :

1983 – The Hurting ★★★½

1985 – Songs from the Big Chair ★★★½

1989 – The Seeds of Love ★★★½

1992 – Tears Roll Down: Greatest Hits 1982-1992 ★★★½

1993 – Elemental ★★★

1995 – Raoul and the Kings of Spain ★½

2000 – 20th Century Masters – The Millennium Collection: Best of Tears for Fears ★★★½

2001 – Shout: The Very Best of Tears for Fears ★★★★

2003 – Ultimate Collection

2004 – Everybody Loves a Happy Ending ★★★½

2006 – Gold ★★★★

2007 – Greatest Hits

2017 – Rule the World: The Greatest Hits

2022 – The Tipping Point ★★★½

2024 – Songs for a Nervous Planet ★★★

TOTO

Formation : 1977

Provenance : Los Angeles, Californie, États-Unis

Styles : Pop Rock, Rock

Discographie :

1978 – Toto ★★★½

1979 – Hydra ★★★

1981 – Turn Back ★★½

1982 – Toto IV ★★★½

1984 – Isolation ★★½

1984 – Dune (Original Soundtrack) ★★★½

1986 – Fahrenheit ★½

1988 – The Seventh One ★½

1990 – Past to Present 1977-1990 ★★★★

1993 – Kingdom of Desire ★½

1993 – Absolutely Live ★★

1995 – Tambu ★½

1999 – Livefields ★★

1999 – Mindfields ★

2002 – Through the Looking Glass ★★

2003 – 25th Anniversary: Live in Amsterdam

2003 – The Essential Toto ★★★★

2006 – Falling in Between ★★★

2007 – Falling in Between Live ★★★

2009 – Playlist: The Very Best of Toto ★★★★

2014 – 35th Anniversary Tour: Live in Poland

2015 – Toto XIV ★★½

2019 – 40 Tours Around the Sun

2019 – 40 Hours Around the Sun

STEVE VAI

Nom complet : Steven Siro Vai

Naissance : 6 juin 1960

Provenance : Carle Place, New York, États-Unis

Styles : Hard Rock, Rock instrumental

Autres groupes : Frank Zappa (6 albums), Alcatrazz, David Lee Roth, Whitesnake, G3

Discographie :

1984 – Flex-Able ★★★½

1985 – Disturbing the Peace (par **Alcatrazz**) ★

1986 – Eat 'Em and Smile (par **David Lee Roth**) ★★★½

1988 – Skyscraper (par **David Lee Roth**) ★★★

1989 – Slip of the Tongue (par **Whitesnake**) ★★★

1990 – Passion and Warfare ★★★★

1993 – Sex & Religion ★★

1995 – Alien Love Secrets ★★½

1996 – Fire Garden ★★★½

1997 – G3: Live in Concert (avec **Joe Satriani** et **Eric Johnson**) ★★★½

1998 – Flex-Able Leftovers ★★★½

1999 – The Ultra Zone ★★★½

2000 – The 7th Song: Enchanting Guitar Melodies Archives, Vol. 1 ★★★

2001 – Alive in an Ultra World ★★½

2003 – The Infinite Steve Vai: An Anthology ★★★½

2004 – G3 Live: Rockin' in the Free World (avec **Joe Satriani** et **Yngwie Malmsteen**) ★★½

2005 – Real Illusions: Reflections ★★★½

2005 – Live in Tokyo ★★★

2007 – Sound Theories, Vol. 1-2 ★★★

2009 – Where the Wild Things Are ★★★

2010 – Where the Other Wild Things Are: Live in Minneapolis ★★★

2010 – Western Vacation

2011 – The Essential Steve Vai ★★★½

2012 – The Story of Light ★★★

2016 – Modern Primitive

2022 – Inviolate

2023 – Vai/Gash

STEVIE RAY VAUGHAN

Naissance : 3 octobre 1954

Décès : 27 août 1990

Provenance : Dallas, Texas, États-Unis

Styles : Blues Rock, Blues

Discographie :

1983 – Texas Flood ★★★★

1983 – Force of Nature II

1984 – Live! At Loreley Festival

1984 – Couldn't Stand the Weather ★★★½

1985 – Soul to Soul ★★½

1986 – Live Alive ★★½

1989 – In Step ★★★½

1989 – The Fire Meets the Fury

1991 – The Sky Is Crying ★★★½

1992 – In the Beginning ★½

1995 – Greatest Hits ★★★★

1997 – Live at Carnegie Hall ★★★½

1999 – The Real Deal: Greatest Hits, Vol. 2 ★★★½

1999 – In Session ★★★★

2000 – SRV ★★★½

2001 – Live at Montreux 1982 & 1985 ★★★½

2002 – The Essential Stevie Ray Vaughan and Double Trouble ★★★½

2006 – The Real Deal: Greatest Hits, Vol. 1 ★★★½

2007 – The Best of Stevie Ray Vaughan ★★★

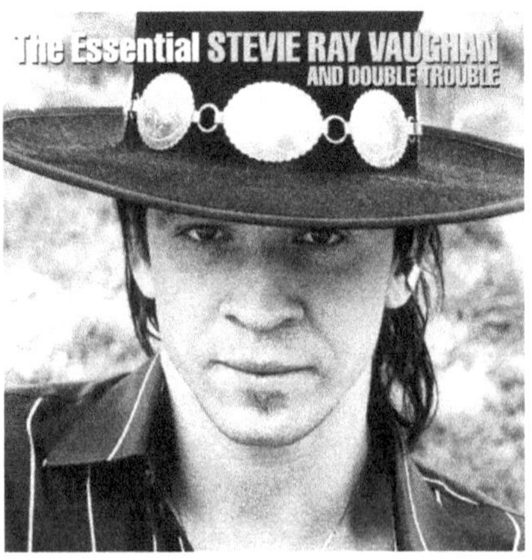

W.A.S.P.

Formation : 1982

Provenance : Los Angeles, Californie, États-Unis

Styles : Hard Rock, Heavy Metal

Leader : Blackie Lawless

Discographie :

1984 – W.A.S.P. ★★½

1985 – The Last Command ★★★

1986 – Inside the Electric Circus ★★½

1987 – Live… In the Raw ★★

1989 – The Headless Children ★★★½

1992– The Crimson Idol ★★½

1994 – First Blood… Last Cuts (compilation) ★★★

1996 – Still Not Black Enough ★½

1997 – K.F.D. ★★

1998 – Double Live Assassins ★★

1999 – Helldorado ★½

2000 – The Sting ★½

2000 – The Best of the Best: 1984-2000, Vol. 1 ★★★

2001 – Unholy Terror ★★

2002 – Dying for the World ★★★

2004– The Neon God, Pt. 1: The Rise ★★½

2004– The Neon God, Pt. 2: The Demise ★½

2007 – Dominator ★★

2009 – Babylon ★★★

2014 – The Sting: Live in Los Angeles

2015 – Golgotha

2017 – Reldolized: The Sountrack of the Crimson Idol

2023 – 7 Savage (compilation)

AUTRES –
HARD ROCK

Les années 1980 ont vu exploser l'un des plus importants mouvements de l'histoire du rock. Né à la fin des années 1960 et propulsé par **Led Zeppelin**, le hard rock (aussi appelé Pop Metal, Hair Metal ou Glam Metal) allait atteindre son apogée dans les années 1980, accaparant les premières positions des palmarès grâce à des groupes comme **Bon Jovi, Def Leppard, Van Halen**, etc. Cette vague allait cependant s'arrêter brusquement en 1991 avec l'apparition du grunge. Quelques groupes allaient réussir à survivre, mais on peut dire que le genre s'est éteint avec la fin de la décennie 1980. Voici une liste de groupes et artistes de hard rock non nommés précédemment, avec leur album le plus important, classés par année de sortie de cet album.

1980 :

JOE PERRY PROJECT –
Let the Music Do the Talking

THE MICHAEL SCHENKER GROUP –
The Michael Schenker Group

1981 :

SAMMY HAGAR – Standing Hampton

RAVEN – Rock Until You Drop

BILLY SQUIER – Don't Say No

TRIUMPH – Allied Forces

WHITFORD ST. HOLMES –
Whitford/St. Holmes

Y&T – Earthshaker

1982 :

CONEY HATCH – Coney Hatch

THE HEADPINS – Turn It Loud

MAMA'S BOYS – Plug It In

VANDENBERG – Vandenberg

1983 :

HANOI ROCKS – Back to the Mystery City

KILLER DWARFS – Killer Dwarfs

KROKUS – Headhunter

LOUDNESS – Law of Devil's Land

STREETS – 1st

TOKYO BLADE – Tokyo Blade

WAYSTED – Waysted

1984 :

AUTOGRAPH – Sign in Please

BLACK 'N BLUE – Black 'N Blue

FASTWAY – All Fired Up

GIUFFRIA – Giuffria

ICON – Icon

KICK AXE – Vices

TNT – Knights of the New Thunder

1985 :

KEEL – The Right to Rock

KING KOBRA – Ready to Strike

1986 :

BRIGHTON ROCK – Young, Wild and Free

LEATHERWOLF – Leatherwolf

VINNIE MOORE – Mind's Eye

VINNIE VINCENT INVASION –
Vinnie Vincent Invasion

RACER X – Street Lethal

ZEBRA – 3.V

1987 :

DIRTY LOOKS – Cool from the Wire

E-Z-O – E-Z-O

FASTER PUSSYCAT – Faster Pussycat

MICHAEL MONROE – Nights Are So Long

TIGERTAILZ – Young and Crazy

1988 :

BRITNY FOX – Britny Fox
BULLETBOYS – Bulletboys
GIRLSCHOOL – Take a Bite
HOUSE OF LORDS – House of Lords
KINGDOM COME – Kingdom Come
KIX – Blow My Fuse
LILLIAN AXE – Lillian Axe
ZODIAC MINDWARP & THE LOVE
        REACTION – Tattooed Beat Messiah
ROXX GANG –
        Things You've Never Done Before
SMASHED GLADYS – Social Intercourse
VIXEN – Vixen
WINGER – Winger

1989 :

BABYLON A.D. – Babylon A.D.
BADLANDS – Badlands
BANG TANGO – Psycho Cafe
BEAU NASTY – Dirty, But Well Dressed
BEGGARS & THIEVES – Beggars & Thieves
BLUE MURDER – Blue Murder
CATS IN BOOTS – Kicked & Klawed
COMPANY OF WOLVES – Company of Wolves
D:A:D – No Fuel Left for the Pilgrims
DANGER DANGER – Danger Danger
DANGEROUS TOYS – Dangerous Toys
ENUFF Z'NUFF – Enuff Z'nuff
GIANT – Last of the Runaways
KING'S X – Gretchen Goes to Nebraska
L.A. GUNS – Cocked & Loaded
LITTLE CAESAR – Little Caesar

PRETTY BOY FLOYD –
        Leather Boyz with Electric Toyz
PRINCESS PANG – Princess Pang
ROCK CITY ANGELS – Young Man's Blues
SARAYA – Saraya
SEA HAGS – Sea Hags
SHARK ISLAND – Law of the Order
SHOTGUN MESSIAH – Shotgun Messiah
STEVE STEVENS' ATOMIC PLAYBOYS –
        Atomic Playboys
TESLA – The Great Radio Controversy
TORA TORA – Surprise Attack
VAIN – No Respect
WOLFSBANE – Live Fast Die Fast
XYZ – XYZ

1990 :

DOGS D'AMOUR – Errol Flynn
ELECTRIC BOYS – Funk-O-Metal Carpet Ride
FIREHOUSE – Firehouse
HURRICANE – Slave to the Thrill
JETBOY – Damned Nation
LOVE/HATE – Blackout in the Red Room
LYNCH MOB – Wicked Sensation
NELSON – After the Rain
QUIREBOYS – A Bit of What You Fancy
RHINO BUCKET – Rhino Bucket
SAIGON KICK – Saigon Kick
SALTY DOG – Every Dog Has Its Day
SLAUGHTER – Stick It to Ya
SLEEZE BEEZ – Screwed Blued & Tattooed
TRIXTER – Trixter

1980

Top 20 albums

- 1 -

AC/DC
Back in Black (1980)

Après le meilleur album du groupe à ce jour en *Highway to Hell* et le décès de son chanteur vedette, **Bon Scott**, on aurait très bien pu voir la fin d'AC/DC dès 1980. Pourtant, le groupe se retrousse les manches, embauche le chanteur « crieur » **Brian Johnson** et nous offre rapidement l'album qui allait les classer parmi les légendes du rock, *Back in Black*.

Le groupe avait déjà commencé depuis quelques années à prendre ses distances par rapport à ses influences blues et le style d'AC/DC allait vraiment être immortalisé sur cet album. Ils allaient tenter sans cesse par la suite de se copier eux-mêmes en refaisant de nouveaux *Back in Black*, mais avec beaucoup moins de succès.

La cloche (en hommage à Bon Scott) qui annonce « Hells Bells », la première pièce de l'album, annonce aussi la fin d'une époque et le début d'une nouvelle ère pour AC/DC. Ensuite, tentez de trouver les faiblesses sur cet album et vous aurez bien de la difficulté. Avec des pièces comme « Shoot to Thrill », le classique « You Shook Me All Night Long » et la chanson-titre, les moments de répit seront plutôt rares.

Si vous ne connaissez pas AC/DC, vous n'avez besoin que de trois albums au départ : *Highway to Hell*, *Back in Black* et la version de deux CD de *Live* qui vous présentera leur énergie en concert. Veuillez noter que *Back in Black* a été repiqué numériquement et relancé en 2003, ce qui vous permettra d'avoir une version rafraîchie de ce classique.

Titres :

1- Hells Bells – 5:12

2- Shoot to Thrill – 5:17

3- What Do You Do for Money Honey – 3:35

4- Givin' the Dog a Bone – 3:31

5- Let Me Put My Love into You – 4:15

6- Back In Black – 4:15

7- You Shook Me All Night Long – 3:30

8- Have a Drink on Me – 3:58

9- Shake a Leg – 4:05

10- Rock and Roll Ain't Noise Pollution – 4:26

Durée totale : 42 minutes

AC/DC en bref :

Formation : 1973

Provenance : Sydney, Australie

Style : Hard Rock

- 2 -

GUNS N' ROSES
Appetite for Destruction (1987)

En 1987, alors que le rock est plongé dans une mer de groupes de hard rock, une bande de mauvais garçons fait son apparition avec un son qui se différencie de la masse. Ils nous lancent : « Bienvenue dans la jungle! », pour reprendre le premier titre d'*Appetite for Destruction*, « Welcome to the Jungle ».

Le premier succès radio au riff de guitare inoubliable, « Sweet Child O' Mine », présenté aux radios dans une version écourtée par rapport à l'originale de l'album, permet au groupe de rejoindre un public très large. Pourtant l'attitude des gars n'a rien de bien enviable et représente un assez mauvais exemple pour la jeunesse, puisque drogues et alcool sont utilisés librement. C'est d'ailleurs une des raisons qui fait en sorte que le groupe, dirigé par le chanteur **Axl Rose** et le guitariste **Slash**, disparaît rapidement après avoir présenté deux albums au début des années 1990.

Mais, revenons à *Appetite for Destruction* qui est un album de hard rock parfait de 12 titres qui s'enchaînent magnifiquement bien et semblent tous meilleurs que le précédent. Le rock 'n' roll y est roi et peu d'albums depuis ce temps ont réussi à présenter un son rock aussi brut et aussi parfait à la fois. *Appetite for Destruction* demeure ce grand album de hard rock qui constitue la référence dans le genre. Un incontournable!

Titres :
(chansons écrites et composées par Guns N' Roses, sauf où c'est indiqué)

1- Welcome to the Jungle – 4:32

2- It's So Easy (Arkeen, Guns N' Roses) – 3:21

3- Nightrain – 4:26

4- Out Ta Get Me – 4:20

5- Mr. Brownstone – 3:46

6- Paradise City – 6:45

7- My Michelle – 3:38

8- Think About You – 3:49

9- Sweet Child O' Mine – 5:54

10- You're Crazy – 3:16

11- Anything Goes
    (Weber, Guns N' Roses) – 3:25

12- Rocket Queen (Rose, Adler) – 6:14

Durée totale : 53 minutes

Guns N' Roses en bref :

Formation : 1985

Provenance : Los Angeles, Californie, États-Unis

Style : Hard Rock

- 3 -

U2
The Joshua Tree (1987)

The Joshua Tree est l'album qui est venu concrétiser la célébrité de U2 à travers le monde grâce à des incontournables comme « I Still Haven't Found What I'm Looking For » et « With or Without You ». Ma préférée demeure tout de même « Where the Streets Have No Name », qui a pris une nouvelle dimension au cours des cérémonies pour venir en aide aux victimes des attentats du 11 septembre 2001.

En plus de ces succès incontournables, on ne peut passer sous silence des titres comme « Bullet the Blue Sky » et « In God's Country ». En fait, l'ensemble de *The Joshua Tree* ne contient aucune faiblesse et les pièces moins connues sont toutes aussi efficaces.

Titres :
(chansons écrites et composées par Bono, The Edge, Adam Clayton et Larry Mullen Jr.)

1- Where the Streets Have No Name – 5:38

2- I Still Haven't Found What I'm Looking For – 4:37

3- With or Without You – 4:56

4- Bullet the Blue Sky – 4:32

5- Running to Stand Still – 4:18

6- Red Hill Mining Town – 4:53

7- In God's Country – 2:57

8- Trip Through Your Wires – 3:32

9- One Tree Hill – 5:23

10- Exit – 4:13

11- Mothers of the Disappeared – 5:12

Durée totale : 50 minutes

U2 en bref :

Formation : 1976

Provenance : Dublin, Irlande

Styles : Pop Rock, New Wave, Post-Punk

- 4 -

METALLICA
Master of Puppets
(1986)

Même si *Master of Puppets* ne fait pas un bond en avant aussi gigantesque que *Ride the Lightning* l'a fait deux ans plus tôt, il s'agit de la plus grande réussite du groupe, saluée comme un chef-d'œuvre par la critique. C'est aussi un succès considérable, qui atteindra le top 30 et se vendra à plus de trois millions d'exemplaires, malgré une diffusion absolument inexistante.

Master of Puppets présente plusieurs ressemblances par rapport à *Ride the Lightning*, notamment dans la structure, cependant l'album propose un raffinement des innovations du précédent. Plus unifié et cohérent, tant sur le plan thématique que musical, tout de *Master of Puppets* est gonflé à des proportions épiques (les chansons sont en effet beaucoup plus longues en moyenne) et le groupe semble mieux contrôler sa direction.

Les moments de thrash metal pur sur l'album sont plus puissants que jamais et le son établira le standard non seulement pour la suite de Metallica, mais pour le métal en général. Les arrangements sont musclés et le matériel varie suffisamment en texture et en tempo pour maintenir l'intérêt jusqu'à la fin. Voici l'un des meilleurs albums de l'histoire du heavy metal. Un classique incontournable!

Titres :
(chansons écrites et composées par James Hetfield, Lars Ulrich, Kirk Hammett et Cliff Burton, sauf où c'est indiqué)

1- Battery (Hetfield, Ulrich) – 5:10

2- Master of Puppets – 8:38

3- The Thing That Should Not Be (Hetfield, Ulrich, Hammett) – 6:32

4- Welcome Home (Sanitarium) (Hetfield, Ulrich, Hammett) – 6:28

5- Disposable Heroes (Hetfield, Ulrich, Hammett) – 8:14

6- Leper Messiah (Hetfield, Ulrich) – 5:38

7- Orion (Hetfield, Ulrich, Burton) – 8:12

8- Damage, Inc. – 5:08

Durée totale : 55 minutes

Metallica en bref :

Formation : 1981

Provenance : Los Angeles, Californie, États-Unis

Styles : Thrash Metal, Heavy Metal

- 5 -

FAITH NO MORE
The Real Thing (1989)

En 1989, dans une période où les cheveux des musiciens semblent plus importants que la qualité de leurs compositions, Faith No More surprend tout le monde avec un album différent. Malgré un excellent disque lancé deux ans plus tôt (*Introduce Yourself*), ils n'ont pas réussi à sortir de l'*underground*. Mais avec *The Real Thing*, le groupe passe de l'autre côté avec un succès immense et des prix.

Faith No More est d'abord l'un des premiers groupes à si bien mélanger rock et rap sur le succès « Epic ». Ils présentent aussi un son des plus originaux sur des pièces comme l'entraînante « From Out of Nowhere », l'excellente « Falling to Pieces », la lourde « Surprise! You're Dead! » et la variée « Zombie Eaters ». Ils osent en plus reprendre un classique de **Black Sabbath**, « War Pigs », qu'ils réussissent à s'approprier habilement, à tel point que certains jeunes de l'époque croyaient que la pièce était d'eux.

Dans ce groupe que le peuple découvre, on peut entendre un jeune chanteur prometteur du nom de **Mike Patton**. Il se fera connaître au cours des années suivantes pour son éclectisme au sein de groupes comme **Mr. Bungle**, **Fantômas** et **Tomahawk**, notamment.

Avec *The Real Thing*, Faith No More nous présente un album sans faiblesses, original et varié. Le groupe est précurseur du mouvement alternatif qui allait se développer dans les années 1990, dirigé par le grunge. Ils allaient eux-mêmes contribuer au mouvement en 1992 avec l'excellent *Angel Dust*, parfois même préféré à *The Real Thing*.

Titres :
(chansons écrites et composées par Faith No More, sauf où c'est indiqué)

1- From Out of Nowhere – 3:22

2- Epic – 4:53

3- Falling to Pieces (Patton, Bordin, Bottum, Gould, Martin) – 5:15

4- Surprise! You're Dead! – 2:27

5- Zombie Eaters – 6:00

6- The Real Thing – 8:13

7- Underwater Love – 3:51

8- The Morning After – 3:43

9- Woodpecker from Mars – 5:40

10- War Pigs (Osbourne, Iommi, Butler, Ward, Faith No More) – 7:44

11- Edge of the World – 4:10

Durée totale : 55 minutes

Faith No More en bref :

Formation : 1979

Provenance : San Francisco, Californie, États-Unis

Styles : Rock alternatif, Funk Metal, Métal alternatif

- 6 -

THE POLICE
Synchronicity (1983)

À la fois plus pop et plus expérimental que *Ghost in the Machine* ou *Zenyatta Mondatta*, *Synchronicity* fait de The Police des superstars, générant pas moins de cinq succès monstres. À l'exception de « Synchronicity II », qui sonne de manière désarmante comme une mauvaise chanson de **Billy Idol**, chacun de ces extraits est un classique. « Every Breath You Take » a un rythme séduisant qui masque sa malice, « King of Pain » et « Wrapped Around Your Finger » sont des morceaux new wave diablement contagieux, et « Tea in the Sahara » est hypnotique dans ses refrains mesurés et mélancoliques.

Le groupe s'appuie fortement sur des textures jazzy pour les chansons de **Sting**, qui ne fonctionnent que sur « Synchronicity I ». Puis, comme pour prouver que The Police est encore un groupe uni, on retrouve une chanson de **Stewart Copeland** et d'**Andy Summers**, toutes deux horribles, comme si elles essayaient de saboter l'album.

Comme elles arrivent sur la première face, dépourvue de simples, elles font sonner l'album comme deux mini-albums collés ensemble : l'un rempli de pop de première qualité, et l'autre un exercice d'autocomplaisance.

Si les succès sont parmi les meilleurs de Sting, ils illustrent également le fait qu'il est prêt à quitter The Police pour une carrière solo, ce qu'il allait faire peu de temps après.

Titres :
(chansons écrites et composées par Sting, sauf où c'est indiqué)

1- Synchronicity I – 3:26
2- Walking in Your Footsteps – 3:36
3- O My God – 4:02
4- Mother (Sting, Summers) – 3:05
5- Miss Gradenko (Sting, Copeland) – 2:00
6- Synchronicity II – 5:02
7- Every Breath You Take – 4:14
8- King of Pain – 4:58
9- Wrapped Around Your Finger – 5:13
10- Tea in the Sahara – 4:11
11- Murder by Numbers (Sting, Summers) – 4:34

Durée totale : 44 minutes

The Police en bref :

Formation : 1977-2008

Provenance : Londres, Angleterre, Royaume-Uni

Styles : Pop Rock, New Wave, Rock alternatif

- 7 -

MISFITS
Walk Among Us (1982)

Le premier album des Misfits deviendra rapidement un disque légendaire du punk américain, d'autant plus qu'il viole délibérément de nombreuses règles de la scène punk. Totalement dépourvus de confrontation politique ou sociale, adoptant un sens du costume qui aurait pu faire réfléchir **KISS**, et se présentant comme les cauchemars de films d'horreur, les Misfits veulent simplement divertir et faire leur propre truc, ce qu'ils réussissent avec brio.

Presque toutes les chansons (13 au total, livrées à la vitesse de l'éclair en 25 minutes) sont des classiques tordus, avec des mélodies des années 1950-60 jouées à la manière punk/métal ou psychobilly. L'enregistrement à plus gros budget (en termes très relatifs) permet d'obtenir un son légèrement plus propre. Le don de **Glenn Danzig** pour le chant glauque et fort est établi depuis longtemps et il l'utilise brillamment, rendant les paroles exagérées d'autant plus agréables, tandis que **O.C. Doyle**, **Jerry Only** et **Arthur**

Googy s'éclatent sur les chansons de Danzig (« Hatebreeders », « Violent World », « Skulls »). L'album se termine par la ridicule « Braineaters », dans laquelle les voix chantantes du groupe déplorent leur régime constant de cervelle et demandent des intestins à la place…

Le point culminant est « Mommy Can I Go Out and Kill Tonight? ». Tirée du concert qui a donné lieu à la sortie d'*Evilive*, elle commence sur les chapeaux de roue et, après que Danzig a prononcé le titre sans instruments, se transforme en une explosion de rythme et de feedback à mettre ses enceintes acoustiques à risque.

Titres :
(chansons écrites et composées par Glenn Danzig)

1- 20 Eyes – 1:46
2- I Turned Into a Martian – 1:43
3- All Hell Breaks Loose – 1:47
4- Vampira – 1:20
5- Nike-A-Go-Go – 2:10
6- Hatebreeders – 3:00
7- Mommy Can I Go Out & Kill Tonight? – 1:59
8- Night of the Living Dead – 1:58
9- Skulls – 2:00
10- Violent World – 1:40
11- Devils Whorehouse – 1:45
12- Astro Zombies – 2:15
13- Braineaters – 0:56

Durée totale : 24 minutes

Misfits en bref :

Formation : 1977

Provenance : Lodi, New Jersey, États-Unis

Styles : Punk Rock, Punk Hardcore, Psychobilly

- 8 -

DEF LEPPARD
Hysteria (1987)

Alors que *Pyromania* a établi la norme en matière de pop metal léché et accrocheur, *Hysteria* l'élève un peu plus. La réalisation de **Mutt Lange** pour *Pyromania* se transforme en une obsession minutieuse pour les détails sonores denses sur *Hysteria*. Résultat : certains critiques rejettent l'album comme une musique pop rigide et mécanisée (peut-être en partie à cause du nouveau kit de batterie de **Rick Allen**, partiellement électronique).

La musique de Def Leppard a toujours utilisé de grandes mélodies accrocheuses, et peu de groupes de hard rock ayant atteint les palmarès peuvent rivaliser avec le sens artistique du groupe. Surtout, aucun n'a le sens de l'écriture pop pour produire sept simples à succès sur le même album, comme c'est le cas pour *Hysteria,* le tout avec cohérence.

Les paroles de **Joe Elliott** semblent obsédées par **T. Rex**, en particulier sur l'hymne ludique et idiot « Pour Some Sugar on Me » et l'hommage au glam rock britannique « Rocket », tandis que les ballades puissantes « Love Bites » et la chanson-titre n'ont pas le sentimentalisme d'albums similaires.

Les mélodies pop puissantes et la réalisation « parfaite » d'*Hysteria* ne plairont peut-être pas aux fans inconditionnels de métal, mais il s'agit ici du meilleur pop metal jamais enregistré. Son succès retentissant ouvrira la voie à une nouvelle vague de groupes de hard rock, tout en prouvant que les vétérans du genre ont toujours leur place.

Titres :
(chansons écrites et composées par Joe Elliott, Robert John "Mutt" Lange, Steve Clark, Phil Collen, Rick Savage et Rick Allen, sauf où c'est indiqué)

1- Women (Elliott, Lange, Clark, Collen, Savage) – 5:41

2- Rocket (Elliott, Lange, Clark, Collen, Savage) – 6:34

3- Animal (Elliott, Lange, Clark, Collen, Savage) – 4:02

4- Love Bites – 5:46

5- Pour Some Sugar on Me – 4:25

6- Armageddon It – 5:21

7- Gods of War – 6:32

8- Don't Shoot Shotgun – 4:10

9- Run Riot – 4:38

10- Hysteria – 5:49

11- Excitable – 4:19

12- Love and Affection – 4:35

Durée totale : 62 minutes

Def Leppard en bref :

Formation : 1977

Provenance : Sheffield, Angleterre, Royaume-Uni

Styles : Hard Rock, NWOBHM

- 9 -

BRYAN ADAMS 
Reckless (1984)

Reckless est le quatrième album studio de l'auteur-compositeur et interprète canadien Bryan Adams, et celui qui lui permettra d'atteindre la célébrité mondiale. Coréalisé par Adams et **Bob Clearmountain**, le disque a été enregistré aux Little Mountain Sound Studios à Vancouver.

Son plus grand succès avec 12 millions de copies vendues dans le monde et le premier album canadien à se vendre à plus d'un million d'exemplaires au Canada, *Reckless* est aussi considéré comme le meilleur disque en carrière pour Bryan Adams. L'album atteindra la première place du Billboard 200 et se retrouvera en bonne position dans les palmarès du monde entier.

Six extraits de *Reckless* deviendront d'immenses succès : « Run to You », « Somebody », la ballade « Heaven », le classique indémodable « Summer of '69 », « One Night Love Affair » et « It's Only Love », en duo avec **Tina Turner**. Les six succès entrent dans le top 15 du Billboard Hot 100 américain, ce qui n'a été réussi auparavant que par les albums *Thriller* de **Michael Jackson** et *Born in the U.S.A.* de **Bruce Springsteen**, deux Américains.

Titres :
(chansons écrites et composées par Bryan Adams et Jim Vallance)

1- One Night Love Affair – 4:32

2- She's Only Happy When She's Dancin' – 3:14

3- Run to You – 3:54

4- Heaven – 4:03

5- Somebody – 4:44

6- Summer of '69 – 3:35

7- Kids Wanna Rock – 2:36

8- It's Only Love (avec Tina Turner) – 3:15

9- Long Gone – 3:57

10- Ain't Gonna Cry – 4:06

Durée totale : 38 minutes

Bryan Adams en bref :

Nom complet : Bryan Guy Adams

Naissance : 5 novembre 1959

Provenance : Kingston, Ontario, Canada

Styles : Rock, Pop Rock

- 10 -

RED HOT CHILI PEPPERS
Mother's Milk (1989)

Mother's Milk change la donne pour les Red Hot Chili Peppers et transforme le groupe de rappeurs / funk rockeurs underground en mauvais garçons grand public. L'album les propulse sur MTV, leur permet de signer un contrat avec Warner et permet au leader **Anthony Kiedis** et au bassiste **Flea** de retrouver leur air d'aller à la suite du décès de **Hillel Slovak**, membre fondateur du groupe.

Avec une nouvelle formation qui s'articule autour du duo restant, du nouveau batteur **Chad Smith** et du guitariste **John Frusciante**, ainsi qu'avec le réalisateur **Michael Beinhorn** de nouveau derrière la console, le groupe prend tout ce que *The Uplift Mofo Party Plan* laissait présager, et le met en œuvre pleinement pour cette nouvelle aventure.

Si quelqu'un doute de la puissance de « Good Time Boys », il ne faut que quelques mesures de l'interprétation brillante du classique de **Stevie Wonder**, « Higher Ground », pour prouver que cette nouvelle formation possède quelque chose de spécial. Avec « Punk Rock Classic » et l'hommage à « Magic Johnson », *Mother's Milk* représente tout ce que le groupe avait espéré et un peu plus. Certifié disque d'or grâce à « Knock Me Down » et « Taste the Pain », l'album prépare non seulement le terrain pour la domination de *Blood Sugar Sex Magic*, il prouve aussi que le funk n'est pas mort, qu'il a juste changé de peau.

Titres :
(chansons écrites et composées par Red Hot Chili Peppers, sauf où c'est indiqué)

1- Good Time Boys – 5:01
2- Higher Ground (Wonder) – 3:22
3- Subway to Venus – 4:25
4- Magic Johnson – 2:57
5- Nobody Weird Like Me – 3:49
6- Knock Me Down – 3:43
7- Taste the Pain – 4:31
8- Stone Cold Bush – 3:05
9- Fire (Hendrix) – 2:03
10- Pretty Little Ditty – 3:07
11- Punk Rock Classic – 1:46
12- Sexy Mexican Maid – 3:22
13- Johnny, Kick a Hole in the Sky – 5:20

Durée totale : 45 minutes

Red Hot Chili Peppers en bref :

Formation : 1983

Provenance : Los Angeles, Californie, États-Unis

Styles : Rock alternatif, Funk Rock, Pop Rock

- 11 -

R.E.M.
Document (1987)

R.E.M. a commencé à s'orienter vers la production de disques grand public sur *Lifes Rich Pageant*, mais ils n'ont pas réussi à percer commercialement avant *Document*, l'année suivante. Ironiquement, *Document* est un album plus étrange et plus varié que son prédécesseur, mais le coréalisateur **Scott Litt** (qui allait réaliser tous les albums de R.E.M. au cours de la décennie suivante) réussit à donner au groupe un son propre sans sacrifier ses tendances énigmatiques.

L'ouverture de « Finest Worksong », le délire de « It's the End of the World as We Know It (And I Feel Fine) » et le simple surprise « The One I Love » profitent tous de rythmes et de riffs de guitare musclés, mais la vraie surprise est de voir à quel point la pop mid-tempo de « Welcome to the Occupation », « Disturbance at the Heron House », et « King of Birds » est politique.

Là où *Lifes Rich Pageant* sonnait un peu comme un disque de fête, *Document* est une déclaration enflammée, et ses mélodies et riffs mémorables sont rendus d'autant plus indélébiles par sa colère. En d'autres termes, il ne s'agit pas seulement d'une percée commerciale, mais aussi d'une percée créative, témoignant de la profondeur et de la maturité croissantes de R.E.M.

Titres :
(chansons écrites et composées par Michael Stipe, Bill Berry, Peter Buck et Mike Mills, sauf où c'est indiqué)

1- Finest Worksong – 3:48

2- Welcome to the Occupation – 2:48

3- Exhuming McCarthy – 3:19

4- Disturbance at the Heron House – 3:33

5- Strange
(Gilbert, Gotobed, Lewis, Newman) – 2:32

6- It's the End of the World as We Know It (And I Feel Fine) – 4:07

7- The One I Love – 3:17

8- Fireplace – 3:24

9- Lightnin' Hopkins – 3:18

10- King of Birds – 4:07

11- Oddfellows Local 151 – 5:21

Durée totale : 40 minutes

R.E.M. en bref :

Formation : 1980-2011

Provenance : Athens, Georgie, États-Unis

Styles : Rock alternatif, Pop Rock, Folk Rock

- 12 -

VAN HALEN
1984 (1984)

À sa sortie, c'est l'adoption de synthétiseurs sur *1984* qui fait d'abord parler de cet album, même s'ils en avaient déjà utilisés sur leurs derniers enregistrements. Le fait que les synthétiseurs soient au premier plan, sur « Jump » par exemple, le premier simple de l'album et leur plus grand succès à ce jour, bouleverse le monde du hard rock, parlant même de trahison.

Pourtant, la guitare demeure bien présente sur *1984* et le groupe possède toujours sa signature rock unique, avec sa solide section rythmique et le chant énergique de **David Lee Roth**. Donc, même si « Jump » navigue en territoire pop, *1984* possède toujours une bonne part de rock lourd, montrant le même groupe enflammé que sur les albums précédents.

Ce sixième disque présente certaines de leurs meilleures chansons à ce jour, derrière la locomotive de « Jump ». Bien sûr, les hymnes « Panama » et « Hot for Teacher » font partie des classiques de Van Halen depuis ce temps. Mais « Top Jimmy », « Drop Dead Legs » et la conclusion dense mais funky « House of Pain » sont aussi d'excellentes chansons, avec de superbes riffs de guitares et des mélodies accrocheuses.

Avec *1984*, **Eddie Van Halen** et sa bande joignent leurs prouesses musicales au chant glorieux de Diamond Dave et à leurs compositions les plus solides, pour en faire leur meilleur album en carrière. Roth allait être renvoyé après cet album et le groupe ne pourra répéter un tel succès, malgré de bons moments avec **Sammy Hagar**.

Titres :
(chansons écrites et composées par David Lee Roth, Eddie Van Halen, Michael Anthony et Alex Van Halen, sauf où c'est indiqué)

1- 1984 – 1:06

2- Jump – 4:03

3- Panama – 3:32

4- Top Jimmy – 3:00

5- Drop Dead Legs – 4:14

6- Hot for Teacher – 4:42

7- I'll Wait (Roth, E. Van Halen, Anthony, A. Van Halen, McDonald) – 4:42

8- Girl Gone Bad – 4:34

9- House of Pain – 3:19

Durée totale : 33 minutes

Van Halen en bref :

Formation : 1974-2020

Provenance : Pasadena, Californie, États-Unis

Styles : Hard Rock, Pop Rock

- 13 -

RUSH 
Moving Pictures (1981)

Moving Pictures est largement considéré comme le meilleur album de Rush et salué comme l'un des plus grands albums de rock progressif de tous les temps. Sur *Permanent Waves*, un an plus tôt, le trio avait fusionné de belle façon musiques new wave et hard rock, et il perfectionne son art sur *Moving Pictures*.

Parmi les sept titres de l'album, quatre sont encore régulièrement diffusés sur les radios de rock classique et l'album a atteint le #3 des palmarès aux États-Unis et au Royaume-Uni. Leur chanson la plus connue, « Tom Sawyer », a été coécrite par le groupe et **Pye Dubois**, parolier de **Max Webster**. Elle est suivie de l'allégorie futuriste de la rébellion automobile « Red Barchetta », inspirée d'une nouvelle écrite par **Richard Foster**. Elle cède la place à l'instrumentale progressive tentaculaire « YYZ ».

« Limelight » emprunte son introduction à « Fly by Night », tandis que la structure des couplets rappelle « Free Will » en examinant les risques de la célébrité. « The Camera Eye », d'une durée de 11 minutes, commence par un segment de synthétiseurs avant de se transformer en une épopée progressive, marquant la dernière chanson studio de plus de 10 minutes enregistrée par le groupe.

« Witch Hunt » (un collage sombre de voix criées et sinistres) et « Vital Signs » (un mélange raffiné de new wave, reggae et rock progressif) demeurent deux des compositions rock les plus sous-estimées du trio. *Moving Pictures* prouve que Rush en 1981 ne débute que son exploration de vastes territoires musicaux.

Titres :
(chansons écrites et composées par Geddy Lee, Alex Lifeson et Neil Peart, sauf où c'est indiqué)

**1- Tom Sawyer
   (Lee, Lifeson, Peart, Dubois) – 4:33**
2- Red Barchetta – 6:10
3- YYZ – 4:26
4- Limelight – 4:19
5- The Camera Eye – 11:01
6- Witch Hunt – 4:45
7- Vital Signs – 4:46

Durée totale : 40 minutes

Rush en bref :

Formation : 1968-2018

Provenance : Toronto, Ontario, Canada

Styles : Rock progressif, Hard Rock

- 14 -

BRUCE SPRINGSTEEN
Born in the U.S.A.
(1984)

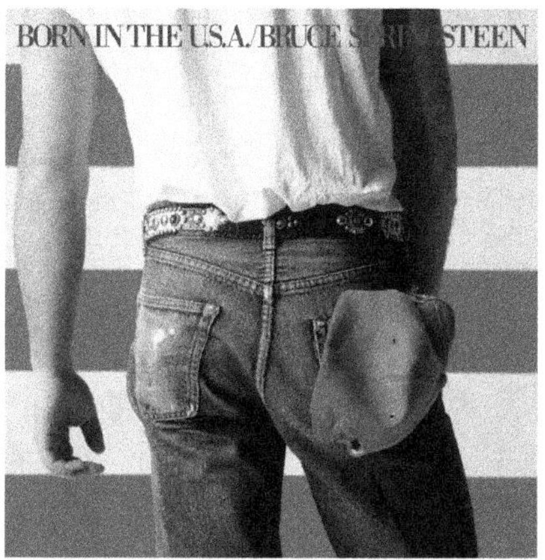

Bruce Springsteen est devenu un auteur-compositeur de plus en plus déprimé au cours de sa carrière, et son pessimisme a atteint son paroxysme avec *Nebraska*. Mais sur *Born in the U.S.A.*, son triomphe populaire qui connaîtra sept succès dans le top 10 et deviendra l'un des albums les plus vendus de tous les temps, Springsteen adoucit son message par de la nostalgie et de la sentimentalité. « Glory Days » utilise peut-être la désaffection caractéristique de Springsteen, mais elle est perçue comme une complainte d'ivrogne sur un canapé.

Born in the U.S.A. marque surtout la première fois que les personnages de Springsteen semblent vraiment apprécier le combat et avoir une raison de se battre. Le héros agité de « Dancing in the Dark » s'engage même face à la futilité, et pour Springsteen, c'est un pas en avant.

Les jeunes garçons romantiques de ses deux premiers albums, endurcis par la vie active rencontrée dans ses troisième, quatrième et cinquième albums et ayant affronté le désespoir du sixième, sont toujours vivants dans ce septième disque, avec leur sens de l'humour et leur détermination intacts.

Born in the U.S.A. est leur apothéose, l'endroit où ils renouvèlent leur engagement et où Springsteen se souvient qu'il est une star du rock 'n' roll, au grand plaisir de son auditoire.

Titres :

1- Born in the U.S.A. – 4:39

2- Cover Me – 3:26

3- Darlington County – 4:48

4- Working on the Highway – 3:11

5- Downbound Train – 3:35

6- I'm on Fire – 2:36

7- No Surrender – 4:00

8- Bobby Jean – 3:46

9- I'm Goin' Down – 3:29

10- Glory Days – 4:15

11- Dancing in the Dark – 4:01

12- My Hometown – 4:33

Durée totale : 46 minutes

Bruce Springsteen en bref :

Naissance : 23 septembre 1949

Provenance : Long Branch, New Jersey, États-Unis

Styles : Rock, Pop Rock, Folk Rock

- 15 -

ZZ TOP
Eliminator (1983)

ZZ Top avait déjà atteint le sommet des palmarès auparavant, mais leur soudaine popularité en 1983 surprend tout de même. C'est qu'ils réussissent sur *Eliminator* à fusionner parfaitement leur groove blues rock aux synthétiseurs de la musique new wave, en plus d'avoir compris comment se vendre sur MTV.

Bien sûr, le fait d'avoir des chansons aux mélodies contagieuses et inoubliables a grandement contribué à leur succès, surtout avec les simples « Gimme All Your Lovin' », « Sharp Dressed Man » et « Legs », leur meilleure série de chansons depuis les beaux jours de *Tres Hombres*.

Les chansons à elles seules allaient permettre à *Eliminator* de devenir l'un des plus grands albums de ZZ Top, mais leur utilisation de synthétiseurs et de séquenceurs en fait un succès retentissant, parfaitement adapté au son de l'époque.

Avec le temps, *Eliminator* peut sonner quelque peu mécanique, mais il demeure l'un des meilleurs albums du groupe, avec des grooves d'une précision inébranlable.

Les fans de la première heure et les puristes du blues rock grimaceront probablement à l'écoute de cet album qui appartient complètement aux années 1980, mais ils ne pourront s'empêcher de taper du pied en entendant les excellents classiques qu'*Eliminator* contient.

Titres :
(chansons écrites et composées par Billy Gibbons, Dusty Hill et Frank Beard)

1- Gimme All Your Lovin' – 4:03

2- Got Me Under Pressure – 4:02

3- Sharp Dressed Man – 4:18

4- I Need You Tonight – 6:16

5- I Got the Six – 2:54

6- Legs – 4:31

7- Thug – 4:19

8- TV Dinners – 3:50

9- Dirty Dog – 4:06

10- If I Could Only Flag Her Down – 3:39

11- Bad Girl – 3:16

Durée totale : 44 minutes

ZZ Top en bref :

Formation : 1969

Provenance : Houston, Texas, États-Unis

Styles : Blues Rock, Hard Rock

- 16 -

IRON MAIDEN
The Number of the Beast
(1982)

Classé parmi les plus grands albums de heavy metal de tous les temps, *The Number of the Beast* marque la naissance d'Iron Maiden tel que nous le connaissons, porté par l'arrivée de **Bruce Dickinson** au micro. L'album atteindra le sommet des palmarès au Royaume-Uni, en plus de faire d'Iron Maiden le groupe de prédilection pour les puristes désirant un métal sans compromis. Iron Maiden reprend le schéma de base créé par **Judas Priest** avec des tempos agressifs, un jeu de guitares double, des voix puissantes et étendues, le tout accéléré et plus fort.

L'intensité de l'album ne se relâche jamais et la technique musicale est inégalée pour l'époque. Avec un chanteur capable de livrer la mélodie de façon grandiose, l'écriture de **Steve Harris** devient plus ambitieuse, abandonnant la violence de la rue au profit de thèmes épiques, de la science-fiction et de l'horreur. Les exceptions sont « 22 Acacia Avenue », qui semble avoir été écrite pour le registre de **Paul Di'Anno**, et le récit de crimes de rue de « Gangland », deux morceaux d'antan.

L'hymne au rythme galopant « Run to the Hills », sur la conquête des Amérindiens, sera leur premier simple à se classer dans le top 10 au Royaume-Uni. Quant à « Hallowed Be Thy Name », elle est la plus célèbre des longues épopées du groupe avec certaines des paroles les plus philosophiques de Harris. « The Prisoner » est une relecture de la série télévisée britannique, et « Children of the Damned » est un morceau plus lent et lourd, inspiré de **Black Sabbath**. *The Number of the Beast* représente un point culminant pour la musique métal, trouvant un équilibre entre mélodisme, technique et intensité.

Titres :
(chansons écrites et composées par Steve Harris, sauf où c'est indiqué)

1- Invaders – 3:25

2- Children of the Damned – 4:35

3- The Prisoner (Harris, Smith) – 6:04

4- 22 Acacia Avenue (Harris, Smith) – 6:37

5- The Number of the Beast – 4:52

6- Run to the Hills – 3:54

7- Gangland (Harris, Smith, Burr) – 3:48

8- Total Eclipse (Harris, Di'Anno, Burr) – 4:26

9- Hallowed Be Thy Name – 7:14

Durée totale : 39 minutes

Iron Maiden en bref :

Formation : 1975

Provenance : Londres, Angleterre, Royaume-Uni

Styles : Heavy Metal, NWOBHM

- 17 -

METALLICA
...*And Justice For All*
(1988)

Après le chef-d'œuvre de *Master of Puppets* deux ans plus tôt, *...And Justice for All* était très attendu. À la suite du décès tragique de **Cliff Burton**, c'est **Jason Newsted** (ex-**Flotsam and Jetsam**) qui prend sa relève à la basse, presque complètement effacée du mix final malheureusement. Même les guitares bourdonnent faiblement et **Lars Ulrich** semble incapable de marteler la batterie comme à son habitude. C'est dommage parce que musicalement, *...And Justice for All* est l'œuvre la plus complexe et la plus ambitieuse de Metallica.

Chaque chanson est une suite étendue, et seuls deux des neuf titres durent moins de six minutes. Il faut un certain temps pour s'y habituer, mais l'album révèle certains des meilleurs morceaux de Metallica. Il met aussi en évidence la détermination du groupe à aller jusqu'au bout de la composition, en ajoutant des sections, des signatures temporelles, des arpèges de guitare et des leads harmonisés. Certaines parties manquent cependant de direction et auraient probablement dû être réduites pour le bien de l'ensemble.

L'album suit vaguement le modèle de *Ride the Lightning*, mais pas aussi étroitement que *Master of Puppets*. La quatrième chanson, « One », est encore une fois une ballade avec un refrain et une fin *thrash*. Elle donne au groupe l'un des simples les plus improbables de l'histoire du top 40, ainsi qu'un premier vidéoclip pour Metallica (malgré ses sept minutes 24).

Les opinions sur *...And Justice for All* restent quelque peu divisées : certains pensent qu'il s'agit d'un chef-d'œuvre légèrement imparfait et de l'apogée des années progressives de Metallica, alors que d'autres le considèrent comme trop ambitieux et mal réalisé. L'une ou l'autre interprétation peut être facilement soutenue, mais le groupe se devait d'effectuer un virage musical par la suite, ce qui arrivera avec l'album noir.

Titres :
(chansons écrites et composées par James Hetfield, Lars Ulrich et Kirk Hammett, sauf où c'est indiqué)

1- Blackened (Hetfield, Ulrich, Hammett, Newsted) – 6:40

2- ...And Justice for All – 9:44

3- Eye of the Beholder – 6:25

4- One (Hetfield, Ulrich) – 7:24

5- The Shortest Straw (Hetfield, Ulrich) – 6:35

6- Harvester of Sorrow (Hetfield, Ulrich) – 5:42

7- The Frayed Ends of Sanity – 7:40

8- To Live Is to Die (Hetfield, Ulrich, Burton) – 9:48

9- Dyers Eve – 5:12

Durée totale : 65 minutes

- 18 -

TWISTED SISTER
Stay Hungry (1984)

Après avoir passé près d'une décennie à essayer de se faire une place dans le paysage musical, Twisted Sister obtient enfin tout le succès qu'il mérite avec *Stay Hungry*. Leur premier album avait été un coup de folie, leur deuxième avait été à peine une faute, mais avec ce troisième disque, les vétérans new-yorkais réussissent enfin à frapper un grand coup. Après avoir fait leurs preuves dans les clubs de New York, **Dee Snider** et sa bande s'imposent et prennent le devant de la scène.

Avec leurs vidéoclips comiques, les succès « We're Not Gonna Take It » et « I Wanna Rock » aident le groupe à se faire accepter par MTV, et une ballade compétente, « The Price », consolide leur statut de groupe grand public. Mais c'est la menace irréfutable de titres comme « The Beast », « S.M.F. » et l'énorme « Burn in Hell » qui touche leurs fans fidèles et qui révèle la véritable puissance de Twisted Sister.

Les sinistres « Captain Howdy » et « Street Justice » qui composent la suite « Horror-teria » (qui servira plus tard de base au projet de film malheureux de Snider, *Strangeland*) sont un croisement entre **Alice Cooper** et l'auteur de romans d'horreur **Stephen King**. Et n'oublions pas l'ambition métallique totale de la chanson-titre.

Ironiquement, l'attrait très grand public de l'album aliénera le noyau dur de leurs fans de heavy metal et marquera la chute du groupe par la suite.

Titres :
(chansons écrites et composées par Dee Snider, sauf où c'est indiqué)

1- Stay Hungry – 3:03

2- We're Not Gonna Take It – 3:40

3- Burn in Hell – 4:53

4- Horror-Teria: Captain Howdy/Street Justice – 7:45

5- I Wanna Rock (Snider, Werman) – 3:05

6- The Price – 3:49

7- Don't Let Me Down – 4:26

8- The Beast – 3:30

9- S.M.F. – 3:00

Durée totale : 37 minutes

Twisted Sister en bref :

Formation : 1972-2016

Provenance : Long Island, New York, États-Unis

Styles : Hard Rock, Heavy Metal

- 19 -

DEF LEPPARD
Pyromania (1983)

Alors que Def Leppard voulait manifestement écrire de grands hymnes sur ses précédents albums, *Pyromania* est le point de convergence de la vision du groupe, transformée en quelque chose de plus. Plus que jamais, les chansons du groupe sont dirigées par des mélodies accrocheuses et brillantes, plutôt que par des riffs de guitare lourds, bien que ces derniers apparaissent toujours de temps à autre.

Mais ce n'est pas seulement l'accent mis sur la mélodie (et la forte exposition à MTV) qui fait de *Pyromania* un succès massif et le catalyseur du mouvement pop metal des années 1980. La production lustrée de **Robert John « Mutt » Lange**, des sons de batterie et de guitare polis, des couches d'harmonies vocales multipistes, un ponçage général de toutes les aspérités musicales et une attention perfectionniste aux détails donnera le ton à la plupart des albums de hard rock mélodique qui suivront.

Il ne s'agit pas d'un son brut ou spontané, mais les performances s'avèrent toujours énergiques et engagées. La quête de Def Leppard pour une perfection hard rock énorme et transcendante est étonnamment réussie sur *Pyromania*, ce qui fait de l'album un classique durable (et massivement influent). Une excellente préparation pour le chef-d'œuvre que constituera *Hysteria* quatre ans plus tard.

Titres :

(chansons écrites et composées par Joe Elliott, Robert John "Mutt" Lange, Steve Clark, Rick Savage et Pete Willis, sauf où c'est indiqué)

1- Rock Rock ('Til You Drop) (Elliott, Lange, Clark, Savage) – 3:52

2- Photograph – 4:12

3- Stagefright (Elliott, Lange, Savage) – 3:46

4- Too Late for Love – 4:30

5- Die Hard the Hunter (Elliott, Lange, Clark, Savage) – 6:17

6- Foolin' (Elliott, Lange, Clark) – 4:32

7- Rock of Ages (Elliott, Lange, Clark) – 4:09

8- Comin' Under Fire – 4:20

9- Action! Not Words (Elliott, Lange, Clark) – 3:52

10- Billy's Got a Gun – 5:27

Durée totale : 45 minutes

Def Leppard en bref :

Formation : 1977

Provenance : Sheffield, Angleterre, Royaume-Uni

Styles : Hard Rock, NWOBHM

- 20 -

BON JOVI
Slippery When Wet
(1986)

Slippery When Wet ne représente pas seulement une percée pour Bon Jovi, mais aussi pour le hard rock en général, marquant le moment où le genre est officiellement entré dans le courant dominant. L'album présente une combinaison simplifiée de pop rock, de hard rock et de métal qui plaît à tout le monde, en particulier aux filles, que le heavy metal traditionnel a souvent ignorées auparavant.

Slippery When Wet s'inspire davantage de la pop que du métal, et le groupe ne cherche pas à dissimuler son ambition commerciale, engageant même un compositeur extérieur, **Desmond Child**, pour coécrire les deux plus grands succès de l'album, « Living on a Prayer » et « You Give Love a Bad Name ». L'astuce est payante puisque *Slippery When Wet* devient l'album le plus vendu en 1987, devançant des concurrents comme *Appetite for Destruction* de **Gun N' Roses**, *The Joshua Tree* de **U2** et *Bad*

de **Michael Jackson**. Le groupe se tourne vers la nostalgie sur des chansons comme « Never Say Goodbye » et « Wild in the Streets », pour recréer (ou fabriquer) une jeunesse indomptée, pleine de sexe, ce qui séduit sans aucun doute leur public adolescent.

Bon Jovi n'est pas aussi dur que **Mötley Crüe** ou aussi technique que **Van Halen**, mais les gars jouent intelligemment avec leurs forces, évitant les extrêmes, pour une approche accessible qui finit par plaire à plus de fans que la plupart de leurs pairs.

Titres :
(chansons écrites et composées par Jon Bon Jovi et Richie Sambora, sauf où c'est indiqué)

1- Let It Rock – 5:25
**2- You Give Love a Bad Name
    (J. Bon Jovi, Sambora, Child) – 3:43**
**3- Livin' on a Prayer
    (J. Bon Jovi, Sambora, Child) – 4:09**
4- Social Disease – 4:18
5- Wanted Dead Or Alive – 5:09
6- Raise Your Hands – 4:17
7- Without Love
    (J. Bon Jovi, Sambora, Child) – 3:31
8- I'd Die for You – 4:30
9- Never Say Goodbye – 4:49
10- Wild in the Streets (J. Bon Jovi) – 3:56

Durée totale : 44 minutes

> ### *Bon Jovi en bref :*
>
> Formation : 1983
>
> Provenance : Sayreville, New Jersey, États-Unis
>
> Styles : Hard Rock, Pop Rock

- Mention honorable -

PIXIES
Doolittle (1989)

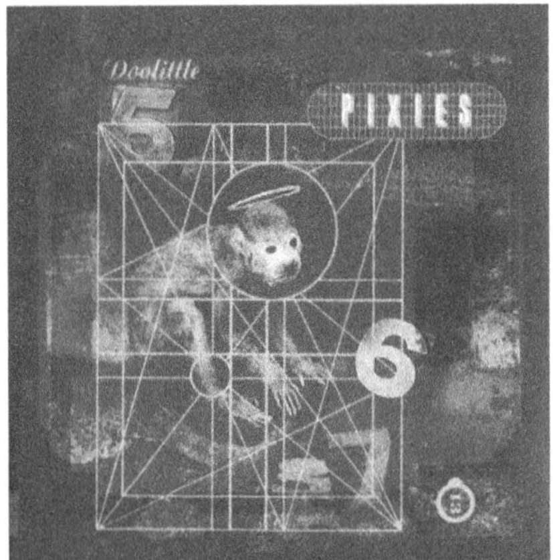

Après le brillant mais abrasif *Surfer Rosa* en 1988, le son des Pixies ne pouvait pas être plus extrême. Leur premier album chez Elektra, *Doolittle*, réduit le bruit au profit de chansons pop et accessibles. Le réalisateur **Gil Norton** y ajoute un peu d'éclat sonore, mais l'écriture plus serrée de **Black Francis** concentre l'attaque du groupe.

Les moments les plus féroces de *Doolittle*, comme « Dead », sont plus stylisés que les explosions passées du groupe. Par ailleurs, leur côté pop fait surface sur l'irrésistible simple « Here Comes Your Man » et la chanson d'amour gentiment surréaliste « La La Love You ».

La bizarrerie bruyante des Pixies se mélange avec juste assez de moments accrocheurs pour produire des simples joyeusement déments comme « Debaser », inspiré par le court métrage surréaliste classique *Un Chien Andalou*, et « Wave of Mutilation », leur ode surréaliste à la conduite d'une voiture

dans la mer. L'incontournable « Gouge Away » conclut l'ensemble.

Leur album le plus accessible au son affiné, *Doolittle* est l'un des plus éclectiques et des plus ambitieux en raison de la grande variété d'ambiances et de sons qu'il propose, sans oublier l'exploration de nouveaux horizons lyriques. Une alternative amusante et unique à la plupart des autres disques de rock collégial de la fin des années 1980, il est facile de comprendre pourquoi cet album a fait des Pixies des vedettes du rock underground.

Titres :
(chansons écrites et composées par Black Francis, sauf où c'est indiqué)

1- Debaser – 2:53
2- Tame – 1:55
3- Wave of Mutilation – 2:04
4- I Bleed – 2:34
5- Here Comes Your Man – 3:21
6- Dead – 2:21
7- Monkey Gone to Heaven – 2:57
8- Mr. Grieves – 2:05
9- Crackity Jones – 1:24
10- La La Love You – 2:43
11- No. 13 Baby – 3:51
12- There Goes My Gun – 1:49
13- Hey – 3:31
14- Silver (Francis, Deal) – 2:25
15- Gouge Away – 2:45

Durée totale : 40 minutes

Pixies en bref :

Formation : 1986

Provenance : Boston, Massachussetts, États-Unis

Style : Rock alternatif

- Mention honorable -

THE SMITHS
The Queen Is Dead
(1986)

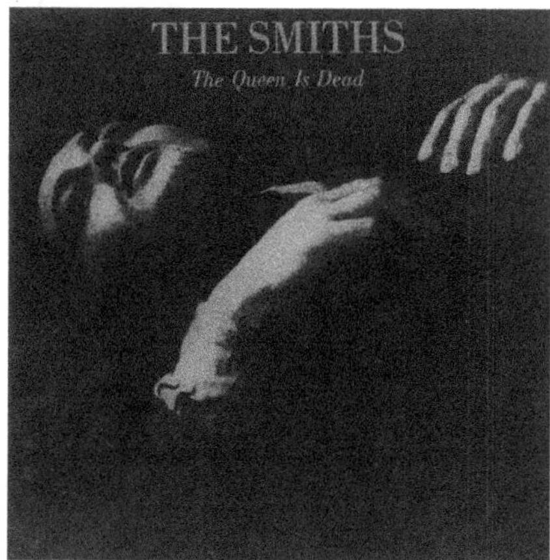

Après *Meat Is Murder*, *The Queen Is Dead* est le grand bond en avant des Smiths, transportant le groupe vers de nouveaux sommets musicaux et lyriques. *The Queen Is Dead*, qui s'ouvre sur le morceau-titre, est un disque plus rock que tout ce que les Smiths ont tenté auparavant, mais ce n'est que relatif : bien que le rythme soit plus prononcé, le groupe ne fait certainement pas de rock au sens conventionnel du terme.

Johnny Marr crée un réseau dense de guitares, alternant entre la précipitation en tonalité mineure de « Bigmouth Strikes Again » et le faux rockabilly de « Vicar in a Tutu », la pop acoustique sautillante de « Cemetry Gates » et « The Boy with the Thorn in His Side », ainsi que la belle mélancolie de « I Know It's Over » et « There Is a Light That Never Goes Out ».

Le riche lit musical offre à **Morrissey** le soutien nécessaire à son meilleur ensemble de paroles. Brisant le mythe de l'apitoiement sur soi, Morrissey livre une série dévastatrice de satires intelligentes et spirituelles des mœurs sociales britanniques, de l'intellectualisme, des classes sociales et même de lui-même. Il écrit également quelques-unes de ses chansons les plus belles et les plus touchantes, en particulier la mélancolique « The Boy with the Thorn in His Side » et l'épique « There Is a Light That Never Goes Out », deux chefs-d'œuvre qui constituent les fondations d'un album remarquable.

Titres :
(chansons écrites et composées par Morrissey et Johnny Marr)

1- The Queen Is Dead – 6:25
2- Frankly, Mr. Shankly – 2:19
3- I Know It's Over – 5:49
4- Never Had No One Ever – 3:37
5- Cemetry Gates – 2:41
6- Bigmouth Strikes Again – 3:13
7- The Boy with the Thorn in His Side – 3:17
8- Vicar in a Tutu – 2:23
9- There Is a Light That Never Goes Out – 4:04
10- Some Girls Are Bigger Than Others – 3:17

Durée totale : 37 minutes

The Smiths en bref :

Formation : 1982-1987

Provenance : Manchester, Angleterre, Royaume-Uni

Styles : Rock alternatif, Pop Rock

- Mention honorable -

THE CULT
Electric (1987)

Les racines d'*Electric* se trouvent dans un autre album, *Peace*, qui a été enregistré avec le réalisateur de *Love*, **Steve Brown**, au cours d'une série de séances d'enregistrement que le groupe trouvait de plus en plus chargées en pression et en tension. Une rencontre fortuite avec le patron de Def Jam, **Rick Rubin**, lors d'une cérémonie de remise de prix aux États-Unis, donne naissance à *Electric*. Rubin jette tous les anciens enregistrements pour une série de nouveaux, dépouillant tout et transformant essentiellement **Billy Duffy** en **Angus Young**.

Heureusement, **Ian Astbury** demeure lui-même : même si ses cris machistes ne peuvent s'empêcher d'être caricaturaux, il s'amuse clairement tout au long de l'album. Bien que le groupe et l'album aient essuyé de nombreuses critiques pour s'être vautrés dans des sons et des styles archaïques, le résultat final est une explosion d'énergie qui exige d'être entendue à plein volume, avec une batterie brutale de la part de **Les Warner** pour accompagner les accords puissants de Duffy.

« Love Removal Machine » demeure la carte de visite de l'album, un autre des simples les plus accrocheurs de The Cult. « Li'l Devil », « Wild Flower » et « King Contrary Man » sont presque aussi dignes. Il y a toutefois quelques faux pas : « Peace Dog » commence de belle façon mais finit par être ce qui arrive quand un échantillonnage des **Door**s est utilisé de la mauvaise manière, tandis que la version du classique de **Steppenwolf**, « Born to Be Wild » est complètement inutile.

Titres :
(chansons écrites et composées par Ian Astbury et Billy Duffy, sauf où c'est indiqué)

1- Wild Flower – 3:38
2- Peace Dog – 3:34
3- Lil' Devil – 2:44
4- Aphrodisiac Jacket – 4:11
5- Electric Ocean – 2:49
6- Bad Fun – 3:34
7- King Contrary Man – 3:12
8- Love Removal Machine – 4:17
9- Born to Be Wild (Bonfire) – 3:55
10- Outlaw – 2:52
11- Memphis Hip Shake – 4:00

Durée totale : 39 minutes

The Cult en bref :

Formation : 1984

Provenance : Bradford, West Yorkshire, Angleterre, Royaume-Uni

Styles : Hard Rock, Rock alternatif

- Mention honorable -

SCORPIONS
Love At First Sting
(1984)

Bien que les Scorpions aient déjà atteint la célébrité après *Blackout* en 1982, *Love at First Sting* leur apporte leur plus grand succès de la décennie avec l'hymne « Rock You Like a Hurricane », ainsi que des chansons très sous-estimées pour le soutenir.

L'album s'ouvre avec l'énergique « Bad Boys Running Wild » et se poursuit avec des chansons mémorables comme « Big City Nights » et la puissante « Coming Home ». L'album contient également ce qui représente possiblement la meilleure ballade du groupe en carrière, la déchirante « Still Loving You ».

Avec ces simples incontournables qui figurent parmi les meilleurs du groupe, *Love at First Sting* est définitivement un album de choix pour tous les fans de Scorpions. Le groupe allemand obtiendra d'autres succès importants par la suite, mais cet album demeure la référence pour Scorpions.

Titres :
(chansons écrites et composées par Klaus Meine et Rudolf Schenker, sauf où c'est indiqué)

**1- Bad Boys Running Wild
(Meine, Schenker, Rarebell) – 3:54**

**2- Rock You Like a Hurricane
(Meine, Schenker, Rarebell) – 4:11**

3- I'm Leaving You – 4:16

4- Coming Home – 4:58

5- The Same Thrill – 3:30

6- Big City Nights – 4:08

7- As Soon as the Good Times Roll – 5:01

8- Crossfire – 4:31

9- Still Loving You – 6:26

Durée totale : 41 minutes

Scorpions en bref :

Formation : 1965

Provenance : Hanover, Allemagne

Styles : Hard Rock, Pop Rock

- Mention honorable -

MICHEL
PAGLIARO ⚜
Sous peine d'amour
(1988)

Après avoir connu énormément de succès au cours des années 1970, notamment avec « J'entends frapper » et « Fou de toi », Michel Pagliaro a pris une longue pause d'enregistrement entre 1981 et 1988. *Sous peine d'amour* représente donc un retour triomphal pour le légendaire rockeur québécois.

Avec le succès anti-guerre « Les bombes », ainsi que les incontournables « L'espion », « Héros » et « Dangereux », c'est une véritable collection de *hits* que nous propose Pag sur cet album, qui figure parmi les plus grands du répertoire québécois. *Sous peine d'amour* deviendra un classique à tel point que l'artiste lui-même ne se sentira plus capable de produire un album de cette qualité. Résultat : malgré diverses rumeurs, Pagliaro ne reviendra plus avec un album de chansons originales par la suite.

Titres :
(chansons écrites et composées par Michel Pagliaro, Jimmy Bakolias et Éric Bergeron, sauf où c'est indiqué)

1- L'espion (Pagliaro, Bakolias) – 4:08

2- Coup de cœur – 2:28

3- Juke box – 3:37

4- Les bombes (Pagliaro) – 4:10

5- Une vie à vivre (Pagliaro, S. Pagliaro) – 4:38

6- Héros (Pagliaro, Bakolias, McColgan) – 4:35

7- Sous peine d'amour (Pagliaro) – 6:04

8- Dangereux (Pagliaro, Cazalet) – 3:32

9- Insomnie (Pagliaro, Bakolias) – 3:34

Durée totale : 37 minutes

Michel Pagliaro en bref :

Naissance : 9 novembre 1948

Provenance : Montréal, Québec, Canada

Styles : Rock québécois, Pop Rock

1980

Chansons inoubliables

38 Special : Hold On Loosely

54-40 : One Day in Your Life

Lee Aaron :
> Metal Queen
> Powerline
> Whatcha Do to My Body

Accept : Balls to the Wall

AC/DC :
> Back in Black
> For Those About to Rock (We Salute You)
> Hells Bells
> Shoot to Thrill
> You Shook Me All Night Long

Bryan Adams :
> Cuts Like a Knife
> Hearts on Fire
> Heat of the Night
> Heaven
> It's Only Love (avec **Tina Turner**)
> Lonely Nights
> Remember
> Run to You
> Somebody
> Summer of '69
> Take Me Back
> This Time

Aerosmith :
> Dude (Looks Like a Lady)
> Janie's Got a Gun
> Love in an Elevator
> Rag Doll
> The Other Side

Annihilator : Alison Hell

Anthrax :
> Among the Living
> Antisocial
> Caught in a Mosh
> I Am the Law
> Madhouse

April Wine :
> Just Between You and Me
> Rock Myself to Sleep
> Sign of the Gypsy Queen

The Art of Noise (avec **Duane Eddy**) :
> Peter Gunn

Asia :
> Heat of the Moment
> Only Time Will Tell

Autograph : Turn Up the Radio

The B-52's :
> Love Shack
> Roam

Babylon A.D. : Bang Go the Bells

Bad English : When I See You Smile

Baltimora : Tarzan Boy

Bang Tango :
> Someone Like You
> Wrap My Wings

Les BB :
> Fais attention
> Loulou

Beastie Boys :
> Fight For Your Right
> No Sleep Till Brooklyn

Pat Benatar :
> All Fired Up
> Hit Me With Your Best Shot
> Invincible
> Love Is a Battlefield
> Sex as a Weapon
> Shadows of the Night
> Treat Me Right
> We Belong

Bérurier Noir :
> Porcherie
> Salut à toi

Bijou : Rock à la radio

Black 'N Blue : Hold On to 18

Black Sabbath : Heaven and Hell

Blondie : Call Me

Blue Öyster Cult : Burnin' for You

Bon Jovi :
Bad Medicine
Born to Be My Baby
In and Out of Love
Lay Your Hands on Me
Livin' on a Prayer
Runaway
The Price of Love
Wanted Dead or Alive
You Give Love a Bad Name

Boston : Amanda

Gerry Boulet :
Angela
La femme d'or
Toujours vivant

David Bowie :
Dancing in the Street (avec **Mick Jagger**)
Let's Dance

The Box :
Closer Together
L'affaire Dumoutier
Ordinary People

Britny Fox :
Girlschool
Hair of the Dog
In Motion
Standing in the Shadows

The Buggles : Video Killed the Radio Star

Bulletboys : Smooth Up in Ya

Francis Cabrel : Sarbacane

Belinda Carlisle : Heaven Is a Place on Earth

Marie Carmen :
Dans la peau
Entre l'ombre et la lumière
Faut pas que j'panique
L'aigle noir
Piaf chanterait du rock
T'oublier

The Cars :
Drive
Hello Again
Magic
Shake It Up
You Might Think

Robert Charlebois :
J't'aime comme un fou
Les talons hauts

Cheap Trick :
Don't Be Cruel
The Flame

Chilliwack : Whatcha Gonna Do

Cinderella :
Don't Know What You Got (Till It's Gone)
Gypsy Road
Nobody's Fool
Shake Me

The Clash :
Rock the Casbah
Should I Stay or Should I Go

Julien Clerc :
Cœur de rocker
Lili voulait aller danser

Tom Cochrane & Red Rider :
Big League
Boy Inside the Man
Victory Day

Coney Hatch : Monkey Bars

Alice Cooper :
Bed of Nails
He's Back (The Man Behind the Mask)
House of Fire
Poison
Teenage Frankenstein

Corbeau :
Ailleurs
Illégal
J'lâche pas

Crowded House :
Better Be Home Soon
Don't Dream It's Over
Something So Strong

The Cult :
Fire Woman
Lil' Devil
Love Removal Machine
Rain
She Sells Sanctuary
Wild Flower

The Cure :
- Close To Me
- In Between Days
- Just Like Heaven
- Lovesong
- Lullaby

Cutting Crew : (I Just) Died in Your Arms

D-A-D :
- Jihad
- Sleeping My Day Away

Danger Danger : Don't Walk Away

Dangerous Toys :
- Scared
- Teas'n, Pleas'n

Danzig :
- Mother
- Twist of Cain

Deep Purple :
- Bad Attitude
- Knocking at Your Back Door
- Perfect Strangers
- The Unwritten Law

Def Leppard :
- Animal
- Armageddon It
- Foolin'
- High 'N' Dry (Saturday Night)
- Hysteria
- Love Bites
- Photograph
- Pour Some Sugar on Me
- Rocket
- Rock of Ages
- Rock Rock (Till You Drop)
- Women

Luc De Larochellière :
- Amère America
- Chinatown Blues

DEVO : Whip It

Dio :
- All the Fools Sailed Away
- Rainbow in the Dark

Dire Straits :
- Money For Nothing
- Tunnel of Love
- Walk of Life

Dirty Looks :
- Cool from the Wire
- Oh Ruby

Doctor & the Medics : Spirit in the Sky

Dokken :
- Burning Like a Flame
- Dream Warriors
- In My Dreams

Diane Dufresne : Oxygène

Duran Duran : Hungry Like the Wolf

Enuff Z'Nuff : Fly High Michelle

The Escape Club : Wild Wild West

Europe :
- Carrie
- Cherokee
- Rock the Night
- Superstitious
- The Final Countdown

Extreme :
- Kid Ego
- Play With Me

Faith No More : Epic

John Farnham : You're the Voice

Faster Pussycat : Bathroom Wall

Fastway :
- If You Could See
- Trick or Treat

fIREHOSE : Brave Captain

The Fixx : One Thing Leads to Another

A Flock of Seagulls : I Ran (So Far Away)

Pierre Flynn :
- L'ennemi
- Possession
- Sur la route

Lita Ford & Ozzy Osbourne :
- Close My Eyes Forever

Foreigner :
>I Want to Know What Love Is
>Juke Box Hero
>Say You Will
>That Was Yesterday
>Urgent

Samantha Fox : Touch Me

Frozen Ghost : Should I See

Peter Gabriel :
>Big Time
>Biko
>Games Without Frontiers
>In Your Eyes
>Sledgehammer

Generation X : Dancing With Myself

Genesis :
>Invisible Touch
>Land of Confusion

The Georgia Satellites :
>Keep Your Hands to Yourself

Girlschool : Race with the Devil

Glass Tiger :
>Don't Forget Me (When I'm Gone)
>I'm Still Searching
>Someday
>Thin Red Line

The Go-Go's :
>Our Lips Are Sealed
>Vacation

Jean-Jacques Goldman :
>Quand la musique est bonne

Gorky Park : Bang

Gowan :
>A Criminal Mind
>Moonlight Desires
>(You're a) Strange Animal

Lou Gramm : Midnight Blue

Eddy Grant : Electric Avenue

Great White :
>Once Bitten Twice Shy
>Rock Me

Grim Reaper : See You in Hell

Guns N' Roses :
>Mama Kin
>Paradise City
>Sweet Child O' Mine
>Welcome to the Jungle

Sammy Hagar :
>Heavy Metal
>There's Only One Way to Rock

Hanoi Rocks : Up Around the Bend

Harlequin : Innocence

Corey Hart :
>Boy in the Box
>Never Surrender
>Sunglasses at Night

Haywire :
>Bad Bad Boy
>Black and Blue
>Dance Desire
>Standin' in Line

Heart :
>Alone
>Never
>These Dreams
>What About Love?
>Who Will You Run To

Helix :
>Deep Cuts the Knife
>Gimme Gimme Good Lovin'
>Heavy Metal Love
>Rock You

Helloween : I Want Out

Don Henley :
>All She Wants to Do Is Dance
>The Boys of Summer

Honeymoon Suite :
>Bad Attitude
>Burning in Love
>Feel It Again
>Love Changes Everything
>New Girl Now
>Stay in the Light

The Hooters : Johnny B.

House of Lords : Wanna Be Loved

Billy Idol :
Flesh For Fantasy
Hot in the City
Mony Mony
Rebel Yell
White Wedding Pt. 1

Indochine :
Canary Bay
L'aventurier

INXS : Devil Inside

Iron Maiden :
2 Minutes to Midnight
Aces High
Can I Play with Madness
Run to the Hills
The Number of the Beast

Colin James : Five Long Years

Jetboy : Feel the Shake

Joan Jett & the Blackhearts :
Bad Reputation
Cherry Bomb
Crimson and Clover
Do You Wanna Touch Me (Oh Yeah)
I Hate Myself for Loving You
I Love Rock 'N' Roll
I Wanna Be Your Dog
Little Liar

The J. Geils Band : Centerfold

Billy Joel : It's Still Rock and Roll to Me

Joe Perry Project : Let the Music Do the Talking

Journey : Don't Stop Believin'

Judas Priest :
Breaking the Law
Johnny B. Goode
Living After Midnight
Turbo Lover
You've Got Another Thing Coming

Katrina & the Waves : Walking on Sunshine

Kingdom Come : Do You Like It

King Kobra : Iron Eagle (Never Say Die)

KISS :
All Hell's Breakin' Loose
Forever
Heaven's on Fire
Hide Your Heart
I Love It Loud
Lick It Up
Tears Are Falling
Uh! All Night

Kix :
Blow My Fuse
Cold Blood
Don't Close Your Eyes

Lenny Kravitz : Mr. Cab Driver

Krokus :
Midnite Maniac
Screaming in the Night

L.A. Guns :
Never Enough
The Ballad of Jayne

Geneviève Lapointe : Pied de poule

La Souris Déglinguée : Jaurès Stalingrad

Jean Leloup :
Alger
Printemps été

Les Rita Mitsouko :
Andy
C'est comme ça
Marcia Baïla

Huey Lewis & the News :
Heart and Soul
Hip to Be Square
If This is It
I Want a New Drug
Stuck With You
The Heart of Rock and Roll
The Power of Love

Living Colour :
Cult of Personality
Glamour Boys
Open Letter (To a Landlord)

Kenny Loggins :
Danger Zone
Footloose

Loverboy :
> Heaven in Your Eyes
> Hot Girls in Love
> Lovin' Every Minute of It
> The Kid Is Hot Tonite
> Turn Me Loose
> When It's Over
> Working for the Weekend

Ludwig Von 88 : Tuez-les tous

Madame : Propriétaire

Yngwie Malmsteen :
> Rising Force
> You Don't Remember, I'll Never Forget

Mano Negra : Mala Vida

Marjo :
> Celle qui va
> Chats sauvages

Martha and the Muffins : Echo Beach

Megadeth :
> Anarchy in the U.K.
> I Ain't Superstitious
> In My Darkest Hour
> Peace Sells

John Mellencamp :
> Cherry Bomb
> Hurts So Good (par **John Cougar**)
> Jack & Diane (par **John Cougar**)
> R.O.C.K. in the U.S.A.
> Small Town

Men At Work : Who Can It Be Now?

Metal Church : Watch the Children Pray

Metallica :
> Creeping Death
> Fade to Black
> For Whom the Bell Tolls
> Master of Puppets
> One
> Seek & Destroy
> Welcome Home (Sanitarium)

Michael Schenker Group : Armed and Ready

Midnight Oil :
> Beds Are Burning
> The Dead Heart

Ministry : So What

Eddy Mitchell : Lèche-bottes blues

Kim Mitchell :
> Go For Soda
> Patio Lanterns
> Rock N Roll Duty

Eddie Money :
> Shakin'
> Take Me Home Tonight
> Think I'm in Love
> Walk on Water
> Where's the Party

Michael Monroe : Dead, Jail or Rock 'N' Roll

Gary Moore & Phil Lynott : Out in the Fields

Mötley Crüe :
> Dr. Feelgood
> Don't Go Away Mad (Just Go Away)
> Girls, Girls, Girls
> Helter Skelter
> Home Sweet Home
> Jailhouse Rock
> Kickstart My Heart
> Looks That Kill
> Same Ol' Situation (S.O.S.)
> Shout At the Devil
> Smokin' in the Boys Room
> Wild Side

Motörhead : Ace of Spades

Mr. Big :
> 30 Days in the Hole
> Addicted to That Rush

Mr. Mister : Kyrie

Alannah Myles :
> Black Velvet
> Love Is

Les Négresses Vertes : Zobi la mouche

Nena : 99 Luftballons

Niagara :
> Assez!
> Baby Louis
> Flammes de l'enfer
> Je dois m'en aller
> Soleil d'hiver

Stevie Nicks : Edge of Seventeen

Night Ranger : Sister Christian

John Norum : Love Is Meant to Last Forever

Aldo Nova :
> Fantasy
> Monkey On Your Back

Nuance :
> Amour sans romance
> Vivre dans la nuit

Sinéad O'Connor : Mandinka

Offenbach : Seulement qu'une aventure

Ozzy Osbourne :
> Bark at the Moon
> Crazy Babies
> Crazy Train
> Over the Mountain
> Shot in the Dark

The Outfield :
> All the Love in the World
> Your Love

Michel Pagliaro :
> Dangereux
> Les bombes
> L'espion

Robert Palmer :
> Addicted To Love
> I Didn't Mean to Turn You On
> Simply Irresistible

Parfaits Salauds :
> 200 jours
> S.O.S.

John Parr : St. Elmo's Fire

The Payolas : Eyes of a Stranger

Steve Perry : Oh Sherrie

Tom Petty :
> Free Fallin'
> I Won't Back Down

Paul Piché :
> Sur ma peau
> Un château de sable

Pink Floyd : Learning to Fly

Pixies :
> Gouge Away
> Here Comes Your Man

Robert Plant : Heaven Knows

Platinum Blonde :
> Contact
> Crying Over You
> Doesn't Really Matter
> Situation Critical
> Standing in the Dark

Poison :
> Every Rose Has Its Thorn
> Fallen Angel
> I Want Action
> Nothin' But a Good Time
> Talk Dirty to Me
> Your Mama Don't Dance

The Police :
> De Do Do Do, De Da Da Da
> Don't Stand So Close to Me
> Every Breath You Take

Iggy Pop : Real Wild Child (Wild One)

The Power Station : Some Like It Hot

Pretty Boy Floyd :
> Leather Boyz with Electric Toyz
> Rock & Roll (Is Gonna Set the Night on Fire)

The Proclaimers : I'm Gonna Be (500 Miles)

Pursuit of Happiness : I'm An Adult Now

Queen :
> Another One Bites the Dust
> Crazy Little Thing Called Love
> I Want It All
> I Want to Break Free
> Radio Ga Ga
> Under Pressure (avec **David Bowie**)

Queensrÿche : I Don't Believe in Love

Quiet Riot :
> Cum On Feel the Noize
> Mama Weer All Crazee Now
> Mental Health (Bang Your Head)

Ramones :
> Do You Remember Rock 'n' Roll Radio?
> Pet Sematary
> Rock 'n' Roll High School

Ratt :
- Back for More
- Dance
- I Want a Woman
- Lack of Communication
- Lay It Down
- Round and Round
- Wanted Man
- Way Cool Jr.
- You're in Love

Francine Raymond :
- Vivre avec celui qu'on aime

Red Hot Chili Peppers :
- Higher Ground
- Knock Me Down

Red Rider :
- Lunatic Fringe
- White Hot

R.E.M. :
- It's the End of the World as We Know It
- Orange Crush
- Stand
- The One I Love

REO Speedwagon :
- Can't Fight This Feeling
- Keep On Loving You
- Take It on the Run

Rock & Hyde : Dirty Water

Rock et Belles Oreilles :
- Arrête de boire!
- Le feu sauvage de l'amour

The Rolling Stones : Start Me Up

The Romantics :
- Talking In Your Sleep
- What I Like About You

David Lee Roth :
- California Girls
- Just a Gigolo / I Ain't Got Nobody
- Just Like Paradise

Roxette :
- Dangerous
- Dressed For Success
- Listen to Your Heart
- The Look

Run-D.M.C. & Aerosmith : Walk This Way

Rush :
- Time Stand Still
- Tom Sawyer

Joe Satriani :
- Big Bad Moon
- Flying in a Blue Dream
- Surfing With the Alien

Scandal :
- Goodbye to You
- The Warrior (avec **Patti Smith**)

Scorpions :
- Bad Boys Running Wild
- Believe in Love
- Big City Nights
- Blackout
- Make It Real
- No One Like You
- Rhythm of Love
- Rock You Like a Hurricane
- Still Loving You
- The Zoo

Richard Séguin :
- Double vie
- Et tu marches
- Journée d'Amérique
- Protest Song

Sepultura : Inner Self

Brian Setzer : Summertime Blues

Shark Island : Paris Calling

Shotgun Messiah : Don't Care 'Bout Nothin'

Skid Row :
- 18 and Life
- I Remember You
- Youth Gone Wild

Slade : Run Runaway

Slayer :
- Angel of Death
- Raining Blood

The Smithereens : Blood and Roses

The Smiths : How Soon Is Now?

Soldat Louis : Du rhum, des femmes

Soupir : Larmes de métal

Spinal Tap :
- Tonight I'm Gonna Rock You Tonight

Rick Springfield :
Jessie's Girl
Love Somebody
Bruce Springsteen :
Born in the U.S.A.
Cover Me
Dancing in the Dark
Glory Days
Squeeze : Another Nail in My Heart
Billy Squier : The Stroke
Starship :
Nothing's Gonna Stop Us Now
We Built This City
Steve Miller Band : Abracadabra
Steve Stevens : Atomic Playboys
Stray Cats :
Gene and Eddie
Rock This Town
Stray Cat Strut
Stryper :
Always There for You
To Hell with the Devil
Styx :
The Best of Times
Too Much Time On My Hands
Survivor :
Burning Heart
Eye of the Tiger
Tangier : On the Line
Téléphone :
Ça (c'est vraiment toi)
Cendrillon
New York avec toi
Un autre monde
Robert Tepper : No Easy Way Out
Tesla : Modern Day Cowboy
Testament : Practice What You Preach
George Thorogood & the Destroyers :
Bad to the Bone
'Til Tuesday : Voices Carry
Tin Machine : I Can't Read
Tora Tora : Walkin' Shoes
Toronto : Your Daddy Don't Know

The Tragically Hip :
Blow At High Dough
New Orleans Is Sinking
Triumph :
Fight the Good Fight
Magic Power
The Tubes : She's a Beauty
Tina Turner :
Private Dancer
The Best
What's Love Got to Do with It
Tommy Tutone : 8675309 Jenny Jenny
Twisted Sister :
I Wanna Rock
Stay Hungry
The Kids Are Back
The Price
We're Not Gonna Take It
You Can't Stop Rock 'N' Roll
U2 :
I Still Haven't Found What I'm Looking For
Pride (In the Name of Love)
Sunday Bloody Sunday
Where the Streets Have No Name
With Or Without You
Van Halen :
And the Cradle Will Rock
Dancing in the Street
Dreams
Hot For Teacher
Jump
(Oh) Pretty Woman
Panama
Unchained
When It's Love
Why Can't This Be Love
Vinnie Vincent Invasion : Love Kills
Violent Femmes : Blister in the Sun
Vixen :
Cryin'
Edge of a Broken Heart
I Want You to Rock Me

Roch Voisine :

Avant de partir

Là-bas dans l'ombre

Voivod :

Astronomy Domine

Killing Technology

Tribal Convictions

Voivod

John Waite : Missing You

Warrant :

Down Boys

Heaven

Sometimes She Cries

W.A.S.P. :

I Don't Need No Doctor

I Wanna Be Somebody

The Real Me

Wild Child

White Lion :

Broken Heart

Little Fighter

Radar Love

Tell Me

Wait

Whitesnake :

Fool For Your Loving

Here I Go Again

Is This Love

Slide It In

Still of the Night

Winger :

Madalaine

Purple Haze

Seventeen

XYZ : Inside Out

Yes :

Love Will Find a Way

Owner of a Lonely Heart

Rhythm of Love

Neil Young : Rockin' in the Free World

Y&T :

Contagious

Summertime Girls

Zebra :

Can't Live Without

Tell Me What You Want

ZZ Top :

Gimme All Your Lovin'

Legs

Sharp Dressed Man

Sleeping Bag

Liste de lecture Rock 1980-89 disponible sur Spotify :

https://open.spotify.com/playlist/5S4dHcPnsRhObDAx34cejM?si=e54e8f066e204bfa

Index des principaux artistes présentés